晚清的极品人
极品事

吴策力 著

CNS PUBLISHING & MEDIA 中南出版传媒
湖南文艺出版社
HUNAN LITERATURE AND ART PUBLISHING HOUSE
博集天卷
CS-BOOKY

这不是故事的开始，也不是结束。

自序

1743年，英国人乔治·安森（George Anson）驾驶“百夫长”号进入广州附近海域。到目前为止，没有人将这一事件视为清朝最终倾覆的远因。以此作为开篇，注定引来争议：法律上不能追索无穷尽的远因，否则会导致任何判断都显得合乎情理。但这一次不同，安森一眼就看穿了这个东方国度的底牌。两百多年后，“安森法则”仍然深刻影响着西方人对中国的认识。

这是一本写作于辛亥革命一百周年，恰逢其时的晚清历史读物。

书里没有曾国藩、洪秀全、林则徐、左宗棠和冯子材，也没有赛金花与瓦德西。这并非限于篇幅。一本书不能穷尽所有的话题，更深层次的原因是本书绝非重复最简单的历史，而是专注于有争议、被忽略的，因此也变得有趣的细节。历史像电影，若不考究细节而专注于重复，相当于毫无意义之“翻拍”。细节越深入，越能引发读者的阅读兴趣，使读者在自己的脑海中重新“构建”历史，这是历史读物最为高级的作用。假设历史真的具有对后世的指导意义，个体经过广泛阅读后的深刻认知，较他人“贴标签”的灌输而言，对社会发展更为有利。

“拿破仑在滑铁卢输得精光，有无数的理由。但很少有人知道，因为痔疮发作，这位伟大的军事家就不能骑马去察看战况了。”美国作家理查德·扎克斯（Richard Zacks，著有《西方文明的另类历史》）这样写道。扎克斯是本书作者要感谢的第一位作家。他从不负责讲述空洞的历史。所谓空洞，就是只告诉你“斯大林格勒战役”是二战的转折点，而不说一位德国士兵在这座城市的瓦砾中接到了家信，愤怒地咒骂老婆又和别人私奔了。只告诉你历史是有逻辑的，但从不说所谓历史其实就是一大堆杂乱无章的细节。我个人很喜欢“一头公牛冲进了瓷器店”这个语句，公牛先生就像是历史的创造者，他怎么转身，碰倒哪些东西，造成什么伤害，什么残留，在其进店之前都无法预料。这件事最终提供的清单并不有趣，有趣的是那些灿烂的动作。至于瓷器，我没有说是China。

汤姆·沃尔夫（Tom Wolfe）和亨特·汤普森（Hunter Thompson）是其次要致敬的作者。准确地说，他们是记者兼作家，不甘“客观”地报道新闻，于是撰稿时打破事实与意见的藩篱，大量加入极其主观的评论与感慨。汤普森极尽嬉笑怒骂之能，并于1971年称自己的新闻是“gonzo journalism”。“gonzo”是美国俚语，相当于中文的“神经兮兮”。

晚清时期，普通老百姓参与推翻政权，大多身死族灭。而手握“天命”的皇族最终从这场比赛中失败退出，也只是和平逊位，未付出流血的代价。同历史上许多时代一样，“窃钩者诛，窃国者侯”的情况比比皆是。参与抗清的夏完淳还存有诗集、绝命书，通常意义上这些东西都是无法保留的。清朝的历史细节，有些比我们想象的更疯狂，有些则更冷静。如何才是客观或真实？

一方面，本书不乐于重复已经被公认的历史；另一方面，也不会迎合明显缺乏证据的结论。在“慈禧究竟出生在何地”都无法确认的历史体系中，更无法给歌伎杨翠喜一个精确介绍。陈炯明不治私产，似乎他应该是主张“天下为公”的孙中山最好的朋友，但实际上成了孙最仇恨之人。历史一直专注于革命者之间的政见不同，有意忽略其私德。第二次鸦片战争时，叶名琛作战不力被俘，当时地方军队的表现，比1938年广州面对日本军队时的表现要好得多，但有关学者目前已在关注一个特别话题：当时广州守将是否通日。然而，这对本书而言早就越界了。对任何历史事件的评说，在缺乏细节资料或文字记载相互矛盾的情况下实属艰难。诸如卫汝贵、叶志超、方伯谦等人在历史舞台上扮演的角色，不同观点的学者都持有各自的“证据”。因此，近代中国历史时不时会被踹入疑问的深渊。

君特·格拉斯（Günter Grass，德国诺贝尔文学奖获得者）的全部作品都基于这样一种判断：不把历史进程看做精神世界不断发展的过程，而把它看做一个荒诞的、对理性嘲讽的过程。它不断证明，我们是多么需要从历史中吸取教训；它同时又证明，我们从历史中吸取教训时又是多么无能为力。所以，他在《我的世纪》中开宗明义“我，替换了我的，每一年都要出现”。

辛亥不会每一年都出现。但历史确实像格拉斯等人说过的：我们从历史中唯一能学到的，就是什么也学不到。

吴策力

2011年10月

究竟是谁在记录历史

1911年10月13日，伦敦的一份电报文稿报道了中国的武昌首义。据《纽约时报》记者了解，清朝的叛乱并非偶然降临，过去三四年中，在孙（中山）博士领导下，一批最精明的清朝进步人士组成革命团体，并最终发动了这场革命。在他们的精心策划和秘密组织下，才取得今天的结果。文章充满中国通的满足感，说这项证据具有权威性，并且非常肯定。

在武昌首义后的第三天，作为世界中心的英美媒体就作出了这个判断，并且公之于众，客观上有利于奠定孙中山在历史上的地位。此时，不管是《纽约时报》还是《泰晤士报》，对黎元洪、刘公一无所知。

几乎在首义爆发的同时，芝加哥同盟会秘书德斯奥（Desio）称，孙中山本人还在大清朝国内活动。实际上，孙中山此时身在美国。革命爆发后，德斯奥终于承认他提供的消息有误。他暗示说，孙博士此时不在圣路易斯就在堪萨斯城，散发有关武装起义推翻满清的消息，并积极筹措革命资金。之所以努力隐瞒这位东方伟人在美国的情况，是为了转移清政府对其行踪的注意力。

一个多月后，集传教士、旅行家和记者于一身的英国人丁格尔（Edwin J.Dingle）风尘仆仆地赶到武昌，采访新任总督黎元洪。作为第一个和新政权领导人接触的外国人，他注意到了对方犀利的眼神和宽大的下巴。黎元洪稍胖的身姿使其军人神采稍有减损，“如果不了解他的军队背景，很容易误认为他是一个富裕的商人”。

显然，黎元洪意识到了对外部世界介绍自己事业的必要。在整个采访过程中，他努力用英语和丁格尔谈话。这位中国将军词不达意，说话磕磕巴巴，但他仍然很努力。

丁格尔的这篇报道很快发表在《大陆报》上，这份报纸致力于向外国人宣传中国社会改革。而他们面对的这一年，改良社会终于演变成为武装革命。采访结束后，黎元洪送别丁格尔。在门口，他停下来，把左手放在丁格尔的肩膀上，说:“请不要忘记说，这次革命发生完全是因为满人对汉人太不公平，没有其他的原因。”

黎元洪有超越时代的抱负。他有五个孩子，两男三女。这位刚刚卷入一场革命的军人对丁格尔说，等孩子们长大后会送他们留洋。“去哪里？”丁格尔问。“美国。”将军的脸上写满了幸福的期待。

迄今为止，没有史料可以证明，《纽约时报》的报道是否受到了中国人的影响。换言之，是否有孙派人士主动爆料，在世界范围内给这次革命“攀亲”。但有一点可以肯定，英美方面对孙中山的态度一直很好。1896年，孙中山在伦敦蒙难，清廷官员设计诱捕并将他幽禁于公使馆内。外交官煞费苦心，企图把他遣送回国。一旦回到中国，孙中山必然要为其反抗皇权的行为付出生命代价。危急关头，他设法从清公使馆发出了一封信。清驻英公使馆二等参赞马格里（Macartney Haliday）参与了消息传递。孙博士在信中声称自己是英国公民，因此索尔兹伯里侯爵（Lord Salisbury）坚持清朝公使馆必须释放孙中山。最终，孙中山避免了被押送回大清朝的命运。

革命已经爆发，孙中山在回国的路上。有资料显示，他长期在美国出入，侨领协助其取得了在夏威夷的出生证明，让他成为美国公民。武昌首义后，英美两国媒体很乐于争先提及，这次可能促使一个新民主共和国诞生的革命，来自一个“本国”公民的作用。

而在丁格尔看来，中国革命非但没有这样简单，也远远未到邀功时刻。黎元洪矢志要把儿女送出国的段落，并非记录者的无心之举。隐含的意思非常简单：即便是这次革命的领导者，也对这个国家的未来并不放心。

1910年3月，广州新军起义刚刚败北，孙中山在洛杉矶附近的长堤与美国军人荷马·李（Homer Lea）等人碰头，请求美国财团提供三百五十万美元经济资助。在这次会面中，中方决定革命党人暂行终止长江流域及华南地区“准备未周”的起义，改为“厚蓄实力，充分准备，集中人力财力，发动大规模起义”。1911年7月底，宋教仁、谭人凤等在上海组建同盟会中部总会，为起义定下的新计划设定于1913年。时乖运蹇之中，革命志士打算不再动辄发动起义，而力主精心筹划后确保“成功率”。

不料，该会成立不到三个月，武昌起义就突然爆发了。多年之后，孙中山回想起辛亥年的情景，也直言不讳：“武昌之成功，乃成于意外。”

然而，这真的是一场意外吗？历史的真相，我们如何得知？

目录
Contents

猛事篇

第一章

安森，在中国上岸

1743年，“百夫长”号接近广州。当时，安森手下的船员三分之二因败血症死亡，船队残破不堪。他要求进入广州进行修理和补给，但遭到了地方官员的拒绝。这时，安森决定“揭穿地方官员的虚张声势”，他重申了自己的要求，并威胁要击毁驻扎在该港的中国舰队。

故事要从1743年的一次中英交涉开始。这次事件足以让西方世界在此后的两百多年里，一直把中国人视为和他们不一样的人种。这，直接导致了清末的外交弱势和战争危局。

1736年，大清帝国已从雍正手中传至乾隆。在此后的几年内，依然以中华帝国身份睥睨整个世界的大清朝，实际上苦心经营的不过是“china”印象而已。谈到被外人冠名为国名的瓷器，明、清官窑瓷在康乾时期（1662—1796）进入最为鼎盛的时代。清代御窑规模较明代更大，档案明确记载有官员参与督窑。特别是督窑官唐英，以“陶人”自勉，从雍正六年起参与烧制官瓷，乾隆二十一年去世时，已是最高一级的督窑官。这位“陶人”呕心沥血，兢兢业业。这一时期的窑瓷无论大件小器皆制作精湛，颜色釉瓷匀净怡人，不愧为盛世之作。此后中国瓷器大批量行销海外，这一时期的烧瓷水平为之奠定了基础。

1743年，当乔治·安森驾驶他的“百夫长”号首次出现并驶入广州虎门附近的海域时，他的船员疲惫不堪，船队几近不堪一击。

1740年，他主张进行英国舰队的第二次环球航行。行前，英皇乔治二世明确指示，如果有机会，可以取道中国归来，为开拓东方市场作好准备。那时候，航海堪称世界上最危险的活动。当时的技术条件下，没用测量地球经度的仪器。为了解决这个问题，著名的“经度之战”在科学界展开。不过，安森的船队在当时还无福消受任何高科技。

这次航行没有带刚刚研制成功的新经度仪器H1，而是依然靠海员的经验。安森舰队驶过南美洲最南端合恩角时，与风暴不期而遇。连续五十八天，狂风暴雨如影随形，把他们彻底吹离了航道，舰队的其他五艘战舰和“百夫长”号失散了。天气转好之后，安森完全判断不出自己的位置。此时给养消耗殆尽，连洋葱等舰载蔬菜都没有了，不少船员得了坏血病，完全失去了行动能力，如果不立刻上岸补充淡水和食品，只有死路一条。

经度之战

在一个平面内，确定位置需要两个坐标。对于航海者来说，这就是纬度和经度。

古代航海只能沿着海岸线航行，否则不能判断位置，等待船员的就是迷失、死亡。当初郑和下西洋就只能沿大陆边缘移动，所以他最远只到达了非洲，不可能发现隔海相望的美洲大陆。

纬度非常容易测量。这是由自然法则确定的——赤道就是零度，两极则是九十度，没有常平架等仪器时，有经验的船员依靠太阳、星辰的位置，可以基本确定纬度。但经度就是另外一回事了，地球一直在转，使得经度的确定难以进行。于是，科学界首先要人为规定零度经线，然后才能谈及经度测量。公元前2世纪，古希腊地理学家托勒密（Ptolemy）是最早利用经纬度绘制地图的人。托勒密的方法沿用了一千多年，但画出来的地图都不够准确，夸大了陆地面积，低估了海洋的广阔，这使得远程航海更像是碰运气。

为此，科学家们展开了“经度之战”。主要的流派有二：钟表法和月距法。

前者依据的逻辑很简单：地球每二十四小时自转一周，这一周也就是三百六十度。于是，每个小时就相当于经度的十五度。只要知道两地的时间差异，就可以知道两者之间的经度差了。举例来说，如果知道某地的上午十点正好是加尔各答的上午八点，那么就说明此地在加尔各答东边三十度的地方。于是，经度的求解就转换成另外一个问题：如何测定两地的时间差。

1530年，荷兰数学家伽玛·弗里西斯（Gemma Frisius）首次提出用钟表来测定时间差。按照他的设想，先制作一台钟表，始终保持某地（比如阿姆斯特丹）的时间，然后带着它旅行到新的地点，利用太阳高度测定“当地时间”，再和“阿姆斯特丹钟表”作对比，就能知道此地和阿姆斯特丹的经度差。这个设想严丝合缝，但在那个时代无法测定经度，因为当时的钟表精确度太差了。

1514年，德国天文学家约翰·沃纳（Johann Werner）提出利用月球的移动来测量经度。在他之前，众所周知，月亮在天空的相对位置一直都在改变。沃纳精确测量，月球每小时移动一个本身直径的距离。他因此假定，假如地球上观察到的月球移动都是一样的，只要在两地分别观测月球，准确记下它在某个位置上的时间，就能算出两地之间的经度差。但月距法也有令人头痛的问题：当时的星空图标既不完备也不准确。此外，在各地观察到的月球移动并不规律。

1714年，远程航海使得经度问题显得越发重要，英国国会因此成立了一个“经度委员会”（Longitude Board）。同年7月8日，英政府正式颁布《经度法案》。该法案规定，若有人能在地球赤道上将经度测量确定到半度范围内，奖励两万英镑；将经度确定到三分之二度范围内，奖励一万五千英镑；将经度确定到一度范围内，奖励一万英镑。

1735年，著名钟表匠哈里森兄弟生产出一台被称为H1的航海钟，全部零件总共重达四十二公斤。第二年，英国海军大臣亲自写了一封介绍信，把哈里森送上了“百夫长”号军舰。船长普罗克特将H1安装到自己的休息室，为了尽量减小震动，他用铁钩把H1吊在天花板上。这次航行回程时，“百夫长”号遭遇风暴，在海上漂了一个多月才返回不列颠。就在船临近终点时，船长按照航行经验，判断前面是达特茅斯附近的斯塔特。而哈里森根据H1给出了一个经度数据，和纬度一起确认后，认为即将抵达彭赞斯半岛上的利泽德。最后证明H1更接近利泽德，其实当时还距离这地方差不多一百公里。

1741年，哈里森曾经乘坐过的军舰“百夫长”号再度航海远洋，新船长乔治·安森没有带H1，依然靠水手经验来判断经度。这也成为安森“错误地”到达广州的原因之一。

1884年，全世界的天文学家在华盛顿召开了“国际子午线大会”，正式宣布格林尼治子午线为全球的本初子午线，即经度零度线。

需要介绍的是，月距法未被钟表法彻底击败。在远航的船上，海员们坚持使用这个方法对航海钟进行校正。这两种方法互相补充，更好地保障了远洋船的安全。

1995年，卫星定位法进入商业化时代，远在太空中的二十四颗定位卫星，信号覆盖了地球的每一个角落。航海钟和《航海年鉴》在航海时代从此谢幕。

根据航海日志，缺少给养的安森打算前往南纬三十五度、南美洲太平洋一侧的费尔南德斯岛。可在完全不知道经度的情况下，舰队只能先向北驶到南纬三十五度，然后沿着纬度线横向航行。具体向东走还是向西走呢？安森凭经验决定向西，可航行了四天都没有见到大陆，一帮人心里发毛。这时，船上每天都要死掉六至十人，如果再不登陆获得给养，连操作航船的人手都不够了。测不出经度使“百夫长”号白白耽误了两个星期，赔进去八十多条人命。

此时西风正烈，安森决定调头往东走。借着风势强劲，两天之后陆地就出现了。但这是地理上的拯救，他们出现的地方属于西班牙人占领下的智利，海岸线全都是悬崖峭壁，对方严阵以待，不许英国人上岸。没办法，安森只好掉转船头。他事后回忆，如果不掉转方向，“百夫长”号距离费尔南德斯岛只有几个小时的航程了，只要再坚持一下，就能发现这个岛并成功登陆。

事已至此，这些人只好沿海岸继续北上。终于，西班牙人没能防守好秘鲁西北部的港口城市派塔，英国人成功洗劫了对方的居留地。在那个时代，船队的航海内容几乎和海盗无异，安森的舰队无恶不作——袭击商船劫掠港口，在定居点绑架贵族，勒赎妇女儿童，然后将目之所及的建筑物付之一炬。

1743年，“百夫长”号接近广州。当时，安森手下的船员三分之二因败血症死亡，船队残破不堪。他要求进入广州进行修理和补给，但遭到了地方官员的拒绝。这时，安森决定“揭穿地方官员的虚张声势”，他重申了自己的要求，并威胁要击毁驻扎在该港的中国舰队。前不久，这些人在派塔就是这样发出了同样的威胁，并在对方拒绝后立即开战，将其夷为平地。

那次战斗英国人虽然赢了，但他们对西班牙人的尊敬毋庸置疑。因为对方勇于作战，只是输掉了战争而已。

但是，广州的官员屈服了。一开始，他们拒绝英国人上岸，此时却不得不接受对方的要求。这场单靠恐吓就决定了胜负的比赛，最终使清朝在外国人心目中丧失了地位。地方官员的行动暂时拯救了这座城市，但这种屈从玷污了中国人的声誉。他们并不知道，这使得中国陷入了一种屈服于威吓的模式。16世纪的西班牙人对墨西哥的征服大体如此。安森急于效仿这种模式，在面对西班牙人和中国人时分别作了尝试，结局迥异。

西班牙征服者赫南·科尔特斯（Herando Gortes）遭遇玛雅国王门特祖玛（Montezuma），提供了欧洲与一个有组织的当地国家交锋的首个重要模式，一个很快具有神话般潜能和影响范围的方法。这种神话般的套路，直到19世纪仍在《墨西哥征服史》中出现。殖民者认为，欧洲人之所以能够战胜敌人，不仅表现在物质装备上，更体现为心灵和道德上的威力。

1838年，《安森传记》的作者约翰·巴罗（John Barrow）写道："由于英国战船的新奇，由于其船长的坚定，由于明智地展示了自己的力量，偶然夹杂着一些可能更有必要使用的威胁，此外还由于早就洞察了这个民族的真正特性，安森成功了。"在继续描述先驱安森的成功中，巴罗揭露了"中国人的虚伪、愚蠢和无赖行径，不仅遍及政府部门，而且相当自然地影响了这个民族"。一言以蔽之，掩盖在文明和礼仪背后的是胆小和虚伪。

在没有精确经度测量仪的情况下进行环球航行，体现了英国人的勇敢。而在那个时期，清政府还在为自己船队糟糕的能力进行抚恤，并且从不支持远航，这几乎等同于一种"溺爱"。

乾隆八年六月十三日，福建海防的哨船（巡逻警戒的船只）遭遇风暴沉没，闽浙总督那苏图、福建巡抚周学健向皇帝上书汇报此事。次年六月二十二日，福建地方政府发布了按照朝廷回复而制定的抚恤计划："臣查海汛战舡因公遭风击碎，历蒙恩旨准销动支钱粮造补。又定例内沿海弁兵因公差委，遭风溺水，幸获生全者，官照军功加一级，兵照军功头等伤例赐给；其飘没身故兵丁，照阵亡例给予祭葬银两。又定例兵丁阵亡给银五十两，如无妻子亲属，给奠银二两，遣官致祭。军功头等伤给银三十两。各等因遵行在案。"诸如在海难等自然灾难中丧生或受伤者，清政府仍参照军功给予抚恤与奖励。

直到现在，人类仍然无法完全抵抗海上的极端天气，但明清两代长期不许舢板下海的举措，几乎让中国人丧失了挑战外部世界的能力和勇气。

安森事件，并不是中国人第一次在世界面前露怯。康熙二十八年（1689年）七月初八至二十四日，中俄使团在尼布楚正式举行边界谈判。虽然条约是清朝在自愿情况下签订的，在中国历史上是一个“平等条约”，但对后世的影响深远，中国永远丧失了对西伯利亚地区的控制权，等于是输家。

和英国人不一样的是，俄国人不喜欢写书，而且和以英国为主体的西方世界深有隔阂，没有将这一信息传达给外部世界。

1748年，安森（那时他已经是海军上将，爵士）在《环球旅行记》中描述了亲身经历：从中国商人手里购买的舰队供给品，大多数是假货；猪羊的肚子里灌满了水，而且缺斤少两；中国人抢着吃外国船上扔下来的臭肉、腐烂的猫与狗的尸体……

《鲁宾孙漂流记》的作者丹尼尔·笛福（Daniel Defoe）写下了他单人驾船经过中国广州时对这个国家的印象，这是任何一个步安森后尘的精明观察者都会获得的感受：

> 他们的港口只有一些舢板和树皮，和我们的航行，商船队和强大的海军相比，算得了什么。……只要一艘装备着八十支枪的英国、荷兰或法国军舰，就可以打败和摧毁中国所有的舰船。

有人认为，在著名的马嘎尔尼使团之前，欧洲人一直对中国充满好感，是马嘎尔尼（George Macartney）在中国的所见所闻无情地打破了欧洲人的幻想。实际上，在此之前，这些人早就理解了中国。和清政府要求他们下跪相比，这些英国人想起了故去的伊丽莎白一世。对出入伊丽莎白一世宫廷的外国使节来说，女王的一项特别爱好太可怕了：站着讲话。伊丽莎白一世虽然长期患病，但特别喜欢站立着参加国事。不止一个倒霉的外国使节在她面前站了几个小时后踉跄离去，而女王依然从容地站立着，司仪官员则继续传诏：“下一位！”

作为使团成员的约翰·巴罗在多次目睹中国官员随意鞭打民众和下级之后，在《我看乾隆盛世》中写道：“中国人的天性在法律和规矩的影响下所受的扭曲几乎是彻头彻尾的……虽然他们生性和平、顺从和胆小，但社会状况以及法律的滥用让他们变得冷漠、麻木甚至残酷。”

五十年后的1793年，巴罗回忆当时打开送给乾隆皇帝礼物时的情景："有件怪事，发生在打开一桶伯明翰制作的金属物品时。当时，要把这些抛光良好的金属物品完美保存，就应该放在桶中隔绝空气。我们竭尽所能包装得密不透气，还要用粗帆布盖好。但是，当我们揭开桶盖拿出东西时，桶里有一只处于蛰伏状态的大蝎子，一接触到温暖的空气，这家伙立刻就醒了过来。"

这也成了一个出色的隐喻。马嘎尔尼不但和巴罗一样，对外部世界之于中国的优势心知肚明，而且他还预计了清朝内部的忧患。目睹了紧张的民族关系和阶级对立，英国使者们敏锐地察觉出中国正处于发生剧烈政治动乱的前夜。马嘎尔尼预言："这种叛乱或瓦解，即使于我死前出现，亦不足为奇。"但马嘎尔尼忧虑发动暴乱的人们将遭到清朝统治者的残酷镇压，从而使下层人民的处境更恶劣。这位英国勋爵断言："如不引导中国民众以渐进方式，而是使之狂热地追求解放，则是愚蠢的。这只能使他们陷于周期性的发作，从而与法国人、黑人一样都不能享有自由。"

奉旨海盗

海盗的名声，因为《加勒比海盗》系列电影的上映，得到了最为有力的拯救。当索马里作为一个国家为海盗提供"大后方"的国际报道为世人所知后，整个世界的好奇心再度被激起。

甲午战争后，沈葆桢之孙沈翊清赴日阅兵，西乡从道（注：日本明治时期的陆海军大将、元帅）告诉沈翊清："日本海军能有今天，实在不敢忘记令祖的赠言，惜其人已不在。且贵国任事者不能竟其遗志，实在可惜。"

海军还是海盗，从乔治·安森开始，界限并不是很清楚。

1856年《巴黎宣言》之前，西方国家雇用海盗或纵容海盗行为已呈常态。当时提到打击海盗，恐怕说的只是打击那些"个体户"。

1667年，亨利·摩根（Henry Morgan）受英国驻牙买加总督委托去"抗击西班牙人"。这位威尔士浪荡子把海洋当成了渔场，他"自由"地攻击多国船只，洗劫沿岸村镇，其中包括巴拿马城。所到之处，他指使手下把无辜市民吊起来拷打，直到他们供出藏匿财宝之所。西班牙人曾要求在北美和加勒比水域出现的船只，必须事先征得他们同意。这一要求让其他国家不知所措，于是，众多船队就以反抗西班牙人的名义，像海盗一样运作起来了。

麦克雷（Edgar Mccrea）在《美洲海盗史》中写道："在新世界的殖民地确立以后的头一百年时间里，海盗、奴隶主、私营武装船队甚至政府海上巡逻队之间的差别非常微妙。有时候，彼此完全混淆不清。这段时间里，武力就是海上的公理。当他们国内的政府彼此交战时，或者当政府相安无事，殖民地的水手都可以大捞一把。"1671年，传奇式海盗亨利·摩根抢劫巴拿马城，当时英国和西班牙刚刚签署完《马德里条约》。西班牙第一次承认了英国在加勒比的殖民地，后来，两国都同意对海盗进行打击。

摩根后来怎样了呢？1674年，他获得了英王查理二世的表彰，获骑士勋章，并被指派为牙买加副总督，名下地产超过六千公顷。

尤其是战争时期，有钱人经常投资海盗船，让其袭击敌方的船只，然后瓜分赃物。这个英国海上传统，一直可以追溯到弗兰西斯·德雷克爵士（Sir Francis Drake）的时代。1696年，苏格兰人威廉·基德（William Kidd）和英王的侄子贝拉蒙公爵成立了一个集团，这个集团的核心内容就是：操纵海盗船只，袭击任何国家的商船，获取战利品。据此，英国至少有六名最有权势的人投资了这个集团，其中包括英国海军大臣，甚至国王本人也可以分10%的利润。利益几乎让人血脉贲张：只要基德船长一年内捕获两条大船，前期总共投入的六千英镑就将滚成一百多倍的大雪球。更加激励基德的是，如果他夺取的战利品超过了十万英镑，大家集资购买的"冒险"号就将全部属于他了。

基德捕获的第一条商船是"圭达格"号，上面装有上等衣物、丝织品和宝石，价值四十多万英镑。这艘船是美国船只，船员都是莫尔人和一些基督教徒。狡猾的基德事先挂起了法国旗帜，待"圭达格"号上的军官出示法国文件时，基德旋即升起英国国旗，宣布对方为合法战利品——1695年，英法两国处于交战状态。在抵达马达加斯加之前，基德又捕获了另外一艘船，手风甚劲。漫长的航海生活，最终使其部属发生了哗变，基德的回程时间差不多晚了两年。这其间，东印度公司投诉说，"圭达格"号实际上是莫尔人的船只，也就是说，基德犯下了海盗罪。

被等待折磨得有点儿焦急的幕后投资者们动怒了，可能也以为他带着大家的投资逃跑了，于是宣布基德为海盗。但基德本人以为，仍然可以在英法两方之间都游刃有余。1699年7月1日，他在波士顿港被自己的投资人之一贝拉蒙公爵逮捕，并押送回国审判。1701年5月24日，他被执行绞刑。

在基德被绞死的第二天，国务大臣索默承认自己在其船上有投资。但他又声明："这件事情本身并没有什么违法之处。该船所有的投资人都损失了他们的投资，没有分得任何利润。"

第二章

火车开进大清朝

御用风水先生向慈禧表示，为了保证吉祥，回銮的时间必须确定在1月7日未时。这样，从保定出发的时间就必须确定为早上卯时。这天早上，慈禧和大臣们“不顾天寒地冻和沙尘暴铺天盖地”（莫理循原话），出现在车站。

与历史上诸多统治者一样，清廷对科学的态度谨小慎微。进入19世纪后期，西方世界由于工业革命和科学理论的发展，已经进入了崭新的时代。但对中国的统治者来说，从秦汉到清朝，最大的科学是“五德终始论”，听起来像“伍德斯托克”。此理论认为，王朝依据五行轮回，各自对应不同的颜色：从女真的黑，到民国的青……每个王朝的最后阶段，统治者的全部精力都放在制止这一法则生效的工作上。

当时的中国，忽视基本科学的精神随处可见。西方人认为，中国人日常生活时间概念很模糊，一天分为十二个时辰。至于对年代的记录则有独立的一套“模糊数学”。比如用甲子纪年，六十年一个轮回。这个时间段基本就是一个人生命的有效长度，客观上暗示一个人只需关心此生此世。当然，加上皇帝的年号，即便是相同的天干地支年号，后世也能明白具体的年份，只不过需要简单的计算。

且来看看当时的中国人给西方来客的印象吧。一位外国传教士和一个中国人谈话，后者宣称自己住在九十里外，最终传教士发现，实际上这个中国人说的是来回九十里。有一次，一个驿站的邮差在规定时间内没有跑完规定的六十里，他抗议说，自己跑过的路段绝对不止这个数目。长官重新测量，发现是八十三里。

让外国人疑惑的距离丈量方式还有很多。英国商人阿奇博尔德·立德（Archibald Little）通过长江三峡时，有一段里程顺水标注九十里，逆水就是一百零二里了。在平地，一里说成两里是寻常的事。比较陡的地方，一里说成五里；

很陡峭的地方，一里等于十五里。

不管是如何丈量距离，通过一定空间需要一定时间，这是常识。1880年底，清政府因收回伊犁的问题准备与俄国开战，运输兵员和粮草辎重成了大问题。李鸿章的老部下刘铭传经天津进京觐见，向朝廷递呈《筹造铁路以图自强折》，提出“自强之道，练兵、造器固宜次第举行，然其机栝则在于急造铁路”。建议借用外资，先建清江浦（位于江苏淮安府，为漕运总督驻地）经山东至北京一段，以利漕运。这是清廷官员第一次正式提出的建筑铁路构想。

1866年，英国公使请求建筑一条短途铁路，以便把海运至吴淞的货物经铁路运至上海，遭到清政府的拒绝。1875年，英商怡和洋行控制的“吴淞道路公司”将铁路器材从英国运至中国，开始自行筑路。1876年6月，英国人先修成上海至江湾段，7月初该路段正式通车，轨距七百六十二毫米，钢轨每米重十三千克，由一台“先导”号机车牵引客货车辆。建筑期间，沿线居民强烈反对外国人在本国土地上修筑铁路，并捣毁“公司”的江湾办事处（这实际上得到了官方的默许）。开行不过一月，列车不慎轧死一位在铁轨上的行人，更是引发群众事件，“公司”被迫停驶列车。在此背景下，1876年10月，清政府积极运作，与英公使签订了《收买吴淞铁路条款》。但“公司”方面仍继续筑路，直至12月1日，上海至吴淞全线完工通车。

1877年9月，清政府终于赎回这条铁路，他们的做法仿佛让英国人看见了活鬼——清廷下旨立即将全路拆毁。负责办理此事的是沈葆桢。他的举动让郭嵩焘大失所望。一年前的2月7日，即将出任驻英公使的郭嵩焘拜访翁同龢，郭大谈经世抱负，欲天下皆开煤矿，全中国遍修铁路。他提到，朝廷重臣之中，洞悉洋务者只有李鸿章、沈葆桢、丁日昌三人。精明如郭嵩焘也未能料到，自己看好的沈葆桢，“洞悉洋务”不过也是叶公好龙。

当然，沈葆桢拆除铁路，也有不得已的缘由。保守派对新科技的抵制背后有位高权重的支持者。当时刘铭传上书建议筑铁路后，很快遭到内阁学士张家骧的反对。他列举出筑铁路的三大弊端：一是清江浦非开放口岸，如果铁路修好了，商业发达，会比上海、天津更为热闹。倘若洋人觊觎，何以应之？二是铁路沿线遇到田亩、屋庐、坟墓、桥梁，是平毁还是让民众迁徙？火车电掣风驰，必然贻害民间。三是建设铁路会影响招商局海运收入，恐怕从前的投资无法取偿。这些理由现在看起来都很疯狂，但在当时显得“思维缜密”。张家骧请朝廷“宸衷立断，将刘铭传请造铁路一节，置之不议，以防流弊而杜莠言”。张是光绪帝的师傅，帝师们多与皇帝生父关系密切，势力盘根错节，影响力远远大于刘铭传之辈。拆路一事，确实非沈葆桢本心。沈氏大兴福州船政学堂，居然又同时拆除铁路，看起来几乎“人格分裂”，但这正是当时朝廷大臣内部争斗的必然结果。

福州船政学堂作为晚清海军人才成长的摇篮，分为前学堂与后学堂。前学堂专管轮船修理制造，培养船只制作人才；后学堂学习航海河运驾驶技术，英文、算术、几何、代数、水重学、电磁学、光学、音学、热学、地质学、天文学、航海术等都是常设课程。船政学堂雇有洋教习，管理、考试、奖惩相当严格，和传统私塾教育不仅形式有别，而且课程内容几乎都是当时国人所不了解的自然科学。正是在拆除吴淞铁路这一年的3月31日，清政府派遣的第一批欧洲留学生从福州马尾港出发，前往英国学习。

很快，清廷意识到，不接受火车已经不可能了。1901年，慈禧如果不选择乘坐火车，那就要像当初逃离北京那样一路靠人力轿子，沿路慢慢颠簸回京。回銮的火车开到了保定，王公和大臣的车厢挂在慈禧的车厢之后，大家都得以“特快”回京城。大臣们抱怨说太挤了，机车尚有余力，于是大家准备在车后再挂一节车厢。此事居然被慈禧发现了，立刻制止。这样，袁世凯和其他大臣只得继续挤车。

在使用现代交通工具上，清廷也中学为体，西学为用。御用风水先生向慈禧表示，为了保证吉祥，回銮的时间必须确定在1月7日未时。这样，从保定出发的时间就必须确定为早上卯时。这天早上，慈禧和大臣们“不顾天寒地冻和沙尘暴铺天盖地”（莫理循原话），出现在车站。大臣们挤在罐头车里，而在慈禧的车厢里，除了一张欧式大床，还有精致豪华的鸦片烟具。

相较而言，电报在晚清的推行就成功得多。毕竟电报的存在形式，使清政府少了很多顾虑。

为满足人们传递信息的需要，驿站有着悠久的历史。吴思和黄仁宇的著述中提及，有关明末驿站弊端引发的社会矛盾，直接导致了明王朝掘墓人李自成的出现。由此可见，为了信息的传递，一些人付出了何等沉重的代价。

1844年5月24日，华盛顿美国国会联邦法院会议大厅，发明家莫尔斯（Samuel Finley Breese Morse）用颤抖的手指向六十四公里外的巴尔的摩发出了人类历史上第一份电报，接收人是他的实验伙伴艾尔弗雷德·威尔（Alfred Vail）。电文为：“上帝创造了何等奇迹。”

从1634年到19世纪中期，至少有六十二人宣称发明了电报。其中，德国人柯尔最早提出了用文字符号进行远程通信的设想，德国人冯·萨墨林（Von. Sammerring）、俄国外交官许林格（Baron Schilling）都搞过试验，他们使用最少的导线是八根，一般则是二十四根或三十六根。实验的理论基础是丹麦人奥斯特（Oersted）的电磁理论和法国人安培（André-Marie Ampére）提出的应用电磁理论传递信息的设想。

真正的成功者是美国国家美术学会会长莫尔斯。1837年的某天，灵感在这位画家的头脑中不期而至。莫尔斯用一根导线就完成了传送字母书面材料的任务。电报电流有一个回路，靠接通或断开电路的方法，借助于点（接通电路时间短）、划（接通电路时间长）和空格（断开电路）的不同组合，来完成各种字母数字和标点。例如，用一点一划表示A，用五个点表示五，这就是沿用至今的莫尔斯码。当然，发报时需要将电文先翻译为莫尔斯码发送，收到的也是莫尔斯码，再用译本将数字转换为文字。

从1842年美国国会正式决定为莫尔斯的发明拨款，到电报在美国和欧洲流行，不过短短十年。此间，爱尔兰工人负责在美国越州铁路建设期间架设电线杆，和铁路并行的他们居然赶不上手工铺设钢轨、枕木的华工。这也让世界见识了中国人的吃苦耐劳。

在美国人莫尔斯发明电报二十五年后（1870年），电报传入了中国。光绪五年，北洋大臣李鸿章在天津市区和大沽海口炮台之间架设电线，试通电报，这是中国修建的第一条电报线路。光绪二十四年，清政府正式下令，“嗣后明降谕旨，均著由电报局电知各省”。也就是说，政府开始使用电报来传达皇帝的圣旨，这也是中国历史上开天辟地的创举。

实际上，清政府最初也竭力反对使用电报，这和当时的政治局势有关。第二次鸦片战争结束后，俄、英、美等国为了进一步加强对中国的侵略、控制，不约而同地提出在华铺设电线的要求，一时成为中外交涉的焦点。清政府对电报电线一无所知，本能地使出了惯用的斡旋伎俩——“严正拒绝”。三口通商大臣崇厚认为铺设电线“于中国毫无所益，而徒贻害于无穷”；福建巡抚李福泰更视电报为洪水猛兽，称之“惊民扰众，变乱风俗”；只有时任江苏巡抚的李鸿章提出，“与其任由外人控制，不如自行举办”。

在地方大员的位置上，李鸿章曾亲手破坏外国人铺设的电线。1865年，上海驻华领事巴夏礼（Harry Smith Parkes）欲铺设淞沪电线，被清政府婉拒。英商故态复萌，决定先斩后奏，暗地在浦东自行铺设电线数十里。李鸿章密令上海县令，动员乡民连夜拔毁所有英商铺设的电线。这些电线本来就是英商私下设置，无从告官，英商一时难以发作。

当电报最终被广泛使用时，中国人发明了一种新的记日办法：用韵目代替日期。从《韵目表》中挑选代替日期的韵目，总共有三十一个，分别代表三十一天。前面十五天用的是韵目上平声的全部，接后是韵目上声的十个，再来是韵目去声的五个，最后一个在《韵目表》查不到的是“世”，代表三十一日。这种方法前后共使用了七十余年，今天历史书中经常出现的“艳电”、“皓电”、“佳电”等词，正是所谓的“韵目代日”。

用《韵目表》里的字来代替日期，懂得做诗的人一看就知道哪个字代表哪一天。比如“21日”的电报代日韵目为“马”字，所以1927年5月21日长沙反革命事变称为“马日事变”。这套系统对于当年读过一点儿书的人来说，都是基本常识。白话文兴起以后，过去文人擅长的填词作诗的本领逐渐失传，过去一般人都知道的事情，现在却成了专业知识。不过，要像港台电影那样，通过观看别人手指敲打莫尔斯码便知晓内容，不但需要发信号人是电报超级天才，也需要收信息人同样如此。谍报电视剧《暗算》中的听风者盲人阿炳，不但能听出莫尔斯码的内容，还能区分不同发报人的手法，这种能力几乎等同于一个人可以用鼻子闻出墙壁里的虫子。

无线电让沟通更为通畅。1905年7月，北洋大臣袁世凯在天津开办了无线电训练班，聘请意大利人葛拉斯为教师。他还委托葛拉斯代购马可尼猝灭火花式无线电机，在行营及部分军舰上装用。1906年，因广东琼州海缆中断，在琼州和徐闻两地设立了无线电机，在两地间开通了民用无线电通信。这是中国民用无线电通信之始。不管是有线还是无线，中国民用电报开始后，为商家和普通民众的互相交流提供了极大帮助。

为了节省人力，公用电报被要求不得冗长，民用电报更要短出许多。有的电报为了省字，几乎词不达意，这里面其实另有隐情。当时的电报都是有线电报，分为水线、陆线，如果在国外使用外国人的水线，费用自然比国内更高，按字论价，每字需银数两，所以更要节约用字。

电报之贵，可以从一个细节说明。1919年，巴黎和会期间，列强悍然把山东转让给日本。消息传回国内，北大的学生们群情激愤，最后决定发电报给巴黎和会的中国代表，同时通电全国。可是通电实在太贵，学生们只好你一块、我一块地凑份子，最后凑出近一千块大洋，刚够给全国报馆发一次小规模的全国通电。执政府认定北大学生运动幕后肯定有人指使，理由很简单：“穷学生怎么可能负担得起通电费用！”

在电话稀少，手机和互联网压根儿不存在的时代，电报本应是最快的联络方式。但对普通民众而言，一封电报的速度并不等同于电流的速度。首先要在柜台完成电报的书写，然后电报部门发送电码，接收方译电，最后关键的一环还在于接收方到收件人的距离，这几乎决定了电报是否能够体现其速度。如果接收电报的部门距离收件人太远，那就等同于发送一次纸质信件了。

清廷的洋务运动和立宪，采取的是混合方式：军事上效仿德国，立法和行政效仿英国。在对科学毫无崇尚精神的国度，这种混合最后把清政府搞成了不伦不类的怪物。

19世纪下半叶，中国和土耳其成为亚洲最大的两个军火进口国。1868年，英国维克斯公司推销员沃尔夫·列曼靠一口流利的汉语，获得了清朝官员的信赖，成功说服中国军队买进一批“防卫”式转轮机枪。这种机枪形同手摇纺车，看起来并不奇特。人力摇动暗含十二颗大口径弹丸的大转盘，弹丸对准枪管依次击发。其实该枪的开火速度并不比普通步枪快多少，也显得非常笨重。尤其是摇动庞大转盘的士兵，必须有赫丘利之神力才行。在英国本土，这种机枪根本吸引不了皇家军官们的目光，维克斯公司只好拿它到国外创造“剩余价值”。有趣的是，维克斯公司制造的防卫式机枪有两种规格，分别使用方形子弹和圆形子弹。按照该公司的讲解，圆形子弹用来对付基督徒，方形子弹对付异教徒，出售给中国的恰恰是后一种型号。

此时，欧洲人在用什么武器呢？1866年克尼格累茨战役，普鲁士人击败了屡战屡胜的奥地利军队，替代他们成为日耳曼战士的主流成分。奥地利白衣军队的主要装备为洛伦兹膛枪，射程精确到三百六十五米。1859年的对法战争证明，这种枪比来复枪好用。但是，这种膛枪的射击速度仅为普鲁士士兵使用的针枪的五分之一。具有讽刺意义的是，奥地利人认为，对方的枪开火率太高，会浪费子弹。普鲁士人训练士兵，要求他们等到敌人靠近时再开枪。

学者张鸣一度认为，甲午兵败是因为开枪不准。他考据到，1920年，直皖大战动用二十多万兵力，打下来，真正伤亡的也就几十人。在历史上如此人数浩大的对战中，也不是没有出现过这样的低伤亡率。1212年托罗撒战役，对阵双方是西班牙和阿尔莫哈德王朝，后者军队中纳西尔的柏柏尔人和安达卢西亚军队发生了严重冲突，安达卢西亚人突然全体叛逃，西班牙获得大胜。为了纪念这场西班牙历史上最伟大的民族战争，纳西尔大帐入口处的巨型挂毯被送到了布尔格斯的拉斯·胡埃勒加斯修道院，悬挂至今。历史学家宣称，西班牙方面仅仅伤亡了二十五至三十人。不论张鸣的考据是否精确，中国人对新科技的理解能力确实惊人的差。讨伐张勋时，军队向张勋公馆发射了百万发子弹，但都是朝着天空开的，着弹点远在两英里外，路人遭殃。因此莫理循曾向中国政府建议，军队干脆恢复使用弓箭。

1911年5月，留学西方七年之久的丁文江由香港经越南沿滇越线到了昆明，开始其第一次内地之旅。他发现，当时出版的几份中国地图都还是根据康熙年间天主教士所测的地图做蓝本印成的，“一条贯通云贵两省的驿道，在地图上错误了两百多年，竟无人发现”。

回头看看近代战争，对兵力统计记录精确的一方，通常也是胜利一方。1520年，西班牙人本来被阿兹特克人一路追到奥图巴，最终不得不回头反击，出人意料的是，他们居然大获全胜。1521年特诺奇蒂特兰之围，西班牙方面赫南·科尔特斯（Hernan Gortes）有八十六名骑兵、一百余名弩兵和火绳枪手、七百名剑手和长矛兵、十八门火炮，还有特莱克斯卡拉族人和其他同盟者近八万人。而阿兹特克方面除了首领、大预言家夸特莫克，就只有一个模糊的“二十万人”的数据了。

这不是因为失败者的数字通常被抹掉。1588年无敌舰队覆没。西班牙是输掉战争的一方，但参战数据都很清晰，人数、每条舰船名字、水手分工、火枪数目及射程，一一在列。真实的情况是阿兹特克人过于粗放。在那场对抗的开始，他们只相信一个预言：曾经的一个神灵昆兹奥考特克反对人祭，结果被其他神祇赶走。有一天他会重返故乡，那一天将发生在阿兹特克历法中的“一根芦苇”之年。“一根芦苇”之年每五十二年循环一次，每逢这一年，阿兹特克人都忧心忡忡，他们担心羽蛇神惩罚自己。在这个预言里，昆兹奥考特克总是被描述为肤色白皙，身着黑衣，帽子上插一根羽毛的人，而科尔特斯就是这样一个人。

阿兹特克人怀疑对方领袖是神，而清廷一直怀疑洋人是另外一种生物。清廷上下总结出一种对洋人的生理缺陷的认识：他们的膝盖不灵，他们的腿难以弯曲。然后，洋人扛着枪炮冲进来，不少人便想起这种缺陷大有利用价值。

乾隆五十八年（1793年），英国使者马嘎尔尼以为乾隆祝寿的名义来华，试图建立中英间的平等通商关系，结果双方因觐见礼仪发生争执。清廷要求英使三跪九叩，英使则表示觐见中国皇帝至多像见英王一样，单屈一膝而已。双方争执不下，未达成共识，不欢而散。

从那时起，有关洋人不能屈膝之说便流传开来。就连接触事物远多于普通百姓的贵族们也深信不疑。道光年间，两江总督裕谦在一份奏折中说："夷人腰硬腿直，一击即倒。"

既然敌人是非常之物，那对待的方式也要超越常规。和八国联军开战后，主战派首领端王载漪逐一询问刚毅、徐桐、赵舒翘和启秀，这些人全部束手无策。慈禧知悉战事不利，责问载漪所力陈"义和团有神术"之事是否是瞎说。载漪声称："神术确有，只因团民良莠不齐，其中难免有练武不精的，故法术不灵。另外，洋人用妇女秽物，把法术破坏，降下来的天兵天将一见秽物，亦即避去，所以洋人所用枪炮仍然伤人。"

载漪此说令人忍俊不禁。义和团的联袂团体中，未婚女青年参加的红灯照很出名；已婚妇女参加的叫黑灯照；最为厉害的是砂锅照，属于丧偶妇女团体，据当时传说，她们施起法术来，洋人就化为一摊脓水。至于如何施法，倒和载漪所说的洋人用妇女秽物有几分接近。

当时中国民间对于月经带、大粪、狗血的看法，都是带有哲学观点的。倘若中国人真的研究这些东西，也能有所发现。不过，那个时代的中国人对自然科学敬而远之，宁愿从古书上找到心灵慰藉。某省的传教士用放映机显示一只高倍放大的普通寄生虫。当这个东西像鳄鱼般斜着映射在墙上时，座下的某个学生以敬畏的口气说：看，外国大虱了。

徐光启，后世的停顿

竺可桢曾经将明代学者徐光启和科学先驱弗兰西斯·培根（Francis Bacon）作了一个比较，他认为前者毫不逊色，甚至在有些地方还超过了培根。《科学译著先师——徐光启》的作者王青建对此作了分析，现摘录如下：

“两人生活于同时代，徐光启小培根一岁，又比培根多活了七年；两人同为科学思想史上的一代开创者，又都向往着新的科学时代的到来；巧合的是两人都做过高官。……培根是首创近代归纳法的大师，把经验从一向受人鄙视，受贬抑的卑贱地位上升到一种科学原则……但他不能很好理解数学语言的重要性；而徐光启却演绎推理鼓吹推广到一向只重视经验归纳传统的中国，并且特别把重点放在数学语言上，认为这才是一切科学的基础。两人都强调科学实验，但徐光启本人就是大科学家，亲自进行观察和实验……徐光启在实验科学的具体贡献是培根所不能比拟的，尤其是他对数学的重视和运用更远远超过了培根。……事实上，徐光启的科学思想和方法论远远超过了西方传教士之上。当时西方‘传教士的科学正是似法非法、似理非理的东西’，但徐光启却深刻地提出了科学必须其中有理、有义、有法、有数，‘理不明不能立法，义不辨不能著数’，这样的思想正和近现代科学的思想吻合。”

也许这样的评价有点儿言过其实，但看看下面的历史事实，就很清楚了。

崇祯二年（1629年）七月二十六日，徐光启给崇祯上折《条议历法修正岁差疏》，论述了“数学和其他科学的关系，数学在生产实践中的作用”，把数学作为其他一切自然科学和工程学的基础，这比马克思、恩格斯相类似的观点早了几百年。徐光启列出了十条：

第一，数学是气象学，天气预报的基础。“利用数学可以计算日月星辰的运行，从而推测晴雨水旱”。

第二，数学是机械工程学的基础。“精于度数者能造作机器，力小任重”，可制作各种机械，“以供民用，以利民生”。

第三，数学对测绘学大有裨益。“天下舆地，其南北东西，纵横相距，纡直广袤，山海原野，高深广远”，有了数学测绘的地图，“道里尺寸，悉无谬误”。

第四，国防。数学可以用于“兵家营阵器械及筑治城台池隍等”。

第五，建筑设计。“营建屋宇桥梁等，明于度数者力省功倍，且经度坚固，千万年不圮不坏”。

第六，会计理财。数学对“官司计会”颇有用处。

第七，兴修水利。用数学“度数既明，可以测量水地。一切疏浚河渠，筑治堤岸，灌溉田亩，动无失策，有益民事”。

第八，有比率地配制药物。使用数学，“因而药石针砭，不至误差，大为生民利益”。

第九，乐器制造。“明于度数，即能考正音律，制造器具（乐器）”。

第十，制作计时工具。掌握了数学力学原理，可以“造作钟漏，以知时刻分秒”，“使人人能更分更漏，以率作兴事，屡省考成”。

《明末清初的格物穷理之学》一书介绍，“此‘十事’涉及自然现象的研究、社会现象的研究和工程技术，就当时，无论中西方都未形成自然科学、社会科学、工程技术等学科的分化”。这是比培根在《新大西岛》中所作理想研究更现实、更宏大的知识体系的划分。

徐光启的这一奏折，得到了崇祯的积极响应和支持。崇祯下旨批示，“度数旁通，有关庶绩，一并分曹料理”，但在明朝即将亡于清的最后十几年中，徐光启的设想根本无法在全国上下全面实施。也许有人认为，既然明朝对于自然科学的热爱远甚清朝，为何崇祯会身死国灭呢？实际上，战斗能力和文明更替并无绝对的直接关系，古罗马帝国被蛮族灭掉，阿拉伯文明被蒙古人毁灭时，战争胜利的一方并不代表最先进的生产力。

不仅是数学，《中国通史第九卷中古时代·明时期（下册）》的第三节《西方化学知识的传入》中说：

“中国最早记述无机酸的是徐光启的一篇手稿《造强水法》。据研究，《造强水法》即制硝酸的方法，其原文如下：“绿矾五斤（多少任意），硝五斤。将矾炒去，约折五分之一。将二味同研细，听用。次用铁作锅，约乘（盛）药外，尚有空。锅口稍敛，以承过筒。另用内外有油（釉）大坛一具，约乘（盛）四五十斤者则不裂。以玻璃或瓷器为过筒，一端合于锅口，一端合于坛口。铁锅置炭炉上。坛中加水如损绿矾之数，如矾折一斤则加水一斤也。次以过筒接锅坛二口，各用盐泥固济。锅下起火，初四刻用文火，渐加武火，满二十四刻灭火，取起冷定，开坛则药化为水，而锅亦坏矣。用水入五金皆成水，惟黄金不化水中，加盐则化。化过它金之水，加盐则复为砂，沉于底，惟黄金不能成砂必以酒靛（点）之。……强水用过无力，或有它物杂之，仍用前之器制，则复为水，滓留于锅矣。盛水坛下宜置一缸，恐一时迸破，水犹在缸也。”

《明末清初的格物穷理之学》一书中，列出了从1580年到1690年，每十年内出版的格物穷理之学的著作。从这张表格中可以看到，16世纪30年代，明代介绍的西方科技著作和翻译作品一共有一百三十四种，其中相当一部分是明朝政府组织翻译编写的，而到了清朝时期，只有八十三种，其中大部分是民间学者继承明朝遗风而进行的译著，此后总体趋势不断衰减。学者认为，明朝朝廷、士大夫在17世纪对自然科学的钟爱，迫使传教士们在中国的活动不得不以学术交流为主，传教为辅；而在清代，虽然传教士人数众多，由于统治者趋近于排斥自然科学，这些外来者做好“本职工作”就行了。

因缺乏自然地理知识，清朝晚期徐桐以大学士之尊，居然绝不肯相信西班牙和葡萄牙的存在，认为这只是法国和英国常常来讨利益的“借口”。

《徐光启研究论文集》沉痛地写道：

“培根死后不过三四十年，他的理想研究院在英国就以1660年（顺治十七年）成立皇家学会而实现。随之而来的，是工业革命和生产大发展。而徐光启的“度数旁通十事”的拟议，在当时，虽然得到了崇祯皇帝的积极支持和响应，但随着明朝政府的灭亡，清朝空前残暴黑暗统治的建立，这样的规划，一搁置就是三百年，不能在促进生产上发挥作用。在明朝时期同步于世界发展的中国，经过清朝的反动统治，远远落后于世界生产的先进国家，终于沦为半殖民地半封建社会。这是徐光启的不幸，也是中华民族的不幸。”

第三章

中国逻辑下的“战争法则”

这是符合中国式逻辑的。当时，就连程学启也意识到，郜永宽等人的投降有点儿不彻底，建议诱杀八降将，并遣散余众。对李鸿章来说，这消除了“变生肘腋”的隐患。他在给母亲的书信中称“此事虽太过不仁，然攸关大局，不得不为”。

1864年，农历七月初四，洋枪队队长戈登（Charles George Gordon）准备离开中国。李鸿章奏请朝廷，拨银一千两作为路费。对于李鸿章这位位高权重的中国大臣，英国人戈登赠言二十条。

这些赠言收录在《李鸿章全集》之《译署函稿》中：一、凡中国与外国议约，须在中国商议，因中国官员若往外国，则易于受蒙，必致失其本心，终于获罪……三、中国现有深通外国语言文字之人，中国大员并不重用，所用者，多非通才。须知中国通晓外国语言文字之人，必有所能替中国办事，较用洋人之通华语者，受益多矣……五、中国必为自强之计，否则洋人不能相助整顿一切，务须逐渐兴办，此条必当切记……六、中国一日以北京为建都之地，则一日不可与外国开衅。因都城距海口太近，洋兵易于长驱直入，无能阻挡，此为孤注险着……九、中国须遍地设立电报，并修理运河。此二事较整顿水师尤为紧要。中国有不能战而好为主战之议者，皆当斩首。中国欲与外国争胜，当使华商自往外国，径向制造厂家购买各货，则洋商不能于中取利……十三、中外交涉未结之案甚多。中国宜派专员查究，并从公道了结。因各案不结，外国不无介意，实于中外交情有碍……十八、中国宜在香港、澳门两处各设领事一员……二十、中国急宜设立税务学堂，令华人学习关税事宜，以备接替洋人……

几个月前，三十岁出头的戈登，带着两把洋枪、一艘小艇，四处寻找李鸿章，声称要和他决斗，弄得这位江苏巡抚手忙脚乱，四处躲避。而在临别关头，戈登意识到李鸿章不可能和自己决斗，而且，这个国家的未来还可能掌握在对方的手中。因此他能做的，就是留下这二十条箴言，希望对方能够接受一二。

戈登和李鸿章关系破裂的直接原因，是苏州杀降事件。

同治元年（1862年）十一月十八日，常熟太平军守将骆国忠投降。李鸿章乘机率淮军发起收复苏州、常熟的战役。与太平军反复激战后，淮军最终攻克常熟、太仓、昆山等地，初步扫清苏州外围。为了扩大战果，李鸿章制订了三路进军计划：中路程学启统率，由昆山直逼苏州；北路李鹤章、刘铭传从常熟进攻江阴、无锡；南路则攻吴江、平望，切断浙江太平军的驰援之路。

针对太平天国的军事行动，也有外援助阵。当时，原洋枪队头目华尔（Frederick Townsend Ward）在慈溪的军事行动中阵亡，他的后继者白齐文（H.A.Burgevine）不被清廷欢迎。当时的江苏巡抚李鸿章要求斯特维利（William Staveley）另指派英国军官来指挥洋枪队，斯特维利选择了少校戈登。1863年1月，英国枢密院训令授权英国军官在清政府军队服役。3月，戈登奉英国驻华公使蒲安臣（Anson Burlingame）与斯特维利之命，接替白齐文任“常胜军”统领。戈登在松江接任后，重整军队支援常熟，战事的成功使其很快得到士兵们的尊敬。

解常熟之围后，戈登被清政府授为总兵。6月，清军陷太仓、昆山、新阳。7月，占吴江、震泽。在这些战役中，洋枪队都起到了很大作用。在夜袭苏州娄门外太平军石垒阵地中，洋枪队遭到惨重失败。无论如何，戈登始终认为，战争有一定规则，双方各为其主，并不妨碍他欣赏对手的军事能力。

戈登夜袭苏州娄门外太平军石垒阵地，对手正是苏州主将慕王谭绍光。当时，谭在前方的栅堡上赤足站立，奋勇作战，宛如普通士兵一般。他的凶悍使敌人也不得不佩服，承认他“为人勇敢而聪敏，在困难之中从未示弱”。

对于这个对手，戈登也深感头痛。和谭绍光交手，戈登损失的部下军官有：琼司（Jones）、毛勒（Maule）、维利（Wiley）、金（King）、利司第（Christie）、亚卡（Ager）、卡尔（Carral）、威廉（Williams）、格兰司福特（Glanceford）等人。这天的战斗结束后，戈登对部下发出一道布告说：“本指挥官对于昨日战役中奋勇作战之诸将士等表示无限欣慰与祝贺，敌人等之顽抗与其阵地之坚强难攻，遂使本队军官与士兵等不幸遭受重大伤亡。本指挥官对于军士等之伤亡，殊深扼腕，并自信此类惨事决不使其再见。”

谭绍光的反攻如此凶悍，是因为他也是一个有志于师法西方的将领。在苏州，他一度也有自己的“洋枪队”，“募洋人数十，教练洋枪炸炮，以为备御之计”，堪称洋枪爱好者。之前，他带兵攻克湖州，拿下赵景贤。遗憾的是，“忠王素重景贤……乃诫绍光以勿杀”，于是他只好把赵景贤软禁起来。后来太仓被清军攻陷，有人说赵景贤串通清吏为内应，谭绍光召他来问责，赵谩骂不已，谭绍光大怒，亲手提洋枪击毙了他。

在乱世中，每个人的选择都无可厚非。进军苏州的清军中路由程学启负责，他本人就是太平军降将。程学启年少时在农村不喜劳动，后加入太平军守卫安庆城外。曾国荃攻打安庆时，知道他是安徽桐城人，就让他族中的一位老妇前去劝降，结果程学启当即率三百人来降。他对朝廷的忠心，随即表现得令曾国荃感动。当时，湘军挖了一条长壕围困安庆，曾国荃让他在最外缘的前线攻击，没有命令不得回到壕内。为了防止这些人再度“反叛”，清军还用火炮直接瞄着程学启的部队，每天从壕内给他们送粮食，送完了随即撤去行人的木梁。就是在这样的歧视下，程学启苦战数月，帮助清军攻陷了安庆，也获得了曾国荃的信任。

苏州被围，城内的太平军迅速产生了分化。

郜永宽（又名云官）、汪安钧、周文嘉（一作文佳）、伍贵文、张大洲、汪花班（又名怀武）、汪有为、范起发（一作启发）等人都是两湖人，因战功被太平军封赏。郜永宽受封纳王，汪安钧受封康王，周文嘉受封宁王，伍贵文受封比王，张大洲、汪花班、汪有为、范起发都受封天将。这年夏天，江苏、浙江太平军占领的城市接连失陷，郜永宽等聚守苏州。苏州主将慕王谭绍光坚决抵抗清军，但郜永宽八人早存降敌之心，他们的部队占苏州全部守军的四分之三，各人都有独立的指挥权，不受谭绍光指挥。苏州有六个城门，他们驻守阊、胥、盘、齐四门。

程学启部将郑国魁与郜永宽素来交好，知他有二心，于是双方约定见面。1863年12月2日夜，程学启将自己的船开到苏州城北阳澄湖，迎接郜永宽前来密谈。

戈登事后谈到事情经过，说这次密谈分两次进行。12月1日夜，他与程学启、郑国魁先和三个天将见面，表达了彼此的诚意。第二天晚上，郜永宽才来。他在谈判的间歇对戈登表示：“我希望你帮助我。”戈登回话说：“只要告诉我怎么帮助，我是极乐于效力的。”

郜永宽担心投降之后遭到杀戮，而戈登表示：“自从太平天国起事以来，清朝态度已大加改变，他们害怕外国，绝不敢不听我们的话而残酷地对待太平军。”听到戈登的个人担保，郜永宽决定投降。

郜永宽回到苏州，立刻和汪安钧等七人密商如何行事。12月4日上午，郜永宽等八人在慕王殿会议席上刺杀谭绍光，夜开齐门向清军迎降。苏州陷落。

但故事的发展是郜永宽和戈登都没有想到的。苏州陷落的第三天，也就是12月6日正午，郜永宽等八人骑马出城去清军营谒见李鸿章。李鸿章叫左右部下拿八顶红顶花翎进来给他们，说：“现在做我大清官了，好共立功。”八人叩谢后把红顶花翎戴上。李鸿章又叫人从速摆酒，在帐内宴请八人。待众人坐定，李鸿章假托自己去巡军，下令关闭营门。一声炮响后，伏兵冲出，将八人悉数杀死。

苏州杀降事件，过程相当复杂。对于李鸿章来说，投降者不是不能用，但是要有足够的表忠心举动。以程学启当年投降时遭到曾国荃歧视为例，他奋勇死战终获信任。等到曾国藩命他的门生李鸿章招募淮军，奔赴上海之前，还特派程学启开字两营为淮军开道。当时，曾国藩亲自送程学启上船，拍着他的肩膀说：“江南人满嘴都在赞美张国梁，其实，你去那里，也是一个国之栋梁啊。我在等待你克复苏州的捷报呢，努力吧。”这年9月，程学启得到清廷的奖赏，以总兵加提督衔，授江西南赣镇总兵。

而这一次呢？淮军入苏州城后，太平军八降王率部屯居半城，不愿剃发解除武装，而是索要官衔及编制。一句话，郜永宽等人想持兵马筹码，待价而沽，没有把自己彻底地“交出去”。当李鸿章命他们前来大营“领赏”之时，这些人已经无法避免被杀的命运。

戈登被这个结果深深激怒了，认为这是最无耻的背信弃义。这些人几天前还将自己视为保护神，如今已经成为刀下鬼。按照现代战争的规则，这也是一个英格兰人绝对不敢相信的结局。李鸿章对愤怒的戈登避而不见。戈登只得愤然留下一份最后通牒，要求李鸿章下台，不然他就率“常胜军”进攻淮军，将所攻占的城池再交还太平军。

他随即率常胜军返回昆山，同时给英国驻华公使布鲁斯写信，要求英国政府干预，迫使李鸿章下台。英国驻华陆军司令伯郎（Brown）也从上海赶到昆山，与戈登商定“常胜军”由其节制，不再受李鸿章及中国政府的调遣，借此从中方夺回“常胜军”的控制权。上海的外国领事馆官员代表列强及所有外国侨民签署了一项严厉谴责李鸿章的决议，指其杀降是对人性的彻底背叛，并警告说此事很可能使列强不会再帮助清政府，并可能撤回帮清军打仗的洋兵洋将。

李鸿章做梦也没有想到，杀降事件会有如此深远的影响。他一方面向清廷解释，一方面通过外交挽回局势。

对清廷方面极好解释，因为这是符合中国式逻辑的。当时，就连程学启也意识到，郜永宽等人的投降有点儿不彻底，建议诱杀八降将，并遣散余众。对李鸿章来说，这消除了“变生肘腋”的隐患。他在给母亲的书信中称“此事虽太过不仁，然攸关大局，不得不为”。曾国藩接报后，也赞赏李鸿章“殊为眼明手辣”。

1863年12月13日，也就是郜永宽等被杀一周之后，李鸿章随即给朝廷上书《骈诛八降酋片》，解释杀降经过以及和戈登的矛盾始终：

苏州逆首伪纳王郜云官、伪比王伍贵文、伪康王汪安钧、伪宁王周文佳、伪天将范启发、张大洲、汪怀武、汪有为等，因官军围攻紧急，乞降内应。该酋等愿望太奢，恐有后患，分别驱散解除，各缘由业经臣于二十六日奏报大略在案。

官军入城查探，降众实有二十余万，其精壮者不下十万。郜云官等歃血立盟，誓同生死。献城后，遂占住阊、胥、盘、齐四门，于街巷各口堆石置卡，隐然树敌。又添招苏城附近贼党陆续进城。坚求准立二十营，并乞奏保总兵、副将官职，指明何省何任。其挟众要求之状，种种堪虞。臣思受降如受敌，必审其强弱轻重，能否驾驭在我。若养虎遗患，苗沛霖、宋景诗皆其前鉴。即幸而如李世忠，至今滁州等城仍未退出，苏省财赋名区，岂容该酋等拥众盘踞，致贻无穷之忧。况郜云官等积岁巨酋，在贼中封至伪王、伪天将，其罪恶已不可赦。今围困始降，毫无悔罪之意，仍多非分之求，将来断不能遂其所欲，极断不能无反侧之心。传令该酋等八人来营谒见，讵郜云官并未剃发。维时忠逆李秀成尚在望亭，距苏甚近。郜云官等皆系忠逆党羽，诚恐复生他变，不如当机立断，登时将该伪王、天将等骈诛，派程学启督队入城搜捕逆党。于是降众二十万咸缴军器，乞就遣散。臣复派妥弁挑留精锐二千人，分置各营，其余陆续资遣安置。臣即于二十九日入城驻守，督率官绅分头抚恤，人心大定。

不谓戈登因臣先调常胜军回驻昆山，未与入城之功，忽生异议。先曾谓纳逆不应杀慕逆，兹又谓不应杀纳逆，声称即带常胜军与官军开仗。经道员潘曾玮、总兵李恒嵩劝止，乃又招去纳逆义子郜胜镳暨久从苏贼之广东人千余名，意殊叵测。又怂恿英国提督伯郎、翻译官梅辉立来苏辩诘。臣告以自督军来沪，先收南汇降酋吴建瀛，准带千人。次收常熟降酋骆国忠，准带二千人。均肯退出城池，谨受约束，故以战功保至副将，信用不疑。

臣非好杀者。兹郜云官等所求太奢，欲距省城，关系太大，未便姑容，养痈成患。且诛八酋而后能解散二十万众，办法似无不是。戈登先期调回昆山，事在仓猝，未及商量。盖一商询，则彼必极力沮格，此事遂无了局矣。该提督则以英国不喜杀人，是使戈登无词以对外国，强派臣办理错误。臣姑勿深辩，惟其悻悻见于词色。据称申请公使与总理衙门议定，再将常胜军作何区处，其意殆挟该军与我为难耳。臣维戈登助剿苏城，近来颇为出力，是以督同程学启曲意笼络，俾为我用。叠经据实奏报，仰恳恩奖。不料成功之后，既索重赏，仍生衅端。值此时事多艰、中外和好，臣断不敢稍涉鲁莽，致坏大局。惟洋人性情反复，罔知事体，如臣枸昧，恐难驾驭合宜。设英公使与总理衙门过于争执，惟有请旨将臣严议治罪，以折服其心。臣不胜感激，惊惶之至。

理合附片缕晰密陈。伏乞皇太后、皇上圣鉴。谨奏。

李鸿章的这个奏折，万般老练。先是讲述了攻下苏州的不易，然后为朝廷考虑，降将们的步步紧逼，使他不得已杀掉对方。此后，又暗示戈登因为没能先入城得军功，一再闹事。最后表明如果为了让英国人息事宁人，不如“请旨将臣严议治罪，以折服其心”，这几乎使他立于不败之地。哪里是要处分，简直连奖赏都求到了。

郜永宽等被杀，程学启是个关键人物。据徐珂《清稗类钞》第二册“武略类”之“程忠烈（程学启）用兵能相地势得士心”一条记载：“（郜等）约降。往来其间者，提督郑国魁也。寇必欲邀忠烈面议，忠烈慨然往。要以三事，亦允之，降计始定。”

这约定的“三事”是何事？“然苏城降寇所约三事，曰留半城屯其余众、曰编定百营照给饷、曰受翎不剃发，此何可从？盖寇自有取死之道也。”

郜永宽与程学启谈判时，双方商定投降的条件，包括李鸿章后来的奏章中所说的罪状，“占住阊、胥、盘、齐四门（即‘留半城屯其余众’）”；“添招苏城附近贼党陆续进城，坚求准立二十营（即‘编定百营照给饷’）”；“并未剃发（即‘受翎不剃发’）”的内容。至于“乞奏保总兵、副将官职，指明何省何任”，则可能是李鸿章对郜等人的抹黑。反正人都死了，谁又知道他们当初要了什么。

事实是，程学启从一开始就知道这些条件不可能得到履行，“亦允之”，就是为了早日拿下苏州以立大功。当苏州拿下后，无法履行这些条件，干脆杀人。换言之，杀降事件主要责任很可能在程学启，他自己作为一个投降的过来人，肯定知道李鸿章的底线是“无条件”，而其个人却和对方大谈条件。至于李鸿章，据说因杀降而“踌躇三昼夜，不能决”，因程学启“以去要之，始定”。有实情，也有笑话。郜永宽从投降到被杀，才过两夜，而李鸿章踌躇了“三昼夜”，难道在此事之前便议定了杀人？

英国驻上海代理领事向布鲁斯报告苏州杀降事件，报告附件便是戈登发表的苏州杀降的经过。这些资料目前为英国档案馆收藏。当时，李鸿章的言辞举动令英方很是震惊。1862年4月初，李鸿章到上海参与“协防”，而后任江苏巡抚。正是在上海，他开始与洋人打交道，渐渐以当时少有的“知洋务者”形象而闻名中外。在近代中国的政治格局中，能与洋人打交道、受到洋人重视的人，自然有举足轻重的地位。

为了处理好和戈登的关系，李鸿章还向罗伯特·赫德（Robert Hart，英国人，清廷雇用的海关总税务司）和马格里（Macartney Halliday，之前任洋枪队队长白齐文秘书）求援，请他们代为调解。

就在苏州杀降事件期间，英国人赫德负责的总税务司署迁至北京。赫德成了清政府国际事务方面的得力顾问。他曾说：“我自从1861年首次到北京以来，就敦促总理衙门向着西方所理解的‘进步’一词的方向前进。”赫德的影响不仅在于推动清政府各种制度的现代化，还在于由此引起思想观念、社会风尚的改变。

经赫德举荐，美国传教士丁韪良出任同文馆总教习。在其治下，同文馆的译书活动成为朝廷的“规定动作”，所译书籍自行印刷，免费发送各级官员。这些书籍包括自然科学、各国法律、政治经济、世界历史等。之后，西方书籍对中国人思想观念的改变显而易见。

马格里是出生于苏格兰的英国人，后加入中国籍。他还给自己取了一个中国名字：清臣，以示对清廷之忠贞。1858年，马格里随英国侵略军来华，任第九十九联队军医。在英军服役期间，他与同龄的戈登建立起良好的私人友谊。他曾任“常胜军”头领白齐文的秘书，1863年加入淮军，任张遇春统领的春字营炮队教习，并率队随李鸿章在上海、昆山、苏州等地同太平军作战，深得李鸿章信任。

苏州杀降事件后，马格里一度与李鸿章势同水火，因为当时他已经娶了郜永宽的侄女为妻。当时，戈登死死纠缠李鸿章，在某种程度上也是在为马格里打抱不平。后来，李鸿章找潘曾玮请马格里出面调解，劝说戈登，杀降事件才得以了结。

戈登最终在杀降事件上对李鸿章束手无策和他的处理方式有关。他声称要率“常胜军”与官军开仗，又招去郜永宽义子郜胜镳以及广东人千余名，“意殊叵测”。这让清廷绝对站在了李鸿章的立场上，不仅下旨明确支持李所作所为，且指责戈登“意殊叵测”，“惟有据正理驳斥，以折其心”。同时，“常胜军”仅有三千多人，而淮军已超过五万人，也装备了洋枪等新式武器。所以，戈登最后仅要求李鸿章公告，叙述杀降事件和自己无关。对这个简单的要求，李鸿章当然是慨然应允。

此事的直接后果，还造成了“常胜军”被撤销番号。从某种程度上来说，戈登的“赠言二十条”为清廷乃至后来的中国提出了最为真切的建议。虽经过英国人对杀降事件的渲染，但李鸿章仍然没有丝毫“悔改”。曾国藩对“天津教案”颇感棘手时，李鸿章几次建议自己的老师“参用痞子手段，不宜轻以一死塞责”。这种油滑的手段，并不能在事实上改变国家弱小的处境，只能是苟延残喘。

杀降

苏州杀降事件，有一个细节值得注意。李鸿章给自己的母亲写信，解释“此事虽太过不仁，然攸关大局，不得不为”。

李家至李鸿章高祖有田二顷，才进入小康家庭。父亲李文安经多年苦读，于道光十八年（1838年）与曾国藩同年考取同榜进士，使李氏成为当地名门望族。李鸿章母亲亲手抚育了六子，六子非富即贵，这位母亲一直被视为李氏兄弟成长的重要人物。

1946年2月23日清晨，马尼拉以南三十公里的洛斯巴尼奥斯监狱，第二次世界大战时期日本东南亚战区司令山下奉文被执行死刑。他没有被允许身穿军服，只能身穿囚服受刑。处刑台由日本战俘制造。在押送至刑场途中，曾经是同袍的僧人森田觉中尉问他有何遗言，他回答：“一个人的本性在上学校以前，是由他的母亲培养出来的。我的遗言是，提高妇女的教养，培养好的母亲！请告诉祖国，我对祖国只有这个愿望。”

而这位对母亲有一片赤诚之心的日军高级军官，曾经也造就了战争史上著名的杀降事件。

占领新加坡后，山下奉文为了有效地控制当地局势，命令专门人员制订了《肃清华侨计划》，对当地华人进行残酷的大屠杀，超过十万华裔在这次屠杀中惨遭重机枪扫射丧命。到后来，日军为了节约子弹，干脆把人绑成一串装上船，到离海岸十公里左右处推到海里。这便是著名的新加坡大屠杀。在屠杀的同时，日军还聚敛财产，犯下滔天罪行。

山下奉文的战友本间雅晴被称为诗人将军，也是最了解英国人的日本军人。他下令美菲所有被俘人员做长距离徒步行军，从巴丹半岛的马利维尔斯奔向位于圣费南多的俘虏营，行程长达一千多公里。正值炎夏，疫病流行，日军对缺衣少食的战俘恣意虐杀，等到达目的地时，死伤人数竟达二万五千余人。几个月后，有三名美国士兵从日军战俘营中侥幸逃出，越海到达澳洲布利斯坦，才让这次“死亡行军”大白于天下。

无论如何，杀害平民和俘虏是战争中最为丑陋的行为。即便是执行无限制潜艇战的德国海军，也尽量会在袭击成功后，给落水者以必要的援助。希特勒在听说德国船员给被运走的挪威教师发放救生衣时，忍不住叹息这是“德国优秀品质”。他嘲讽说，这些教师应该“高兴被可爱的英国人用鱼雷击沉，葬身海底”。因为这种处理，邓尼茨曾专门致电潜艇或伪装成商船的德国战舰，不得因为救援对方而使本方有遭空袭之虞。

从日军1942年进入新加坡开始，欧洲人的高大形象就被粗暴地踢开了。阿瑟·派尔塞沃向脖颈粗壮的山下奉文投降，这一情景被制成了蜡像，永久性地保存在新加坡的三头沙岛，成了一个特别能吸引日本游客的景点。

第四章

一个没有名字的国家

梁启超一直诧异，因为他觉得自己的国家连名字都没有。中国，“是他族之人所以称我者，而非吾国民自命之名也”。他认为，中国人习惯用朝代而非国家来指代历史共同体，这暗示着“中华民族”实际“不存在”。梁启超警告，这种称谓有“惊人的错误”。

梁启超一直诧异，因为他觉得自己的国家连名字都没有。中国，“是他族之人所以称我者，而非吾国民自命之名也”。他认为，中国人习惯用朝代而非国家来指代历史共同体，这暗示着“中华民族”实际“不存在”。梁启超警告，这种称谓有“惊人的错误”。

鸦片战争后，英国人最先提到割让香港。北京的一帮官员晕头转向，竟不知香港在哪里。因此，历史学家蒋廷黻后来说：“时人反对割地，但不反对割香港。”一个连当权者自己都不了解的国家，如何不翻天覆地？

从两广总督叶名琛的遭遇便可知道，当时的中国人几无国家意识。1857年冬，英法联军攻进广州，把叶名琛俘虏了。民众不但不同仇敌忾抵抗外侮，还帮助英国人把藩台衙门的库银抬上英船。

用诸如“麻木”等字眼，不足以说清当时的广州发生了什么。

1856年10月，两广总督叶名琛从英国商船“亚罗”号上捕获一名中国籍海盗并处以死刑的事件，触犯了《虎门条约》中的相关条款，引发了第二次鸦片战争。

1843年中英《五口通商章程》和《五口通商附粘善后条款》，也就是《虎门条约》，除了具体规定《南京条约》附约的一些细则外，还增加了一些新条款，如凡是中国人与英国人“交涉词讼”，英方如何定罪不关中国政府的事，“由英国议定章程、法律，发给管事官（即领事）照办”，这等于承认了英国享有领事裁判权。在“亚罗”号事件中，中国方面认为这艘船不是英国船，人也不是英国人，并不适用这些条例。而英国领事巴夏礼态度极为强横，双方争执不休。一名中国水手气愤难平，上前打了他一巴掌。

在晚清历史中，这种场面屡次出现。1900年6月19日，德国公使克林德（Klemens Freiherr von Ketteler）同翻译前往总理衙门抗议，途中端王部属恩海率士兵巡逻。双方发生口角，克林德在轿中首先拔枪，恩海躲过子弹开枪还击，打死了克林德，成为八国联军入京的导火线之一。

巴夏礼反应强烈，立即向两广总督叶名琛施压要求放人。他要求在其本人在场的情况下，由梁国定出面送还被扣押的水手，并公开道歉。面对英国人的最后通牒，叶名琛决定作一些让步，当天他答复可以交还除了海盗的另外十人，但坚决不道歉。此时英国人无心再谈，拒绝接收人员，炮轰广州城。第二次鸦片战争爆发了。

战争伊始，叶名琛的第一步骤是发布告示，将英国人贴上“猎物”的标签。布告称：“英夷攻扰省城，伤害兵民，罪大恶极，但凡见上岸与在船滋事英匪，痛加剿捕，准其格杀勿论，仍准按名赏三十大元，解首级赴本署呈验，毋稍观望。”

按照他这一时期给咸丰帝的上书，叶名琛的战争策略大体如下：和洋人直接角力，必败无疑。但是，“洋人重通商，恋粤繁富，而未尝不惮粤民之悍。彼欲与粤民相安，或不敢纵其力之所至以自绝也，其始终意计殆如此”。

一句话，叶名琛认为，既然外国人贪恋和当地人做生意，必不至于把广州搞成兵火之地。这种逻辑，不是发动群众或者厉兵秣马，而是站在侵略者视中国为“自留地”的立场，不能不说是一种奇怪的思维方式。

此时的广东人，并没有像总督期望的那样，联合起来阻止外人入侵。二十年来，粤地的内战，早就让民众不知道谁是敌人，谁是政府，或者压根儿没有可靠的政府可言。咸丰元年开始，广东治安陷入混乱，四方义军蜂起。咸丰四年，在广东著名的洪兵起义中，广州仅有一万五千兵勇，居然抵抗了二十万人的进攻，守住了广州城，并最终将洪兵逐出境外，叶名琛就是这场保卫战的领导者。因此他稳坐广东巡抚、两广总督位置八九年，是同一时期中唯一长期担任督抚而又不断被加封的地方大吏。

在广东洪兵起义的高峰期，叶名琛忙得不可开交，还要亲自勾决犯人，一天中有时竟然屠杀义军俘虏近千人，而平常每天有八百名被捕的叛乱者在刑场被斩首，如果一天只有三百到四百人被处决，已经就是“很少”了。1855年6月至8月的三个月中，七万五千人因反抗政府被杀。刚从美国回来的容闳说：“天啊！这是一种什么景象！血流遍地，街道两旁，无首的尸身堆积如山，等待掩埋，但却并没有任何准备清除的迹象……土地已完全被血水渗透，散发出污秽恶臭的气味，以致周围两千码左右，都被笼罩在这种传播瘟疫的浊气之下。”

经过了长久动乱的广东，人心涣散。英法联军进攻广州时，仍有众多小贩摇船前往联军军舰，出售粮食、饮水、水果给舰上士兵。1860年，第三次大沽口战役中，“英人既败于天津，复自粤东募潮勇数千人”。意思是，当时除了外国正规军外，还包括从香港和广东征召的苦力运输队伍两千五百人。从1858年至1861年，五千英军统治的广东，治下虽有零星反抗，但广东人基本上服服帖帖地做了三年英国臣民。

在这种历史背景下，叶名琛发动人民战争的想法，显然只是一相情愿。当时，只有在一方短暂退去的情况下，当地民众才显示出有限的倾向性。1856年10月1日，英军攻陷广州，因本方人数少，为安全旋即主动退出广州。叶名琛向朝廷奏称“大捷”，认为是自己打退了英军，又放任广东民众火焚城外各国商馆及洋行。不过，以当时的治安，即便是中国人的店铺，在这种情况下也难保不被洗劫。

综合这些因素，在战争发生之前，英国人屡次要求进入广州城，当地政府以“粤民鸷悍”拒绝，实在不算是一个好借口。

洋人最早想要进驻广州城，地方势力强烈抵制。史载当时因广州绅民“平英团”与英人在三元里决战后（战斗的规模在中国历史上一直是个谜），双方矛盾已很深刻，乃“合词请于大府，毋许英人入城”。

面对英国人屡次要求履行条约，允其入城，两广总督耆英既不敢接受又不敢拒绝，只好“推心置腹”地告诉英人：“粤民鸷悍，请徐图之，期以二年后践约。”1849年，耆英被召入京，徐广缙代为总督。英国人派兵船闯入珠江口内，要求履行前总督耆英的答复。徐广缙秘密召集诸乡团练，人数达到十多万。他们驾着小船在英国舰船四周游弋，明确宣告众怒不可犯，这次成功的“彩排”之后，英国人暂时不再提入城的事情了。

叶名琛于咸丰二年（1852年）实授两广总督兼通商大臣。时任港督的包令

（John Bowring）爵士此时又重提入广州城，被叶名琛断然拒绝。实际上，在和中国人的交往中，英国人逐渐知道清廷底牌很烂，正如薛福成说的，“益知中国易与”，一切只是时间问题。

看过叶名琛给咸丰上书的内容，就能了解他的要诀只是“拖延”，“高谈尊攘，矫托镇静”。三艘英国海军军舰越过虎门、攻占广州东郊的猎德等炮台时，叶名琛还在阅看武乡试，闻讯后强作欢颜，认为“必无事，日暮自走耳。但省河所有之红单船及巡船，可传谕收旗帜，敌船入内，不可放炮还击”。

次日，英军攻占广州对岸凤凰冈等处炮台。叶名琛闻报后，仍不动声色地继续阅看武乡试的马箭比武。他的部下有点儿忐忑，劝他说“风大，难马射，请早收围”。叶名琛这才借机退堂，招集各官到督署商议对策，断言“十五日无事”。

“十五日无事”这个期限，与总督衙门设立的“长春仙馆”有关。在这个“仙馆”里祭祀着吕洞宾、李太白二仙，一切军机进退都取决于卜筮。过“十五日”就太平了，就是两个大仙测算的结果。而广州城恰恰在第十四日沦陷了，因此后来有广州民谣：“叶中堂，告官吏，十五日，必无事。十三洋炮打城惊，十四城破炮无声，十五无事卦不灵。洋炮打城破，中堂仙馆坐；忽然双泪垂，两大仙误我。”

作为一个曾经有效镇压民间起义的官员，叶名琛当然不是束手待毙、只求助于神灵的昏官。广州整备团练两万余人，各地民团也在响应，“城厢内外，各榜长红，约剿杀外人，同仇敌忾”。只是，这些民团对英军只能起到骚扰作用，从未与之正面交锋，自然也谈不上真正的“同仇敌忾”。

与英国人的军事素质相比，广东水师完全是个笑话。据说，他们安放的水雷，居然在对方舰艇来临之前就爆炸了。当英法联军强行从大沽口登陆，并使天津被迫开埠时，清政府才开始意识到水雷作为战略性防御武器的特殊功能，于是从建设近代海防开始，在购买西式军舰的同时，开始采购和仿造大量的水雷用于天津港的防御。

不过，这对叶名琛来说，是后来的事了。

11月14日，英法联军占领广州，叶名琛在副督统双喜的衙署内被擒获，押送至停泊在香港的英军军舰“无畏”号。当时人们评价叶名琛是“六不总督”：“不战、不和、不守，不死、不降、不走。相臣度量，疆臣抱负，古之所无，今亦罕有。”

238年8月，公孙渊被司马懿围城，他让自己的相国和御史大夫出城请求退兵三十里，承诺他一定会率群臣自缚投降。司马懿对此小把戏不屑一顾，将两位使者全部斩首。公孙渊又派侍中请求指定日期，派送人质。司马懿说：“军事大要有五：能战当战，不能战当守，不能守当走；馀二事，但有降与死耳。汝不肯面缚，此为决就死也。”

叶名琛当时的举动，实在是被时局逼进了“六不”的死胡同。1849年，英国人要求进入广州城时，广东人尚有余勇可贾。在叶名琛的指挥下，广州各地组织乡勇，全力以赴作好守城准备。英国海军司令柯利尔（Collier）报告说，有成千上万的农村武装进入广州城，形成了“人自守卫，戈矛耀路，锣鼓震天”的局面。面对这种情况，英国侵略者改变了过去的炮舰政策，改为与中国政府谈判。叶名琛和当时的总督徐广缙一起伪造了皇帝诏书，使英国人入城的企图没有实现，广州人兴高采烈地搭起了六座宏伟的彩牌楼来为叶名琛和徐广缙庆功。道光皇帝也喜出望外，破例将叶名琛加封为男爵，他成为清朝历史上极少数成为男爵的汉人之一。

当民心涣散，这样的把戏又怎么能再次成功奏效呢？

其实，叶名琛的准备工作做得极为细致。1856年英军发动进攻时，叶名琛利用原有的保甲系统，侦察为英国侵略者刺探情报或提供粮食的汉奸，成功捕获七八十人。他还独树一帜，给广州市民发放身份证，无证者一律不得进出城门。英国人后来承认，几乎得不到广州的军事信息。和平时期，叶名琛事先通过广东夷务总局向英国人占领的香港派出了大量探子。这些探子的公开身份是在香港做贸易的商人，实际上他们都是叶名琛手下的军人。当战争来袭时，叶名琛启用了这些多年来经营的谍报系统。

英军占领下的香港严重依赖内地输送生活必需品。广东新安县给香港提供大量的物品及服务。叶名琛派新安县士绅陈桂籍负责封锁行动。陈桂籍召开了全县士绅大会，停止对香港的一切供给，从香港撤回全部新安人，直接导致了香港生活必需品的缺乏和人力资源不足，香港已不能为在广州作战的英军提供有力的后勤保障。这次禁运，使香港几乎陷入瘫痪。这些都给英国人以及后来在“马神甫事件”中加入的法军沉重打击。

但一些不必要的对抗方式，最终激怒了英国人。那个时期中英双方摩擦不断，即便没有正式宣战，双方也处于“沉默”敌对的状态。1851年1月19日，一队乔装的乡勇突袭了香港英军的巡逻队，杀死一名军官。总督包令在给朋友的信里写道：“我们不得不时刻提防绑架、暗杀和纵火。”后来更是出现了面包投毒事件，一些乡勇潜入英国人的面包房，悄悄投放了砒霜，导致许多英国人中毒，其中包括包令的夫人。这些事件使在香港的英国人大为恐慌，大批英国人逃到澳门避祸。1859年7月，包令因为在军事和外交上的失败，被英国政府解职。

由于整个国家状态的落后和迷乱，即便有良好的谍报系统、封锁方式，以及使用和现代战争法则抵触的手段，叶名琛也无法逃避最终的败局。他被俘后，被军舰送往印度加尔各答，在那里绝食而死。英军将其棺木送回广东，体现了英国人对他的尊重。

实际上，叶名琛在关键时刻未能顶住，主要是因为大量广东士绅因对外贸易断绝，失去了收入来源，再难负担训练和雇用乡勇的开支。因此，对抗洪兵时广州保卫战中的主力——乡勇难以为继，这使叶名琛陷入了无兵可用、无钱可花的窘境。1857年10月，额尔金（James Bruce Elgin）爵士“啃”不下广州，有意避开这座城市直接北上。结果清廷途经广州的官船被英军截获，船里大量的官方文件被英军获得。包令从文件中得出结论：叶名琛已经无兵可派、没钱可花了，广州连一天都守不住。这个消息使他大喜过望，他不顾自己已经被解职，冲上额尔金的旗舰，力劝其改变北上的决定。这时，巡抚柏贵和广州将军见势不妙，便暗中通敌，于是英军轻易占领了广州。叶名琛忠于职守，不离督府，最终被俘。

广州陷落四十八天后，“无畏”号离开香港，驶往印度加尔各答。叶名琛曾声言“欲面见其王以理论”，并自备粮食，耻食敌粟。但是，英国人并未给他面见英皇的机会。《香港纪事报》载：“偶然有人上舰，都向叶脱帽致意，他也欠身脱帽还礼。”抵达印度加尔各答后，叶名琛被囚禁在威廉炮台，后移往托里贡一处住宅，他日诵《吕祖经》不辍，自认是“海上苏武”，表达了对祖国的忠心。次年4月9日戌时，郁郁寡欢的叶名琛绝食死于囚所，英国人将他的尸体运回中国。他的一些文件现在还封藏于英国国家档案馆（The National Archives）。

叶名琛并不愚蠢，其作为尚能称为爱国。而当时的清朝，由于伦理纲常丧失，几无国家概念可言。发展到最后，民国已经成立四年，有一天辜鸿铭在北京讲课时说，现在大乱是因为没有君主。比如说，你说法律吧（小声），没有人害怕，而你要说王法（大声），大家就害怕了，少了个王字就不行。陈独秀回忆辜鸿铭在北大教员的一次会议上曾说："如今没有皇帝，伦理学这门课可以不开了。"

皇帝有没有，倒无关紧要，而民众集体意识趋向于国家管理者可有可无，是谁也无所谓，那就是亡国之兆了。

后殖民主义思想家弗朗茨·法侬（Frantz Fanon）说，殖民者和被殖民者都有一种谵妄的情结，白人被优越感束缚，黑人（或黄种人）却依据一种有病的顺从而自我忽视。他一度描摹了后殖民知识分子民族主义意识形成的三个阶段：殖民地知识分子对宗主国殖民权力的认同，对本土传统、历史和文化的重新认识，以及民族主义意识的觉醒。

白人的优越感，有些来自莫须有的传说。17世纪末、18世纪初，苏格兰籍船长亚历山大·汉密尔顿（Alexander Hamilton）在东印度公司服役，不知是何原因，他叙述起中国人养鸭子的方式。他说："在中国，进行家禽、家畜的兽奸几乎是家常便饭，以至于在华的欧洲人只敢吃自己养的动物。"

没有人知道汉密尔顿从何处得来这些传闻，但外部世界认为，中国人就是低于白人的种族。那些去了欧洲和北美的中国人，做的也是低级营生。1852年到1870年，旧金山有一百七十六家华人开的洗衣店，洗衣价格一度低到极点。华人对洗衣行业的控制，最终体现到后来小说家阿加莎·克里斯蒂（Agatha Christie）以书中神探波洛（Hercule Poirot）之口埋怨："中国人把衬衣领子浆洗得一点儿也不舒服。"

只有少数欧洲人对中国人有好感。17世纪的英格兰学者约翰·韦伯（John Webb），写了一篇《论中华帝国之语言可能即为原初语言》的论文。韦伯本人并不懂汉语，两个多世纪之后，他的同胞、汉学家阿瑟·威利（Arthur Waley）毕生研究中国文化，说汉语和母语一般流利。威利病重时，他妻子说："我去泡茶，你也来一杯（You too）？"结果威利回答："别说，别说这话。"另一位汉学家霍克斯（David Hawks）听说后愕然，知他听成了"幽途"，"幽途渺渺，谁与招魂"。

殖民地知识分子对宗主国殖民权力的认同，是法侬所说的"第一阶段"，不管是否正确，国家沦落，知识分子因此对本国文化的信心衰落，太正常不过了。在巴黎办《新世纪》的吴稚晖主张取消母语。1946年，日本小说家志贺直哉直言不讳，复杂的日语使日本受到了世界的孤立，因此，应以法语作为日本的国语。

吴稚晖认为，汉字的一大缺点是"无音可读"，如若能为其"娶一注音老婆”，并把所注国音并入汉文，加以推广，不仅可弥补汉字的缺陷，且可便利普通民众，成为他们真正的“救苦救难观世音菩萨”。早在1895年，吴稚晖便草创了“豆芽字母”，这和卢戆章的“第一切音新字”一同开启了中国拼音字母之先河。客居巴黎期间，吴稚晖的主要工作之一，就是对中国语言文字的改革进行研究。

吴稚晖针对国人的麻木多次作文鞭挞，甚至于将昏睡的同胞讥讽为“猪生狗养”。语言虽粗陋，但他希望能惊醒国人的灵魂，促其毅然奋起。这一点，他和萧伯纳（George Bernard Shaw）对爱尔兰的态度相仿。当时在东京主持《民报》的章太炎则坚持国粹派语言立场。不过，论及对中国前途的向往，两人都属于乐天派。

国家形势之危急，使颇具远见的知识分子也难以承受。1907年，杨笃生、于右任等人在上海办《神州日报》。杨笃生妙笔生花，总能引起读者共鸣，被人称为“欲天下哭则哭，欲天下歌则歌”。四年后，因受各种不利消息的刺激，杨觉得看不到国家的前途，失去了生活的乐趣，留下一纸书信给吴稚晖，说“有生无乐，得死为佳”。1911年8月6日，杨笃生在英国利物浦海口投大西洋而死。遗嘱中，他将历年积蓄的几百英镑捐助革命。

吴稚晖在巴黎主持发行的《新世纪》，创刊于1907年6月26日，1910年5月21日停刊。每周一期，共出了一百二十一期。吴稚晖始终作为主笔，为《新世纪》称为革命党喉舌立下头功。该报与在东京出版的《民报》东西呼应，以雄健犀利的笔锋论述了许多重大问题。吴稚晖屡屡重炮抨击清室，认为“清贼不除，四百兆人进步无望”。如果要让中华民族迎头赶上，与优等民族并驾齐驱，非破除一切障碍不可。他认为，破除一切障碍首先要取消帝制，尤其是满洲皇统，更是必须除去的“鞑虏”。“排满革命，非种族上之问题，乃革命条件上之事类也。”他压根儿不相信清廷立宪，因为真立宪就意味着清政府自割其头，放弃统治权。而一个王朝只会搞假立宪，革命也就必不能免了。

梁启超对中国人自我定位的担心一直没有停止，中国人的表现更是引起外国人的疑惑。1960年，英国元帅蒙哥马利（Bernard Law Montgomery）访华，他在宴席上吃到了茉莉鸡汤、三色鱼翅和樟茶鸭。回国后，蒙哥马利说，中国人活得很愉快。曾任蒋介石参谋长的阿尔伯特·魏德迈（Albert Coady Weydemeyer）在《华盛顿星报》发文批评蒙哥马利，认为他忽视了中国民众的现实。

1972年，美国国务卿基辛格（Henry Alfred Kissinger）来华，他回忆说：“宴席上那花样繁多的珍馐美味，让我忍不住推测，可能中国人在数千年前曾被指责怠慢了重要客人，所以现在他们绝不能重蹈覆辙。”显然，中国再次做了一件费力不讨好、让人误解的事。

梁启超洞悉民族的弊端，但精明如他仍然不能彻底了解以及控制自己。蒋百里撰写的《欧洲文艺复兴史》是国人所撰有关文艺复兴的第一本著作。他在文中提出的“人之发见，世界之发见”两点，正是“民主、科学”的生动注脚，符合时代精神。全书约五万字，蒋百里请梁启超作序，想不到梁启超“下笔不能自休”，也写了五万字。“天下固无此序体，不得已宣告独立，名曰《清学概论》。”别人评价说，梁启超成就一段空前未有的文坛佳话。其实，说成是“大腕”的一次走神，也不为过。

一巴掌

韩非子说，上古竞于道德，中世逐于智谋，当今争于气力。

所有的一切，都归结在“气力”上。看一部中国历史，当权者在外交上的创新层出不穷，令人咋舌。当初，王莽通过潜心钻研，证明少数民族称王是不合规范的。于是派人去匈奴，要求“匈奴”改名“恭奴”、“单于”改名为“服于”，结果引起对方的愤怒，导致匈奴出兵攻打雁门关。

按照正常的逻辑，应该是王莽占据了绝对军事优势，甚至已经准备好了针对匈奴的军事行动，才会以如此轻佻的方式激怒对方，顺理成章地宣战。遗憾的是，他就是这样没头脑。

“亚罗”号事件中，一个中国水手打了英国领事巴夏礼一巴掌。此事也并非杜撰。

上世纪80年代由李翰祥执导，刘晓庆、梁家辉主演的电影《火烧圆明园》、《垂帘听政》，一度影响了一代中国人。已经故去的故宫专家朱家溍先生是电影的顾问，他曾说过：“历史故事片不能只照搬历史过程，在不超越历史条件的原则下有所创作是允许的。”

而在这些电影里，僧格林沁和巴夏礼摔跤属于杜撰情节。“譬如我们从史料知道，在和局破裂时，僧王逮巴夏礼回京，没有任何记载说僧王和巴夏礼摔跤，而且僧王也没有参加议和。但这一段摔跤情节，我觉得是可以允许的。这一段创作在写分镜头剧本时，李翰祥先生把这段读给我听，问我可以不可以，我表示可以。他当时是连说带演，旁边还有副导演王淑琰同志，也表示赞成。不过，传统的摔跤，没有‘啊’、‘啊’的嚷，拍手的动作也是没有的。还有一个近年来相沿袭的错误，就是僧王准备摔跤时把辫子绕在脖子上。近年来，一些电影、电视剧、话剧，还有京剧《火烧望海楼》等，都有准备打架先把辫子绕在脖子上的动作。在生活中，这是绝对没有的。请设想，先绕上自己脖子，如果给对方揪住了，一把勒紧，岂不是给自己制造一个弱点吗？实际上，在有辫子的年代里，打架都是把辫子盘在头顶上，劳动时也是这样。”朱家溍先生的逻辑很简单，晚清多种外交事件宣告了其思维的落伍，因此显得和世界格格不入。

1757年，英国和孟加拉军队交战的普拉西战役，能够让人看到这种破坏外交公约的行径。

普拉西战役（the Battle of Plassey），英国军队大获全胜，仅仅损失了二十三人，孟加拉军队损失了五百人左右。罗伯特·克莱武（Robert Clive）将军的这次胜利，让英国获得了巨大财富。当时，英国的工农业发生了巨大变化，这笔财富正好可以满足发展的需要。技术发展所需的资金，就在征服孟加拉的战斗中得来了。

当然，如果西拉杰（Nabob Suraj-ud-Daulah）不在这件事情上和英国人发生矛盾，由于对方在其国土上殖民统治的存在，也势必发生冲突。只是，以这样的方式发生冲突，让殖民者迅速获得了冠冕堂皇的开战理由。

对僧格林沁和巴夏礼摔跤的杜撰情节，朱家溍先生说：“在放映时还得到热烈的掌声，说明这个创作是观众批准的，欢迎的。”这个理解大错特错了。观众欢迎的不是因为影片反映了一个没落王朝不正确的外交方式，而是因为痛打了侵略者。直到今天，在电影院里为叶问起立欢呼的观众，他们受到的驱动也不是朱家溍预想的。

第五章

炸出来的民国

清末毫无疑问是暗杀活动最为活跃的时期，此时的刺客们最为钟爱的武器便是炸弹。1907年，徐锡麟刺杀安徽巡抚恩铭；1911年，温生才谋杀广州将军孚琦，李沛基炸飞广州将军凤山；1912年1月，彭家珍刺杀良弼，汪精卫谋刺清朝摄政王载沣……在这些精心安排的刺杀活动中，革命者选择的武器皆为炸弹。

2001年12月17日，成都市中级法院作出判决：革命烈士彭家珍家属状告中国故事杂志社侵犯名誉权索赔一案，《中国故事》杂志社构成侵权，赔偿原告彭家惠（彭家珍之妹）精神损失费人民币五万元。

1998年第四期《中国故事》杂志刊登了小说《祸祟》。署名为“周簧”的作者以彭家珍（辛亥革命中携炸弹与清朝贵族良弼同归于尽的民主主义烈士）为主人公，虚构了彭家珍刺杀良弼后被抓获，趁机逃走，又被英国情报机关设在上海的据点收罗，最终为良弼的女儿白良玉所杀的情节。小说中，彭家珍被塑造成反派，被描述为“恶魔”。此外，小说还虚构了彭家珍有不正当男女关系的一些内容。

六十七岁的彭家祥对这篇小说怒不可遏。他气愤地说：“这是对彭家珍大将军的恶毒诽谤！”《中国故事》杂志由湖北省文化厅主管、湖北省群众艺术馆主办，封面上印有“湖北省优秀期刊”的字样。

看到这篇文字，彭家祥立即以“彭家珍大将军专祠管委会”和“彭家珍先烈亲属”的名义给杂志社发出了一封措辞强烈的函件。在函件里，他明确表示：“近来得知这一诽谤彭家珍大将军事件，我们感到非常震惊和愤慨，该文已在国内外造成了恶劣的影响，引起了严重的不良政治影响。我们对湖北省群众艺术馆和作者提出强烈抗议，拟提起诉讼，以讨回英雄彭家珍的清白，并要求赔偿名誉损失！”

双方最终进入庭审阶段。当时，杂志社已经认识到《祸祟》一文涉嫌内容不实，并对彭家致歉。但原告认为，杂志社仅仅在报刊上刊登致歉声明不足以恢复烈士英名，该文已在海内外造成了恶劣影响，故杂志社应郑重赔礼道歉，并赔偿精神损失费四十六万五千元及物质损失三万余元。杂志社则辩称，在刊发此类稿件时，没有对通俗小说中的人物、事件进行核实的法定义务。

《祸祟》一文的责任编辑郭雄年接受采访时承认："说实在的，我对彭家珍不太熟悉，对这段历史不太熟悉，我学习太有限，知识面太窄，太孤陋寡闻了！"郭雄年当时五十八岁，毕业于北京大学中文系。此文刊发时，他是该杂志社的编审，正高级职称。

这是一个相当惊人的事实。快要退休的正高级编审不知道彭家珍，以为是一个"虚构的名字"。而作者"周簧"不知出于什么目的，在文中编撰了如下情节：在英国情报头子开办的百乐汇舞厅做舞女的白良玉，是良弼的小女，她一直没有忘记是革命党人彭家珍杀害了她的父亲。于是，她每日操练功夫，希望报仇雪恨。在"刃凶"一章中，白良玉终于找到了机会，她与另一江湖英雄在市郊一座青砖小楼里抓住了正在淫乱的彭家珍。

白良玉厉声说："君子报仇，十年未晚，我等了你十八年，杀父之仇，岂能饶你！"彭家珍双膝着地连连叩头求饶说："姑娘，你废了我右手，就高抬贵手，饶我一命吧！"而白良玉则说："你为非作歹，死有余辜。今夜，我可以让你死个痛快，但绝不能饶你。"于是她伸手在彭家珍天灵盖上轻轻一拍，彭家珍当即头骨碎裂，倒地身亡。

从行文来看，作者不仅知道良弼的存在，且具有丰富的历史知识。不过，他更乐于这种颠倒黑白的穿越式写法。也许人们会怀疑，作者的真名是不是爱新觉罗·周簧。如果不是，那中国数千来的历史之所以屡次出现短缺、谜团，和这种毫无责任心的改写、讹传不无关系。加上其他因素驱动的恶意涂改，真相千疮百孔。

真实的彭家珍，用炸弹暗杀良弼，改变了中国历史，客观上是民国得以迅速建立的关键因素。民国政府追封其为"大将军"，实至名归。

1793年7月13日，刺客夏洛特·科戴（Carlotta Corday）杀死雅各宾派首领保尔·马拉（Jean Paul Marat）后说："杀掉这一个人，便可以拯救其他十万人。"

清末的革命者认可了这种模式，认为刺杀清廷要员几人，就可拯救"四万万人”。美国史学家魏斐德（Frederic Evans Wakeman Jr.）在《间谍王：戴笠与中国特工》一书中认为，革命志士行刺的概念来自于国际革命新世界，同时也是对古代富于忠义和自我牺牲精神游侠传统的沿袭。

清末毫无疑问是暗杀活动最为活跃的时期，此时的刺客们最为钟爱的武器便是炸弹。1907年，徐锡麟刺杀安徽巡抚恩铭；1911年，温生才谋杀广州将军孚琦，李沛基炸飞广州将军凤山；1912年1月，彭家珍刺杀良弼，汪精卫谋刺清朝摄政王载沣……在这些精心安排的刺杀活动中，革命者选择的武器皆为炸弹。

1857年，恩格斯为美国《新百科全书》撰写了若干有关战争的词条，其中一条便是“炸弹”。他写道：“据中国编年史家记载，中国人早在公元前几百年就已使用一种装满爆炸药和金属碎片的金属球，这种金属球借助于缓燃火绳爆炸。中国人在防守隘路时使用它，当敌人逼近时将它埋在那里。1232年，在开封府保卫战中，中国人在遭到猛攻时，常常从城墙上把爆炸性火器向抢攻要塞的蒙古人滚下去。”（《马克思恩格斯全集》，第14卷，第145页）

另外一个词条“炮兵”中，恩格斯还写道：“据帕拉韦（Paravey）先生1850年在法国科学院的一个报告中所引证的中国某些编年史资料来看，在公元618年就已经有了火炮。”恩格斯的资料来源很可能是帕拉韦的《关于亚洲和印度波斯古代发明的火药和火器的笔记》，但帕拉韦的说法没有任何根据。除了1232年守卫开封时，汉族人曾甩出一些炸弹外，其实并没有其他使用火器的记载。

辛亥之前十几年，暗杀逐渐成为流行风气。1902年冬，留日学生杨毓麟在《新湖南》撰文，称“非隆隆炸弹，不足以惊其入梦之游魂；非霍霍刀光，不足以刮其沁心之铜臭”。1903年，军国民教育会成立，会规中提到参加革命的“方法三种”：一是文字造势，二是直接参加起义，三就是暗杀。《民报》增刊发表了谋炸清政府出洋五大臣的吴樾创作的“技术指导”——《暗杀时代》，加上他本人亲自“演示”，客观上掀起了“暗杀时代”的高潮。

史坚如第一个试图用炸弹显示革命者的决心。1879年，史坚如出生于官僚家庭，其“曾祖善长，祖澄，父悠乾，均以儒称”，论家史，他是明末抗清殉国的民族英雄史可法的族裔。

1900年10月，八国联军入侵，慈禧西逃，天下大乱。孙中山等人看到了发动武装起义的时机。在他们的计划中，广州起义和惠州起义应该同时发动，但惠州方面因行事不密，被迫提前进行。两广总督德寿得到密报后大惊，急忙调派大队清军前去惠州镇压，起义军处境危急。为了打乱清军部署，瓦解对方军心，鼓舞士气，史坚如提议暗杀清廷在广州的三位大员，得到了邓荫楠等同志的赞同与支持。考虑到高级官员戒备森严，史坚如认为非炸弹不能成事。

中国人最早知道，硝酸钾、木炭和硫黄按照一定比例，可以配成火药。这是制作炸弹的关键材料。这些材料最初均制成粉末状，然后可以制成大小不同的颗粒状，可供不同用途之需。在无烟火药发明以前，这种简单配方的火药一直用做唯一的军用发射药。1887年，诺贝尔用硝化甘油代替乙醚和乙醇，制成无烟火药。他还将硝酸铵加入达纳炸药，代替部分硝化甘油，制成更加安全且廉价的"特种达纳炸药"，又称"特强黄色火药"，效能惊人。

越来越先进的炸药，让中国革命者梦想成真。

史坚如变卖家产，所得三千元钱全部用于购买炸药。第一次购炸药二十五箱，被广州衙门搜去。但史坚如本人并未被捕，因为他沉着辩称，自己购买如此大数量的炸弹只为开矿用。这个理由说服了对方。史坚如成功脱身后，马上用剩下的钱再购炸药，一共约购得两百磅。

按照他和战友的密谋，三人的分工大体如下：黄福负责在将军衙门投弹，李植生去炸陆军提督郑润材，史坚如亲自去炸两广总督德寿。三个目标都是清廷驻广州核心部门的重要人物，其中德寿最为重要，因此史坚如的暗杀任务最艰巨。

他首先通过目测和步行估算，测好了德寿在两广总督衙门的卧室方位和距离，然后在其处所后门租了一间房屋。史坚如和三个同伴从住宅内挖地道，预计这条地道一直通到德寿卧室之下。然后，他们把炸药装入特制的洋铁桶中，放到地道尽头，装配好雷管与导火索。10月27日夜，史坚如爬进狭窄的坑道，点燃导火索后迅速撤离。按照撤离计划，他很快登上开往香港的轮船。然而，史坚如翘首以待的爆炸声没有在预定时间响起。紧要关头，史坚如毅然让其他人先行前往香港，自己重新潜回租来的房屋内。等他下到地道里才发现，导火索受潮熄灭了。于是，史坚如干脆等到第二天凌晨，以确保德寿已回到卧室安歇，又重新装配了导火索，点燃，并在附近留守等候，终于等到了那声惊天动地的闷响。

这次爆炸将附近楼房炸塌八间，压死六人，伤五人，威力惊人。但是，由于对其居所具体状况不了解，加上史坚如的测量方法不甚精确，炸药并没有在接近德寿的地方爆炸，只是将他颠到了床下，受了点儿轻伤。次日，史坚如在去香港途中被捕。本来，清政府的通缉没有这样高效，据说史坚如族中有人担心遭受连坐，不得不告发了他。史坚如被捕后，南海县令裴景福软硬兼施，先以优礼相待，但他“不受笼络，惟嬉笑玩弄之”。裴恼羞成怒，对史坚如施以酷刑，用火烫烙其身，拔掉史坚如的手足指甲，“惨酷无人理”，这一切都是为了迫使他供出革命党更多“内情”。在酷刑面前，史坚如“惟怒目不答，傲睨自若”。1900年11月9日，清廷在不到半个月时间内就从速判决史坚如死刑。史坚如在广州天字码头英勇就义，时年二十一岁，瘦弱文雅，儒生风范，时人写诗赞其“容貌夫人风骨仙，博浪一击胆如天”。

醉心于暗杀的人物中固然有章太炎、秋瑾、陈天华、陶成章等激进派，也不乏文质彬彬的宋教仁和蔡元培。后两人都认为“革命止有两前途”：暴动和暗杀。

孙中山的小同乡刘思复，又名师复，1904年留学东京，一年后加入同盟会，并从一个俄国无政府主义者那里学会了制造炸弹。1907年6月初，李准镇压黄冈、七女湖起义后班师回广州。冯自由、胡汉民等计划乘机诛杀这位清军将领，为革命者立威。同月，刘思复急急赶赴广州，准备趁李准赴总督衙门参谒时设下埋伏。11日晨，刘思复装配好炸弹，然而那时候的炸弹技术不太过关，在刘出门时居然一声巨响，发生了自爆。刘思复面部受伤，左手五指被废。闻声赶来的岗警发现一些碎裂的铁片，深以为疑。但在审讯时，刘思复自称李德山，咬定自己在做化学试验时，不慎“走火”受伤。

这时，最为有趣的一幕出现了：广州当局怀疑他是革命党，欲对当地高官行不轨之事，但广州旧仓巷凤翔书院试制的炸弹已爆炸，当时的技术条件较差，现场找到的弹片残骸不足以证明刘思复究竟在做什么。一时间，广州当局挠破了头皮，不好判决，但也不想轻易放过，最后索性判令解回香山原籍监禁。这一监禁差不多就将近三年，1909年经陈景华营救，刘思复才重获自由。

时人心知肚明，这位意外受伤的志士必定不是在搞“化学实验”。在关押的几年中，民众开始议论刘思复的“炸弹案”，他名噪一时。出狱后，刘思复在香港组织“支那暗杀团”，继续以策划暗杀清廷广东高级官吏为职责。1911年8月13日，该团体成员林冠慈于广州双门底（今北京路北段）投弹，将李准炸伤。从此，刘思复及“支那暗杀团”声威大震，凡有炸弹之地，皆闻刘思复之名。同年

10月25日，来穗上任的广州将军凤山被炸死，时人第一反应都是：刘思复又在放炸弹了。其实事实并非如此。

李准颇受清廷信任，曾率部镇压1903年广州洪全福起义、1907年潮州黄冈起义和广西钦廉起义、1910年广州新军起义、1911年广州“三二九”起义。后来，革命势力日益强大，“追逐”李准的炸弹越来越多。形势所迫，李准干脆起了反正的心思，派人向革命党人求情，表示不再与革命为敌。这名前清干将于1911年宣布起义之后，心悦诚服地归顺革命阵容，还派员说服在惠州据城顽抗、与陈炯明等民军激战的陆路提督秦炳开城投降。对清廷来说，此时广州大势已去，胡汉民随即赴广州就任都督，广东全省得以兵不血刃地宣告独立。1911年底，胡汉民辞去广东都督，发布《胡汉民宣布李准反正实情始末书》的文告，该文告指出：“粤东省城九月（指旧历）反正，以李直绳君之功为最。”这是胡汉民对李准在广东光复过程中给予的极高评价。其实，李准之所以弃暗投明，革命者屡次谋刺确实起到了不可小视的逼迫作用。

1911年冬，刘思复与丁湘田等人北上，这次他们计划暗杀摄政王载沣。“炸弹团”刚到上海时，南北议和告成，刘思复干脆隐居西湖白云庵。1912年5月，他回到广州组织晦鸣学舍，印制发行《无政府主义》等小册子，宣传无政府主义。有人开玩笑说，刘思复在日本留学，遇到了俄国无政府主义者，学到了制造炸弹，学到了无政府主义，全盘俄化。

赴日比刘思复晚一年的湖南人杨卓林，早年曾在清军服役，军队觉得他潜质优越，特地选送他去江南武备学堂学习，后又前往日本留学。杨卓林在日本神田区高等警监学校读书时，经常利用节假日前往横滨，向广东人李植生学制炸药、炸弹的技术，为武装反清作准备。1905年11月2日，清政府不断要求日本政府限制中国学生赴该国留学，日本文部省于是颁布《关于令清国人入学之公私立学校规程》（俗称“取缔规则”）。陈天华于六天后在日本东京大森海湾自尽。杨卓林痛不欲生，更想回国有所作为。于是，他迁居横滨，投入更多时间专门研制各种炸弹。

杨卓林于1906年回国。在扬州，他和当地会党头目秘密会面，准备谋刺新任两江总督端方，以利于发动大规模起义。部署完成后，他与廖子良、李发根两人携炸弹往扬州。年轻的杨卓林年少气盛，明显经验不足。在途中，一行人遇见了“纵谈革命”的肖亮、刘炎，双方相见恨晚。杨卓林便以“革命军副司令”的名义委任肖亮为南洋、淮、扬等处革命军“总执法官”、刘炎为“都督”，并以孙中山的名义发给他们执照和关防，以便联络。

端方老奸巨猾，早就专门在沪、宁一带探察革命党人行踪，以假装入会、冒充会党头目等不同方式，遍设陷阱诱人入彀。豪爽如杨卓林自然没有想到，在大庭广众之下纵论革命的肖亮、刘炎两人，其实是清廷的鹰犬。探知实情后，这两人立即向端方告密。杨卓林和李发根、廖子良等携带炸弹至扬州，肖、刘两人把他们诱骗至附近某镇茶楼，悉数逮捕，并押解至南京审讯。两江衙门继而出动兵丁，于杨卓林等人住所又搜出炸弹八枚，制作炸弹的火药材料以及草拟的革命文件数件。

杨卓林虽然因稚嫩被捕，但豪气干云，将事情全部揽到自己身上，说廖子良、李发根不过是“喜谈政治”。端方亲审判决，杨卓林就地正法，李、廖各予监禁五年。1907年3月20日，杨卓林在南京英勇就义，萍乡人叶钧与醴陵人潘晋收其尸葬于南京。

上文我们提到，当时的炸弹技术不过关，致使刘思复被拘。这种不稳定的特性，屡次在关键时刻让革命党人陷入困境。

最多的一种情况是炸弹随时就炸。1905年9月24日，北京正阳门车站就像在举行一场盛大的晚会。拜祭完祖先之后，清廷五位前往西洋考察的大臣在亲友、同僚、社会各界人士簇拥下，如同踏上征途的英雄一般登车出发。载泽、徐世昌、绍英三位大臣走进了前车厢，而戴鸿慈和端方则坐在后面的车厢里。这五名就要前往西洋考察的大臣，坐的位置其实和留洋分组并不一样。清政府出国考察宪政兵分两路，一路由载泽、戴鸿慈、绍英等带领，考察俄、美、意大利、奥地利等国；另一路由徐世昌和端方等率领，考察英、德、法、比利时等国。这时，戏剧性的一幕发生了——“忽闻轰炸之声发于前车，人声喧闹，不知所为”。

这声可怕的响动，其实连肇事者本人也没有想到。开车之前，革命党人吴樾一身皂隶装扮，混上了火车。他的怀里藏着自制炸弹。吴樾之目的不言自明：想用此玉石俱焚之手段，将这五位大臣一并炸死。由于自制炸弹性能不甚稳定，结果当大臣们乘坐的车厢和机车挂钩时，车身震动，导致炸弹提前爆炸。硝烟散去后，人们查验现场发现，距离炸弹最近的吴樾当场身亡。五大臣中，绍英伤势较重，载泽、徐世昌略受轻伤，而戴鸿慈和端方坐在后面的车厢中，离爆炸点甚远，躲过一劫。

本来，吴樾一度认为手枪是最好的行刺工具，但“北方暗杀团”创始人之一杨守仁钟爱炸弹。在试验的过程中，他们已经发现了炸弹的不稳定性。杨守仁曾在保定郊外试放一枚直径约三寸的炸弹，大小宛如一个较大的红薯。为了节约导火线，操作者在炸弹不远处堆起了一些枯草。第一次引燃枯草，并未引燃导火索；第二次重新点燃，方才引爆了这枚土炸弹。

确定炸弹袭击的方式后，吴樾个人准备袭击铁良。1903年，铁良赴日本考察军事，回国后任练兵大臣，表面上协助袁世凯创设北洋六镇新军，实际上是为其继任军机大臣作好准备。1906年，铁良果然升迁到陆军部尚书职位，袁世凯北洋新军的统帅权岌岌可危。铁良被视为满人中最为坚定的保皇派，从而也让革命者对其“兴趣大增”。

但铁良为人谨慎，深居简出。吴樾遍寻不着，不得已选择出洋的五大臣进行袭击。准备期间，吴樾把自己的革命思想随时记录下来，汇集成一篇万言书《暗杀时代》，其中包括《暗杀时代》、《暗杀主义》、《复仇主义》、《革命主义》、《揭铁良之罪状》、《杀铁良之原因》、《杀铁良之效果》、《敬告我同志》、《敬告我同胞》、《复妻书》、《与章太炎书》、《与同志某君》等十二章节。在这些著述里，吴樾表达了他为国锄奸的决心。吴壮烈殉国后，《民报》的增刊《天讨》全文刊载了这些文章。

吴樾炸弹一响，改良派认为清廷不再可能继续寻求立宪。但《申报》分析，革命党人的这一颗炸弹，反而更促进了清朝政府立宪之决心，遂“大声疾呼于政府，俾知立宪之大有利于皇室，而不可不竭力以达成之”。于是乎，社会上要求清政府派遣大臣出洋考察立宪的呼声，不减反增。

辛亥首义也是意外爆炸的炸弹促成的。1911年10月9日下午三点左右，汉口俄租界宝善里的弄堂里，一声巨响突如其来，滚滚浓烟随之四散。日本三菱商社汉口支店的职员内田顾一在当天日记里写道：“邻居看到三个中国人正在点火，燃烧一些箱子。此前关于革命党举事的传言，使得这些居民疑心大起，即刻飞报警察局。于是，革命党的地下工厂被发现了。”

共进会秘书长谢石钦在场，他事后回忆了这次无意中引发的爆炸。湖北地区筹划起义的领导人孙武用瓷匙搅拌炸药，可能用力过大，激发火花引致爆炸。孙武在后来自己的回忆手稿里也说，自己“调药过急”引发爆炸。还有一种说法是刘公的弟弟刘同从外面进到屋里，在一边观看共进会领导人孙武配置炸药，刘同边看边抽烟，无意中落下一点火星，立即引起爆炸，把孙武的脸部烧伤。学者朱纯超、蔡树晖在《宝善里机关炸弹案史实考》一文中考证，爆炸现场唯有孙武一人受伤。炸药威力颇大，木质的墙壁几乎全部被烧毁，连隔壁的房子也感受到了剧烈震动，为何只单单伤了一人？看来，恢复一个历史场景的原貌，从来都不是一件容易的事情。

另外一些炸弹，则因为该响不响而为人所知。

1907年7月6日，安庆安徽巡警学堂，首届毕业生在礼堂外台阶下整齐列队。学堂会办徐锡麟一身戎装，矗立在台阶上等待巡抚恩铭莅临。他的两个助手马宗汉、陈伯平分别把守着左右甬道，这是最关键的地点。上午九时，安徽省巡抚、庆亲王奕劻的女婿恩铭在数位高官的簇拥下来到学堂。恩铭当然不知道，他即将成为当天故事的“主角”。

按照徐锡麟和同志们的协商，趁巡警学堂举行学生毕业典礼，由徐锡麟率领光复军起义，占领安庆城。浙江义军由秋瑾负责，任务为攻占杭州，进而两军会合夺取南京。这个计划的核心是炸死恩铭。之所以采取这个近在咫尺还要使用炸弹的计划，有人分析，这是因为爆炸更容易体现起事的时间，便于协同者听见明显信号，一起动手。

温馨的毕业典礼上，学生警员向恩铭致礼，恩铭象征性地回礼。这是毕业典礼上最高潮的一环，所有人的注意力都在他们的身上。这时，陈伯平二话不说，飞奔上前扔出一颗炸弹。炸弹直接飞向恩铭。

但是，这颗炸弹居然没有爆炸。

短短的一瞬间，恩铭、徐锡麟和陈伯平以及在场的人全都呆住了。徐锡麟是曾任山西巡抚的俞廉三的表侄，因此被家庭举荐给恩铭。后者毫不迟疑地给这个通过“纳捐”而获得道员身份的徐锡麟在武备学堂安排了个“会办”的管理职位。从私恩来论，恩铭不敢相信这一幕会和徐锡麟有关。

终于，徐锡麟率先从可怕的宁静中反应过来。他从靴筒中掏出两支手枪，朝恩铭一阵乱射。事后尸检，恩铭身中七枪，一中唇，一中左掌手心，一中右腰际，其余几枪都击中两腿，无一击中要害。那恩铭究竟是如何毙命的呢？在徐锡麟无头无脑的一阵乱枪时，文巡捕（官职名，实际上是掌管传令、宣告的跟班）陆永颐扑上来以身体掩护恩铭，好多子弹都射进了陆永颐的背部，他当场毙命。

在徐锡麟重装子弹之际，武巡捕车德文背起重伤的恩铭朝礼堂外跑。这时全场已是一片狼藉，陈伯平从后面追来，朝他们开了一枪。这颗子弹从恩铭的肛门射入，上穿腹胸。轿夫把奄奄一息的恩铭塞入轿中，两脚拖在轿外，狼狈地拖回抚署衙门。他们请来西医开刀，结果这位大夫破肚剖肠，遍寻不见子弹。恩铭流血过多，一命归天。

炸弹不响，甚至还会改变一个革命者的人生观。

1910年初，汪精卫等人试图在北京用炸弹袭击清廷要人。他们遇到的第一个棘手的问题是：炸弹如何带进北京？那时，他们已经拥有“炸弹大王”喻培伦的最新产品，能够用电线激发炸弹，准确引爆。清廷当时规定，不管从何处进入北京，均要受严格盘查，尤其以北京火车站为最。最后汪精卫、黄复生两人想出法子，他们先乘英国船到天津，从那里去北京。同时，同盟会美女会员郑毓秀把炸弹塞进箱子，找来一个追求她的法国外交官，要那个法国外交官陪她去北京兼帮提箱子。1910年2月10日，北京前门车站，炸弹就在法国朋友泡妞的喜悦中大摇大摆地进入了北京。

这种类型的炸弹，此前一年专门做过燃放试验。李纪堂为此资助了汪精卫、黎仲实在屯门的“科研”。负责研制的喻培伦在专业上十分精通，他在日本千叶医科学校药科学习时，苦心制作炸弹，一次不慎引起爆炸，右手被炸断三指。但他的革命之志越发高涨，决心总结经验，研制新的安全炸药。在这个过程中，喻培伦家中破产，接济中断。为了不停止试验，他典当衣物，抵押官费券，终于成功制造了一种威力强大而又相对安全的烈性炸药，并研究成功化学发火、电发火、钟表定时发火引爆的各种类型炸弹。这些制作炸弹的方法被称为“喻氏法”，他也被革命同志们尊为“炸弹大王”。

炸弹运到北京后，喻培伦和陈璧君也陆续赶到。最初，这次刺杀的计划目标是摄政王载沣的弟弟贝子载洵和贝勒载涛，两人刚刚从欧洲访问返京。那时候咨讯并不发达，当载洵和载涛出现在一大群清朝官僚中时，袭击者并不能确定谁是这两人，也不想伤及无辜。于是，他们改换袭击目标，选择了在载沣上朝必经之地银锭桥上安放炸弹。

银锭桥原桥始建于明代，位于北京小石碑胡同南口、银锭桥胡同北口，是一座南北向的小桥，横跨在什刹前海与后海连接处，长不过十二米，宽不过七米，离水面寥寥数米，有镂空云花栏板五块、翠瓶卷花望柱六根。

革命者选择在这里动手，颇费心思。操作者从附近很容易观察到“事主”出现，掌握引爆时机。因为桥不过十几米长，按照清朝制度，三品以上大官可用银顶皂色盖帏，在京城内四个人抬，出京用八人（仿佛当年在北京也要注意交通拥挤的问题）。那些黑油齐头、平顶皂幔的轿子，不过是寻常富豪所用。亲王坐的轿子格外显眼，银顶黄盖红帏，只要看到这种轿子走到预埋炸弹的位置，就可以即时引爆。汪精卫等人不但准备在此埋下炸弹，还将留一人在此引爆。没有资料表明，引爆者打算和载沣同归于尽。而从逻辑上说，留人除了引爆之外，只是为了看到炸弹的效果。亲王朝服称为亲王端罩，“青狐为之，月白缎里，若曾赐金黄色者，也要用上”，这对于确认炸到的是否是载沣，是一个非常重要的标志。

1910年3月31日夜，黄复生和喻培伦在银锭桥上埋设炸弹，预设电线，结果被一个当地人看见了。此人“觉悟”极高，立刻报警，黄复生和喻培伦仓皇撤离，留下的炸弹和电线被警局查获。近四十磅黄色炸药出现在这条线路上，立刻让对方意识到，是和摄政王载沣有关的重大案件。就在汪精卫等人还心存侥幸时，他和黄复生于4月16日在“守真照相馆”被清廷捕获。

照理说，这样的案件，汪、黄两人都供认不讳，一般会从重从快及时处理。史坚如、杨卓林、徐锡麟等人，从被捕到被害，几乎都未超过十日。但这次汪精卫、黄复生走了大运。当时的民政部长善耆很开明，认为此案如果利用得好，正好收买人心。于是，善耆力劝载沣不要杀掉汪精卫、黄复生。在审问中，善耆对两人惺惺相惜，他还对汪精卫说：“如果你加入革命党是为了国家富强的目的，那我也要加入革命党。”

善耆认为革命者宣扬灭满兴汉是不对的，宣扬民族仇视，不能使中国实现五族协和。在清廷已经答应实行宪政、让各种政治主张都有实现机会的情况下，流血革命应该有所收敛了。“如果中国用和平的宪政方式来实现政治主张，不是比用很多人命、财产损坏的革命方式来实现更好吗？邻国日本不正是君主立宪的成功榜样吗？”

善耆的话未必没有道理，尤其“驱逐鞑虏”一条，在民间并没有多大市场。满族入关两百多年的民族大融合，就连满族人自己也融入了不少汉族文化。按照“中华民族”的定义，当时的革命者恐怕也很难说服自己。

载沣在善耆的劝告下，于4月29日宣布对汪精卫、黄复生两人执行永久监禁。

汪精卫后来曾说："救我命的是肃亲王，我每当回忆这个时候的事，总想到清朝末期的伟大政治家。"（闻少华《汪精卫传》）两人之间的交流，让汪精卫异常珍惜这重来的生命。客观上，在此后的政治斗争中他作出了"新"的选择，与这次"感化"有很大关系。

能够手抛的炸弹，威力不够。埋在地上的炸弹，通常受到限制。有的是不能预测对方的线路，有的知道线路，但无时机进行布置。在1911年10月的广州，革命党人又找到了一种新的炸弹投放方式。

广州黄花岗起义失败时，李沛基（又名李援）只有17岁。他异常悲痛，认为如果革命党人不能更大范围地开展暗杀活动，"无以对诸烈士"。李沛基闭门谢客，专事刺杀准备，具体目标就是身在广州的广东水师提督李准。孙中山、冯自由等得知消息纷纷去电劝阻，并有人明确建议李沛基不要前往，有人可以代行暗杀任务。

这里有个背景需要交代，孙中山等人之所以劝阻李沛基不要参加暗杀活动，是因为李之母是黄兴夫人徐宗汉的胞姊徐慕兰，也就是说，李沛基就是黄兴的姨甥。黄兴家族数人直接参加革命，他本人也热衷暗杀。早年在日本留学，黄兴参加了"军国民教育会暗杀团"。1911年广州起义前，黄兴在新加坡筹款不利，一怒之下，打算"步汪精卫的后尘"，独自去实施暗杀。广州起义失败后，他给冯自由写信："自念惟有躬自狙击此次最为害之虏贼，以酬死事诸人。"要不是孙中山等人说服了黄兴，他真可能去暗杀李准了。本来李沛基这次暗杀事件的首要目标仍是李准，但他已经被炸过一次，如惊弓之鸟深居简出，刺杀者无从下手。适逢新任广州将军凤山来穗，黄兴认为，应该改以凤山为刺杀对象。

按照原定计划，执行任务的应该是李沛基之兄李应生。为了确保这次任务成功，黄兴指示"东方暗杀团"改用重型炸弹，每枚达十磅，并在其中配入毒药。不想，配药时李应生晕倒，李沛基毅然站出来，替代自己的哥哥执行任务。

暗杀者的计划"无微不至"："东方暗杀团"先是在仓前街租下铺面，改成"成记洋货号"。然后，在二楼改装了一块挡板，将三枚炸弹都用绳子挂在其上。在外面，根本看不出端倪。三枚炸弹间隔均匀，保证在较大空间内发挥作用。

10月25日早上，凤山所乘八人大轿经该店门前。李沛基及时下手，割断了掩置于店门前檐的绳子，三枚炸弹应声而落，把凤山炸得血肉横飞，当场死亡。这三十磅炸药威力极大，旗兵、群众死伤七十余人。在硝烟弥漫中，李沛基从容离去。

胡汉民在其自传中曾评论此事：“论革命党行暗杀之成绩，无有过于此举者：受党令而行一也，歼敌而我无伤二也，敌胆寒至不敢穷究其事三也。克强实主其谋，并得省中同志协助，而沛基是时年方十六七，临事镇定，从容如此，亦难能矣。”

胡汉民说“敌胆寒至不敢穷究其事”，表明广州将军这一职位，已经成为死亡的代名词。之前半年，温生才预谋刺杀广州将军增棋，因弄不到炸药作罢。后来，他决定用手枪行事，谋刺副都统兼广州将军孚琦。4月8日，广州将军孚琦应邀观摩法国人组织的“远东飞艇社”活动，回程时行至东门直街尾咨议局前麒麟阁门口。温生才挺身向前，手持五响快枪径直发射，击中孚琦太阳穴、脑门、颈项、身部各一枪，几乎是枪枪致命，孚琦当场毙命。七天后，温生才被押赴刑场，途中神情自若，毫无怯色。

1912年1月16日，针对袁世凯的炸弹袭击（丁字街炸弹案）登场。此时，革命党人对革命的一切障碍都想要采取炸飞的方式处理。袁世凯本人对炸弹事件切齿痛恨，但他最终能攫取大权，另外一起炸弹袭击事件功不可没。历史就是这样蹊跷，一个炸弹事件的受害者可能摇身一变，成为最终的受益者。

1887年4月10日，彭家珍生于四川省金堂县姚渡乡彭家院子（今属成都市青白江区管辖），字席儒，1911年任京津同盟会军事部长。丁字街炸弹案时，他正在考虑另外一桩大事：刺杀良弼。

良弼，字赉臣，清宗室子弟，镶黄旗人。良弼是大学士伊里布之孙，曾经留学日本陆军学校，回国后进入练兵处，后来又担任陆军部军学司监督副使、司长。1900年后，清廷改革军制，编练新军，设立军事学校，这些新计划都是良弼主持的。他尤其留意人才，近代史上大名鼎鼎的吴禄贞、沈尚谦、卢静远、章遂骏、陈其采、冯耿光、蒋百里等人，都是在他的帮助下走上军事道路的。清廷新建禁卫军，良弼担任了第一协统领兼镶白旗都统。在多事之秋，良弼的思维敏捷、沉着干练使他更加受宠，成为清廷风雨飘摇之际依靠的中坚力量。

1912年1月12日，清皇室贵族良弼、毓朗、溥伟、载涛、载泽、铁良等召开秘密会议。19日，这些人以“君主立宪维持会”的名义发布宣言。“宗社党”横空出世，成员胸前刺有二龙图案，通常还刺有满文姓名。“宗社党”成员在京、津等地积极活动，计划夺回袁世凯的内阁总理职权，以毓朗、载泽出面组阁，最终让铁良出任清军总司令，带兵与南方革命军决一死战。“宗社党”强烈要求隆裕太后不要放弃君主权力，这方面良弼也很赞同。作为满族贵族中的新锐势力，良弼不但是共和路上最大的绊脚石，也是袁世凯仕途上的致命挑战。

这不是袁世凯第一次感受到良弼、铁良等人的威胁了。当年，彰德秋操显示了新军的巨大力量，同时加剧了清朝贵族对袁世凯的担心。由于袁世凯在训练军队时注重培养官兵的愚忠，几乎让除他之外的任何人都难以插手。袁对北洋军的驾驭自如，以及这支军队表现出的作战能力，使贵族们再也不能坐视不管了。参与秋操的满族大臣铁良，更是对袁世凯在军中的巨大影响力有着切身体会。

彰德秋操结束后，晚清的官职改革进入白热化阶段。以铁良为首的清贵族对袁世凯坚决打压。1906年11月6日，清政府正式公布的拟定新官制方案中，全盘否定了袁世凯等人提出的废除军机处、设立总理大臣的方案。清廷废兵部改设陆军部，铁良担任陆军部尚书，袁世凯等于被剥夺了军权，被迫辞去参与政务大臣、会办练兵事务大臣、督办邮政大臣等八项兼差。北洋军一、三、五、六各镇也交给了陆军部直接管辖。1909年初，袁世凯被摄政王载沣“连消带打”，罢去一切职务，回到安阳“养病”。

袁世凯再来一次“养病”倒无所谓，但在1912年，如果被革命党盯上，炸弹就随时会降落到头顶。

彭家珍炸死良弼，后世众多史学家对于他如何接近良弼的细节有争论：其一，彭家珍是否假装奉天讲武堂监督崇恭，持崇恭的名片求见？彭家珍担任奉天讲武堂教练时，崇恭是讲武堂监督，彭家珍自然知道崇恭和良弼交好。但逻辑上，既然良弼认识崇恭，就不应该冒充其本人，最多是冒充崇恭派去的人，才有可能接近良弼。有史学家阐述道，为获得和良弼的见面机会，彭家珍专门让学生刘升赶赴奉天，在那里以崇恭的名义致电良弼，伪称东三省旗人将推崇恭为首，即日派人赴京与良弼商议组织敢死队事宜，以挽救朝廷。

另一种说法是，彭家珍所得之崇恭名片，是黄复生、汪精卫和袁世凯商量之后，由后者找来专助其成事的。1月26日，良弼议事完毕回家，在光明殿胡同家门口（今北京西四北大红罗厂街）遭彭家珍投弹，炸伤左腿，身受重伤，彭当场牺牲。三天后，袁世凯派民政部尚书赵秉钧买通一中医，开一药酒。良弼服食后，晚上就死了。1912年2月1日，清廷按照副都统阵亡的待遇，从优赐恤了良弼一家，还有清遗老官绅为其立祠。这些细节都是常顺的《赉臣被炸追记》提到的。该文稿还提到，民国改元后，彭家珍之父得袁世凯赏赐菜厂胡同住宅一所，并每月从袁氏领取抚慰金一千元。但此细节未得其他确凿史料旁证。

1912年2月22日，距彭家珍牺牲不到一个月，民国临时大总统孙中山在《祭蜀中死义诸烈士文》中将彭家珍与“革命军马前卒”邹容相提并论：“惟蜀有材，奇瑰磊落，自邹迄彭，一仆百作。”

3月下旬，孙中山又在《祭革命死义诸烈士文》中强调指出：“南部陆离，旬月之间，而我老彭，收功弹丸。”

民国临时政府陆军部《通电纪念殉难烈士文》对彭家珍的评价极高：“民国统一，共和告成，中外人心，同深欢忭。此实为吾全国殉难诸先烈及战亡诸将士铁血之功……彭家珍收功于丸弹，皆不惜牺牲身命，抛弃骨肉……亟应立祠崇祀，荐以血食而恤幽魂。”后来，四川老同盟会会员黄复生发动了联名提议，提出应将彭家珍等民国初年的革命烈士“照陆军大将军阵亡例赐恤”。孙中山对这样的要求慨然应允，立即向陆军部下达“追恤令”：“彭家珍则歼除大憝，以收统一速效，功绩卓著，着即照准。”于是，彭家珍等人按照陆军大将军阵亡的规格赐恤，并建立忠烈祠，以慰忠魂。

北京档案馆记载：1912年2月，南京临时政府追抚彭家珍及“丁字街炸弹案”中被捕牺牲的杨禹昌、黄芝萌、张先培等四位烈士，在万牲园（即今天的北京动物园）西郊农事试验场营建墓地，并举行了隆重的安葬仪式。整个墓地底呈正八角形，用艾叶青石建成。正中立起一块高达八米的纪念碑，碑上刻“彭、杨、黄、张四烈士墓”。设计师将底座的东南、东北、西南、西北均打造为七级台阶，通向纪念碑高处，而四烈士的骸骨安葬于正南、正北、正东、正西四面的石冢下，每座墓前均有碑文，记录其事迹。

“文革”期间，这块“四烈士碑”被夷为平地，荡然无存。1990年8月，应四烈士后代的要求，政府在原址处建四烈士墓凭吊碑。

至于和彭家珍一同被追认为“大将军”的“炸弹大王”喻培伦，也是彭的四川老乡，内江人。2007年10月，一名记者来到内江市人民公园。绿树掩映下，汉白玉雕刻而成的喻培伦大将军纪念碑格外醒目。纪念碑后矗立着一座古朴小楼，这就是原先的喻培伦大将军纪念馆。在纪念馆的一侧小门处，赫然挂有“内江市电子琴手风琴培训学校”的牌子。纪念馆大厅正中，大将军半身塑像周围，围立着电子琴学校的广告牌、获奖奖牌，而在大厅两侧陈列厅正中，则安放着成行成列的单人桌椅，整个陈列厅布局已与普通教室没有任何区别。

第六章

投资革命，是个大买卖

中国人习惯用正义或非正义来衡量一场战争或革命，往往忽视了其中物质的一面：战争是要靠军饷、军队、辎重及贿赂金来打赢的，革命也不例外。推翻清朝的过程，充斥的大量情节就是民间集资或国外借款。

中国人习惯用正义或非正义来衡量一场战争或革命，往往忽视了其中物质的一面：战争是要靠军饷、军队、辎重及贿赂金来打赢的，革命也不例外。推翻清朝的过程，充斥的大量情节就是民间集资或国外借款。

胡适曾谈到一件事。某一天，章太炎去拜访熊希龄内阁的国务秘书陈仲恕。二人本是故交。章太炎开口就说要借六百万外债，请袁世凯总统批准。陈仲恕请他先送计划来，提交临时参议院讨论。章太炎怫然不悦："我哪有工夫做那麻烦计划？"于是，陈仲恕不肯转达，说断然没有这种办法，又问章太炎究竟为什么要借款。章回答说："老实对你说吧，六百万借款，我可得六十万回扣。"陈仲恕大笑，详细指出此事是讹传。章太炎不信，反驳说："那么，黄兴、孙文他们为什么可以弄许多钱？我为什么不可以弄几个钱？"他坚持坐了三四个钟头，见陈仲恕还是不肯，于是生气而去。第二日，章太炎又出现了，指名不要陈（仲恕）秘书接见，要张秘书（张一麐）见他。张一麐觉得奇怪，于是先向陈仲恕问了详情。他出来见到章太炎，直接问他究竟要多少钱用，这样可以托财长梁士诒想办法，不必谈什么外债借款了。章太炎说要十万。张一麐和梁士诒商量，梁同意给他两万。章太炎认为太少，大怒说："我不要你们的狗钱！"大家都知道他素有"疯"名，只好不再理会了。果然，等到第三天，章太炎又写信给张一麐，闭口不提前一日的事，只说要一万块钱。张赶紧与梁商量，送了章太炎一万块钱了事。

1909年，民国尚未建立，章太炎指责孙中山。1917年，孙仍然邀请他参与护法运动，任命他为海陆军大元帅府秘书长，《代拟大元帅就职宣言》的作者就是章太炎。

有一点是比较清楚的，孙中山原谅和自己有过节的章太炎、黄兴，但却不原谅陈炯明。但凡有人为陈炯明辩护，孙中山就会暴怒。在梧州，军事顾问赖世璜请求对陈炯明的“背叛”宽大处理，孙中山立刻质问：“你是不是他那一派的人？是不是？”并对卫士挥手，说，“杀了他！杀了他！”幸亏蒋百里干预，赖世璜才免于一死。

陈炯明出生于广东东江地区，有一批忠实的同乡追随。他二十九岁时曾领导一场弹劾惠州知府的公众运动，两年后加入了同盟会孙中山派系。1911年，他在控制广东成为革命力量的过程中产生了很大影响力，年底被推举为广东都督。开始的十年里，他一直支持孙中山。但陈炯明坚决拥护地方自治，当他拒绝用地方财政补贴孙中山为统一全国发动的军事行动时，双方走向了对立。

陈炯明和继任者陈济棠完全不同。陈炯明督粤数年，不治私产。孙中山曾透露，陈炯明常向人说自己少年时常常做梦，一手抱日，一手抱月。陈炯明有一首诗，诗中说“日月抱持负少年”。孙的说法没有旁证，而且像他所说的诗句，恐怕每一个稍微有文化、有抱负的中国人在青年时代都做过，不能作为叛逆的罪证。况且，这也无法更改陈炯明没有经济问题的事实。

武昌首义后，革命者枪炮未熄，首先查证的就是钱粮。武昌藩库库存六百万两，其他衙门有四百万两。在此前的各地起事中，筹款一直是头号难题，革命党人为了找到支持事业的金元，几乎不择手段。

美国史学家韦慕庭（Clarence M.Wilbur）写过一本《孙中山：壮志未酬的爱国者》。他说：“从现时的观点来回顾过去的历史，人们会认为，孙博士对债权人的某些许诺似乎是鲁莽大胆的，甚至是丧失原则的。对于提供特权、地位和租界一事，也许孙中山毫无内疚不安之感。因为，他的注意力集中于一个伟大的目标：推翻可恶的清王朝，建立一个有利于中华民族的进步政权。”

中国人习惯用朝代而非国家来指代历史上的政权组织，梁启超因此警告“中华民族”这个称谓自身有着惊人的错误。他认为，这暗示着中华民族实际并不存在。孙中山认为，甲午战争期间，日清两国交战并不是两个国家的战争，而是大和民族和满族的战争。所以，他的一些做法引起了后世历史学家们的争议。1895年前后，孙中山于广州、檀香山和香港等地先后成立兴中会。各地兴中会的活动经费除了会员缴纳的会费和捐款，还得靠四处募集。兴中会会员入会时每人按规矩交底银五元，另外还呼吁有余力者“义捐”，以资助革命。兴中会志在救亡反清，中日甲午战争硝烟未散，孙中山多次通过日本驻香港领事中川恒次郎，要求日本政府支持即将举行的广州起义。日本方面认为难成大事，未明确表态。有史学家认为：“当时中日两国仍处于战争状态，日本是敌国，在这种形势下，孙中山要求敌国政府援助起义，攻打本国政府，显然有损民族利益。”（茅家琦等，《孙中山评传》语）

兴中会积极寻找筹集革命经费的机会，并展现出革命者的商业头脑。香港兴中会宣言第八条号召会员购买一种新型理财产品——“革命股票”：“特设银会以集巨资，用济公家之急，兼为股友生财捷径……”，每股收银十元，认一股至万股随便，收银后发给入股者一张“银会股票”，革命成功后，每股可收回本利百元。

革命股票认购后，如革命成功就可以一兑十，利润惊人。在这条制度之后，孙中山即兴加上了一句广告词：“此于公私皆有裨益，各友咸具爱国之诚，当踊跃从事，比之（向清政府）捐顶子买翎枝，有去无还，洵隔天壤。且十可报百，万可图亿，利莫大焉，机不可失也。”凭借这一款，孙中山共筹到港币一万三千元。

1905年，同盟会成立时发布《军政府宣言》，明确了革命时期筹集军费的办法。宣言规定：每军设一个“因粮局”，专门负责军费。宣言还提到：革命军每到之地，百姓十人养一兵；一切官业、反抗军政府的满人官吏家产、反抗军政府的人民家产，一律充公；凡军队所至，得与境内人民有家产者借用现银；境内人民家产，过一万元上者，令捐十分之一，五万元以上者，捐十分之二，十万元以上者，捐十分之三，五十万元以上者捐十分之四，百万元以上者捐十分之五；每军的“因粮局”有权发行“军用票”，流通市面，与实银同一使用；军队所到之处，清政府发行的纸币一律作废。

但此时又出现了一个棘手的问题。革命者在国内并未占据任何城市、乡村，所以根本谈不上将清政府发行的纸币强行作废。相反，由于革命活动还在进行当中，革命者们需要大量民众承认的现银、现钞，用来购买、运输军火，雇用敢死队员，抚恤烈士家属。《军政府宣言》“恤典”一节规定：凡交战受伤，以至残废不能任职者，其退伍后，照本人现饷现俸，赏给终身；凡在军身故者，无论将校兵士，均查明本人之父母妻子女，每月给赡养费，父母妻养至终身，子女养至二十岁。

辛亥革命之前，孙中山往返英国、美国，主要都在忙筹款。在现已公布的一些信件中，他对未能按照预定时间出现在某地与财阀会面感到抱歉，信中特别提到，关于为发动革命起义而用海外华商资产担保以募集贷款一事，已找到了愿意提供担保的一家中国银行、三家暹罗曼谷的米厂、一些新加坡商人以及马来西亚的三位煤矿主。这些人的资产合计共两千万美元，在当时折合四百万英镑。

孙中山的团体虽然受到了海外华侨的热情资助，但其金额还未达到他上述所说的那样巨大。尤其是那家赞助革命的"清朝银行"，几乎一望即知是虚词。之所以要这样说，就好比一个人借钱做生意。本来是要靠五万起家，但要告诉对方，自己手头已经借有五十万，尚需五万。此计让人认为这是一个巨大商机，而且别人的投资比自己更多，鼓励其赶快跟上，抓住机会。

果然，在信中的下一段落，孙中山表示："为了确保成功，我们需要五十万英镑贷款以完善组织，使我们能够在第一次突然行动中就夺取到至少两个富庶省份。当脚跟站稳后，我们将建立一个临时政府。如果寻求到更多的贷款，我们就能给这次民族革命予以更重要的保障，以扩大我们的行动直至取得全面胜利。"

此后，这位革命者激情洋溢地发出了第二封解答信（显然对方已经就第一封信作出了答复），其中谈道："大清朝目前的形势就好比是一座全部由干柴组成的森林。一点火花就能让这座森林燃起冲天的大火。我所要求的五十万英镑，就是这一点火花。"

"我第一次被人介绍给孙逸仙博士，"上面所提到的银行家团体中的某成员说，"是在某俱乐部的社交聚会上。孙给我留下非常深刻的印象。他非常洒脱，很健谈，说一口极其纯正的英语。他绘声绘色地讲述了自己充满变故的流亡生活，并告诉我们说，他在美国时，不知有多少刺客曾经有多少次企图谋杀他，以及大清朝是怎样用重金来悬赏他的头颅。甚至在英格兰，他的足迹也要被跟踪。'我被跟踪到你们这里，甚至现在还有人在追踪我。'他把我们带到窗子跟前，接着说，'那儿，那儿！'顺着他手指的方向，我们果然看到有一个诡秘的清朝人走了过去。"

英美并不是孙中山唯一的筹款地。1909年5月，孙中山由新加坡转赴巴黎，其目的据说是"竭力运动一法国资本家，借款千万"。此前数年，孙中山与法国驻华人员即有机密信件往来，并曾派人陪同法国军官，前往与法国殖民地越南接壤的广西，以及临近的贵州、四川做实地考察。但因为法国政府内阁改组，借钱的事就搁浅了。有史学家怀疑，孙中山欲前去借款的“资本家”，就是法国政府。至于桂黔川的考察，就是讨论“如何回报”。

实际上，即便只是能够筹集到孙中山开出的“天价”的零头，也够革命党人搞出些事了。据史学家估算，辛亥革命前十次起义，各方捐款总额约六十二万港币（当时约折三十一万美元）。黄兴后来报告说，3月29日广州起义共用银一万八千七百六十三元（统筹部直接开支的数字，有据可查），超支的部分是革命者东拼西凑来的款项。参加起义的福建义士，全部费用皆由自己筹集，上海的同志资助了四川义士的费用。革命者在东京购买军火，当地留学生出钱不少，有一位留学生为捐款不惜借高利贷，直到辛亥革命几年后才还清债务。

广州起义前，孙中山电约黄兴、胡汉民等代表到马来西亚槟榔屿开会。根据预算，这次起义约需十几万元。募款的重任自然落在了同盟会总理孙中山头上。当时，国内同志已开始为起义做准备工作，仅召集各地人员的日常开销每天都要五千元。孙中山不得不四面出击，他紧急召集当地华侨党员，一个晚上就搞定了八千元，又让同盟会各首领分赴各地劝募，数日之内又得五六万元，好歹筹到了头一批款。因荷属殖民地（印尼等国）不许孙中山入境，英属殖民地（新加坡等国）此时又将孙驱逐，他只好远赴美国向当地华侨募款。钱的重要性在起义时显得格外明显——要根据筹款的情况制定起义计划和时间，计算购运军械数量和召集的人数，外省来的义士的旅费和到广州后的生活费也必须考虑在内。通过孙中山等人的努力，在南洋、北美和香港等地共筹得十五万七千余元。

1911年7月，孙中山先在美国促成了美洲同盟会和致公总堂（洪门）联合，被授予“洪棍”之职。然后，他又在致公堂支持下成立了美洲中华革命军筹饷局，对外称国民救济局，并率领筹饷专员分南、北两路到美国各地筹款。武昌起义爆发后，孙中山立刻转赴欧洲，从事外交与借款活动，其他人员则继续在美国筹款。1912年初，筹饷局人员接到停止筹款的指示后，逐渐进行收尾工作。同年3月中旬，筹饷局人员将募捐登记册全部汇总，印制出《美洲金山国民救济局革命军筹饷征信录》，这也标志着此筹饷局正式解散。

此次筹款活动历时七个半月，涉及地区幅员广阔，算是辛亥革命之前孙中山筹款最成功的一次，数目亦很可观。现在翠亨孙中山故居纪念馆收藏的捐款《征信录》，就是当年筹饷局人员专门呈给孙中山的备案，曾由孙中山本人收藏。1912年3月，即将辞职的孙中山派人将一批个人藏档连同此件一同转运至澳门长兄孙眉处保存。1915年孙眉去世后，该批档案由孙眉之孙孙满聘请李善虹保管。经有关部门批准，1981年5月，这些档案的一部分被运至翠亨孙中山故居纪念馆保存，《征信录》也是在这个时候来到这里的。

刻印这本《征信录》的目的，是为了使筹款活动留下明白账，“以供众览”，“以招信实”。当年，筹饷局人员将手执的和发往各地的捐款登记册进行全面汇总，专门印制了这本捐款总账。《征信录》将每日、每地、每人的捐款数字详细开列，并将各月筹款总数、支款细目及支款总数分别注明。

四百三十个地区（埠）的华侨积极响应了这次筹款，捐款华侨姓氏多达一百四十个，一些捐款人或捐款商号名一看就不是真名，但耐人寻味。如思汉赵、专一郎、汉中一、逐满、生长异邦心思汉赵、胡还汉、刘逐满、赵思汉、朱思汉、刘恢汉、刘念汉、严思汉、兴汉灭满、刘复汉、黄攻清、反清氏、民族一分子、杨仇满、陈仇满、冯排满、“杀满记”（商号名）等，体现了社会“驱除鞑虏”之心。六十二个致公（总）堂机构以及一百四十五个商号慷慨解囊，捐款最多的为两千五百美元，最少的为一点五美元，合计捐款一万四千余美元。一万四千余人次（因有些华侨捐款不止一次，故计为人次）捐款，捐款最多的为一千美元，最少的不到一美元，总计捐款十一万五千余美元，人均捐款接近八美元。经中间人转交的款项共十七笔，合计三千六百二十九美元。除广大华侨响应革命号召进行捐款外，一些外国人也受到影响而纷纷解囊。据统计，这些资助中国革命的西方人士共有六十人，总共捐款近四百美元，其中捐款最多的为二十五美元，最少的为二十五美分。据笔者统计，筹饷局此次筹款活动总共募捐十三万六千余美元（含银行利息一千余美元）。

资金大部分最终用于资助广东地区的革命。据统计，筹饷局电汇给香港《中国日报》和金利源商号，由黄兴收取直接用于革命的款项有十万余美元；用于为革命军购买飞机及相关的费用各有一万多美元，两项合计约两万美元；用于筹饷局局务及其他开支的共计一万三千多美元。

有资料显示，孙中山发动的此次筹款活动是参考“革命股票”，以发行债券（中华民国金币券）的形式进行的，但从《征信录》来看，绝大部分华侨的捐款都低于五元。当时捐款五元以上方可获得金币券凭证，可见，大部分华侨的捐款都是无偿的。即使是捐款较多的商业机构或富商，也常有“不取债票”的慷慨之举，足见其对革命事业的热忱。孙中山曾感叹，“华侨是革命之母”。此中深意，读者可细心揣摩。

在华侨聚集区举行演讲是筹款的重要方式。演讲过后，听众受爱国精神感召，便把身上的铜元、洋元、毫洋和钞票掏出来捐献。孙中山动员其他会员给海外华侨写信，宣传建立民国的思想，争取他们入会，捐款支持革命。他常在信中说：“披坚执锐血战千里者，内地同志之责也；合力筹款以济革命者，海外同志之任也。”又说，“同盟会之成，多赖华侨之力，军饷胥出焉”。这无一不体现出华侨在支援革命中的重要作用，海外出钱，国内出人。

1907至1908年，同盟会在广东、广西、云南等省连续发动多次武装起义。每次起义，孙中山均要求陈楚楠等富商接济。1908年云南河口起义爆发，仰光闽籍侨领庄银安、黄德源等人不但热情捐献军饷，还购买了一批军火运进云南。起义失败后，大部分人经越南辗转流亡到新加坡，陈楚楠在新加坡蔡厝港开办中兴石山公司，作为接待这些人员的地点。此外，他还介绍一些人到槟榔屿、吉隆坡、文莱等地的工厂、矿场和农场谋生。1908至1911年，同盟会先后多次派人至缅甸筹款，华侨庄银安每次都捐款数千元。广州起义前，吴世荣带头变卖店产，倾资助力，筹集起义经费；郑螺生除自捐现金一千元外，还处理了自己的福建、江苏铁路股票支持革命；旅居马六甲的永春县华侨郑成快捐助革命经费高达五六万元，民国建立后，孙中山特授予他二等功奖章。

辛亥革命时，厦门人徐赞周任缅甸筹饷局长，一个月内募得捐款四十万缅盾，成绩辉煌。武昌起义后，各省革命党人纷纷行动起来，但成立的军政府运作面临极大的财政困难，南洋各地华侨因此又掀起轰轰烈烈的募捐。泉州籍菲律宾华侨邱允衡得知革命爆发，捐款五千比索。在他的带动下，1911年10月中旬到11月上旬，菲律宾华侨捐输革命政府款额达十余万比索。1911年，上海军政府委托庄希泉，要他组织“南洋募饷队”，继续到东南亚一带筹款。

革命团体在筹集活动经费时，通常都会遇到巨大的障碍。当时，康有为的保皇派和革命党在海外争夺华侨资源时，甚至到了大打出手的地步。国内有志于推翻清朝的同志，筹款手段也形式多样。

1903年冬，王嘉伟、蒋尊簋、陶成章、魏兰和龚宝铨等人在东京酝酿协商，次年初，陶、魏回沪与蔡元培商议，至同年11月，以龚宝铨组织的军国民教育会暗杀团为基础，在上海正式成立了光复会。蔡元培任会长，陶成章任副会长。蔡元培个人专心学问，根本不愿经营会党，也不直接参与策划和实际活动。因此，光复会的经费紧张，几乎处于停滞状态。

1905年初，徐锡麟的加入带来了转机。他和陶成章、秋瑾等通过创办大通学堂，发展会党成员，使光复会增至六七百人，成员大多是资产阶级知识分子、商人、工匠，还有少数地主士绅。章太炎、秋瑾、张恭、徐顺达、赵声、柳亚子、陈去病、熊成基等人都是光复会的骨干。光复会一时声势壮大，于东京设有分部，以绍兴作为本部的活动中心。

大通学堂，最早称为大通武备学堂，是徐锡麟一手创办的。建立这个武备学堂的目的，其实是为筹款作掩护。徐锡麟认为以武备学堂的名义联络会党成员，便于将其发展成一个为起事作准备的准军事训练基地。他曾设想在武备学堂成立大会上把绍兴当地官员都找来，一举歼灭。陶成章提出反对意见，认为浙江不是战略要地，除掉绍兴官僚影响不大，非得要包括南京、安徽等各地呼应才行。而要实现皖浙大起义，就必须在人员、军事技术上作大量准备。

徐锡麟的主要目标是绍兴以及附近地区的银行。他设想，一旦抢银行成功，需要大量空间来藏好钱财，没有比学堂更好的地方了。但这个计划没有实施，据说是因为掌握射击技术的人太少，加上无法及时运输劫得的财物。那时，整个中国尚未流行机动车辆，如果用人力车或马车，达不到迅速转移的目的。即便是找到外国汽车，也相当于现在乡镇上出现一辆兰博基尼，不可能不暴露行踪。

原来浙江的会党力量基本聚集于浙江嘉兴敖佳熊创办的温台处会馆（温州、台州、处会馆的简称），温台处会馆遇到困难不得不解散后，这些会党积极分子转而聚在大通学堂。此时，大通武备学堂也已改成师范学堂，以体育专修科为主，更加便于平日操练。一时间，浙江大量草莽英雄齐集，声势浩大。后来，徐锡麟为了从内部攻破清廷，离开大通，混入了清政府的武装力量，而秋瑾则接手大通学堂，并和一众同志继续培养武装力量，最终，爆发了清末著名的丁未年（1907年）安庆举事和浙江起义。

同盟会湖北分支经济拮据，不得已想出了盗金佛的主意。湖北分支的主要领导人是焦达峰、居正。1907年秋，居正考入日本大学本科法律部，准备深入研究法学。在革命风起云涌之际，自感推翻清政府、建设新国家的革命任务高于自己的学业，便毅然暂时放弃学业，为革命奔走于南洋各地。1909年2月，居正前往汉口。在那里，他碰到了谭人凤，后者给了他活动计划以及一部分经费。居正在武昌和汉口假装开起了商店、酒店，作为革命活动的据点，联络新军。

革命经费不足，严重地制约了同盟会湖北分支的行动。居正和焦达峰商量，干脆把蕲州达城庙的金佛盗走，熔铸成金条卖钱。也只有像他这样留学日本的唯物主义者，才能想出这种令普通乡民战栗的主意。

起初，两人一起到达城庙踩点，隐没在众多香客中，看好了如何下手。经过两次踩点，第三次去之前已明确分工，准备动手。他们选择了会中的几个大力士，带上一应工具，兵分两路向达城庙开进。当晚暴雨（特意选择的天气），焦达峰亲率三人先到庙中，但另外一队居然迟迟不到，这边只好先下手，在庙后墙上打了一个洞，进去以后把金佛扳倒。然而，“重武器”在另外一队，这一队人手不够、工具不足，弄了一个晚上，只把金佛一只胳膊卸了下来。天色渐亮，三人连拖带拽挟着金佛出门。可惜当地农民信徒起得太早，已经来到了庙里进香。焦达峰叫苦不迭，三人协力把金佛扔到了水塘里，然后狼狈而逃。据说在路上停下喝水时，队伍里的一个大汉还被闻风而至的粮差抓到。还好这粮差也不是一般人物，知晓会堂行话切口，于是放行，好歹没有让这次“筹款”偷鸡不成蚀把米。

孙中山一直周旋于华侨巨商、外商和外国政府之间，寻求为推翻清朝找到强有力的经济援助。在他心目中，海外华侨负责出钱，国内志士负责武装革命。同盟会会员也会在国内筹资，其中以邹永成的举动最为特别。

邹永成（1882—1955），字器之，湖南隆回罗洪乡人。其曾祖父是著名学者邹汉勋。邹永成在武汉舆地学社做工期间，作风豪爽，经常慷慨解囊，周济贫穷同志，一时有“孟尝君”之称。为了革命，他毅然将祖传的一百多石的地契抵押给族人，共得两千元，在宝庆河街岭开了一家店做联络机关。但这点儿钱杯水车薪，邹永成干脆打起了自家的主意。他听说一位族中长辈有王羲之墨迹《兰亭序》。在信息传递不畅的时代，几乎每个地方都有名商巨贾宣称自己有米芾、王羲之的名帖，真假不可考。但是，那时的邹永成已到了不择手段的地步，于是同一个会党朋友去盗取，三次未果，方才罢手。

当时，南洋印刷局谢祝轩翻印了舆地学社地图，赚了很多钱，而邹永成的堂兄因此要去告谢祝轩的状。邹永成觉得有机可乘，便谎称是自己翻印（他本来也在舆地学社做工，这谎扯得极其周密），制止了堂兄告状，因此从谢祝轩那里又得到一千元。邹永成带了这笔钱，与谢价僧赴武汉活动。

同盟会中，流传着多个邹永成家内谋财的故事。比如，他曾经对伯母下蒙汗药，准备借机盗取其首饰、金条，但因药物失效而告吹；他曾经和孙武联合假装绑架了自己的堂弟邹安众，让人要挟其母，拿到一笔“绑费”，以致伯母对其终生不睬。这些故事的细节目前几不可考，但有一点是清楚的，邹永成为了推翻清朝统治，确实不遗余力舍私为公。武昌首义之后，邹永成逼岳父罗伯夷打开劝学掌管的金柜，最后得到了两百元。在他和邹价人、谢价僧、谭二式和张贯夫的共同努力下，终于凑齐了军费，率队光复了宝庆和新化。

和庆亲王奕劻贪财好货，卖官鬻爵，以家天下为谋财工具的做法相比，邹永成不计回报的筹款显得格外生猛。在这样的人物冲击下，难怪江山易主。

有人说，孙中山两次护法，一败再败，才悟出“再造共和”的革命没有钱、没有外国势力财力上的援助，难以成功的道理，因此作出了联俄的政治选择，签订了《孙文越飞宣言》。1923年，在苏俄的资助和俄共产党人的帮助下，孙中山第三次回到广东，打败陈炯明，掌控广东省财政，为日后北伐的胜利奠定了基础。

从推翻清廷到建立民国，孙中山与其追随者一直都没有摆脱金钱的困扰。

澳大利亚记者唐纳（William H.Donald）曾描述他在孙中山让位袁世凯后，采访孙时的情景，“他用双线标注上海前往广东，然后穿越崇山峻岭抵达拉萨，又曲折进入新疆，直到内蒙古。总之，从北到南，从西到东，经过孙中山加工过的中国地图成为怪诞的中国地理游戏拼图”。他席地而坐，向唐纳介绍铁路规划。他认为，如果外国资本家能够提供充足的资金，在五到十年内，这些铁路都将竣工。

李纪堂，为革命倾家

冯自由的《革命逸史》中，言及清末革命党人中捐款最多的，当数李纪堂。

李纪堂是香港富商李升的第三子，祖籍新会。1895年，兴中会在广州失败，孙中山和陈少白、郑士良从香港乘船去日本，李纪堂以日本游船公司香港分行经理的身份上船拜访。一年后，李升去世，李纪堂分得百万遗产。

1900年，杨衢云介绍李纪堂入兴中会。李纪堂的革命活动，居然是从兴中会领钱开始的。当年6月间，孙中山策划惠州起义和陈少白经过香港，李纪堂再度求见。这次会见，“总理大悦，立给以二万元，令充驻港会计主任”。看上去，这是一个在兴中会有“收入”的职务，但李纪堂在随后的工作中逐渐投入家产，所费不菲。惠州起义后，孙中山能够无后顾之忧，漫游欧美，也是李纪堂出钱资助的缘故。

1902年，陈少白应越南总督韬美之邀，赴河内参观博览会。李纪堂资助了两千元，以壮行色。此时，李纪堂出手已经有所收敛，和他当时还在赞助另外一支反清力量不无关系。

1902年8月，谢缵泰之父谢日昌（澳洲中华独立党、三合会领袖之一）和洪全福在广州准备起事，洪全福是洪秀全之侄，少时曾随天王于广西，转战湘、鄂、皖诸省，晋封左天将瑛王三千岁。太平天国失败后逃到香港，以医生身份隐居。谢洪二人一直有中国是汉族人的国家的思想，相互了解，渴望复国。谢缵泰认为李纪堂是可用之才，于是介绍给洪全福。洪全福提议召集洪门兄弟起事，但需筹饷五十万元。在这次会议上，谢缵泰还提出让容闳老博士为临时大总统，李纪堂均无异议，还一口承担了全部军费。

顺便提一下，谢缵泰推举容闳为大总统的说法，后世人听起来比较浪漫，仿佛当年施陶芬贝格上校带头策划的“七月阴谋”，要在成功暗杀阿道夫·希特勒、一举推翻纳粹政权后，让隆美尔出面主持大局。事实上，隆美尔并未直接参与，却为这份名单付出服毒自尽的代价。彼时，容闳的确已经公开和清政府为敌。戊戌变法时期，容闳在北京与维新派往来密切，变法失败后避居上海租界。1900年，唐才常的自立会在上海改称“中国国会”，容闳被推选为会长，并负责起草英文对外宣言。起义被镇压后，容闳遭到清政府通缉，辗转流亡美国。

惠州起义失败后，孙中山郁闷不已，索性出洋散心，但李纪堂仍然豪情万丈。对于这次广州起义的计划，他和洪全福等人商议，日期定在除夕之夜。洪全福同梁慕光、李植生具体执行。按照广州当地风俗，除夕当天，人们要到万寿宫行礼。这个计划的核心便是围攻万寿宫，炸毁军火库，占领各衙署，宣布共和政治。

然而，革命者行事不密，被清廷和香港警方提前三四天获知消息。清廷作好充分准备，除夕当天派出人马分头搜寻，捕杀党员梁慕义等十余人；搜获大量军械、旗帜、军衣、食品等；梁慕光、李植生逃跑。“大明顺天国革命新政府”就此烟消云散。

当时，孙中山和陈少白都在越南河内，事前根本不知道还有这样一次起义。陈少白认为，革命“爱好者”李纪堂居然另起炉灶，竟不通知兴中会此等大事，简直是有“帝王思想”。而李纪堂本人经过这一折腾，家产耗去大半，也渐呈竭蹶之象。

此后，李纪堂曾创办九龙青山农场、采南歌剧社、李升格致书院等。1908年，他的益隆银号负债累累，宣告破产。但他仍奔走革命，曾为广州新军之役与黄花岗之役购买军械。武昌起义后，他积极筹划，拉拢广东水师提督李准投诚。广东光复后，李纪堂先后出任广东省交通司长、琼崖公路局长、县长等职。由于不善理事，遂于1929年搬家到九龙，仅靠中央驻港机关接济为生。革命前，李纪堂的居所是广东炮台道所建的崇楼大厦；革命后，他租九龙塘何文田的寓所居住，每月三十元租金。开国元勋，几无立锥之地。1940年冬，任国民党政府侨务委员会委员，兼任侨光汽车木炭炉制造公司董事长。1943年病逝。

第七章

制服的诱惑

1882年夏，时任北洋水师统领的丁汝昌组织人员，参考英国海军军服，经北洋大臣兼直隶总督李鸿章批准，颁行了中国第一部海军服装规范《北洋水师号衣图说》，这是中国第一部近代化的军服规范。

宣统元年（1909年）十一月二十九日，学部上奏折，奏遵拟女学服色章程。全文如下：

奏为遵拟女学服色章程。恭折具陈，仰祈圣鉴事。窃本年闰二月。臣部具奏分年筹备事宜内开本年应颁布女学服色章程，奉旨立宪政编查馆核准在案。查各国女学校制度，女学生服色旨有一定。即考之中国古礼。如深衣、首服、足服等制，见于经训及儒先之说者，判然不同。学校为教化所关，尤当参酌古今之宜，定为整齐严肃之制，庶几学风之朴，妇容之庄，有以养成高尚端淑之人格。礼教之防，莫先于此。兹酌定女学堂制服，凡讲堂操场均定为一种服式。以期简而易从。至两等小学，其女学生年岁皆在十五岁以下，礼未加笄，宜仿童子不裘裳，不履絇之义，学堂服饰，即用家庭常服，以省繁费。总之，女学为教育之根本，衣服为行检之表率，有管理训迪之责者，宜力除奇衺奢靡之习，庶几有裨于化民成俗之美，敬教劝学之规。此则臣部与办学诸员所宜兢兢共勉者也。谨将拟定女学服色章程缮单恭呈御览。如蒙俞允，即由臣部遵奉颁行，所有臣部拟定女学服色章程，谨缮折具奏，伏乞皇上圣鉴。谨奏宣统元年十一月二十九日奉旨；依议。钦此。

谨拟女学服色章程，缮具清单，恭呈御览：

一、女学堂凡遇行礼日期，监督、教习、监学、堂长、院长等，如系有封命妇，即按品级吉服行礼。无封者，常服行礼。未适人者，即着学堂制服行礼。至学生，无论已适人未适人均着学堂制服行礼。

二、平时在堂，无论监督、教习、监学、堂长、院长、学生，均着学堂制服，惟女子小学学生，均用家庭常服。

三、女学堂制服，用长衫，长必过膝，其底襟约去地二寸以上，四周均不开衩，袖口及大襟均加以缘，缘之宽以一寸为度。

四、女学堂制服，冬春两季用蓝色，夏秋两季用浅蓝色，均缘以青。

五、女学堂制服，用棉布及夏布，均以本国土产为宜。

六、女学生得佩襟章以为识别，其制以铜为宜，不得用金银。其花样字样均听本学堂自定，但须向督学局或提学司报明。

七、女学生不得缠足。

八、女学生不得簪花傅粉被发，及以覆额。

九、女学生不得效东西洋装束。

学生和女学堂的制服，从来没有被清廷如此重视过。清朝开始了对制服进行改革，就像赵武灵王的那次改革一样，这次也具有政治上追求进步的目的。

1836年，英国文坛怪杰托马斯·卡莱尔埋怨“社会，这个令我越想越吃惊的东西，居然是建立在服饰的基础上的”。

法国大革命巴黎“解放”后，到处都挂着这样的标语：你可以自由崇拜，也可以自由着装。

但自由着装又是何其艰难的事情。在中国，《隋书》记载：一次刑部侍郎辛檀穿了一条红裤子上朝。隋文帝杨坚见到，第一反应是要干掉他，“上以为厌蛊，将斩之”。管司法的大臣赵绰说，“据法不当死，臣不敢奉诏”。好在这是隋文帝而不是隋炀帝，杨坚转念一想，觉得赵绰以死护法是对的，还奖励了他。

就算是20世纪中叶的美国，也有同样的困惑。《欲望的渠道：大众形象和美国意识的形成》中，记载了这样一件事情：

1957年的一天，一位八年级的学生穿了一条红裤子去上学。这是他不懂学校规则的母亲给他购买的。第一节是数学课，他一进教室，立刻在同学中引起了骚动……数学老师十分恼火，立刻从他的成绩总分中扣去五分作为惩罚。中午，校方以破坏纪律为由将他遣送回家。此后，他就再也没有穿过红裤子了。

在19世纪晚期到20世纪之交，现代国家的制服逐渐形成了自己的特点。以俄罗斯为例，历史学家里昂说，在最后几世沙皇统治下的俄罗斯，已经成为一个巨大的军事学院。穿制服的不仅仅是士兵，还有医生、教师、律师以及学生。德国旅游指南出版商卡尔·贝德克尔在20世纪初访问圣彼得堡时，证实“将近十分之一的男性都穿着某种制服，不仅仅是许多军官，还有政府官员甚至大中学生都穿着某种制服。”尼古拉二世的皇宫也挤满了穿制服的人，帝国芭蕾舞学校的学生也穿着深蓝色制服，领子上别着银色的竖琴标志。

和俄国交往的清廷外交官，也注意到了对方的制服。俄罗斯制服的特点是肩章特别大，显示了他们对等级和头衔的迷恋。这些东西用大小不同的彩色条纹、星星和带舌帽来表示，最大的帽子犹如垃圾桶盖。1917年，革命者逮住尼古拉二世的时候，最大的羞辱就是将他的肩章剥去。尼古拉在日记中写道：“这种兽行，没齿难忘。”里昂认为，俄罗斯人喜欢炫耀，和大部分俄罗斯军官出身寒微有关，“为了弥补这个不足，俄罗斯军服有一种比外国军服更绚烂的风格”。

1882年夏，时任北洋水师统领的丁汝昌组织人员，参考英国海军军服，经北洋大臣兼直隶总督李鸿章批准，颁行了中国第一部海军服装规范《北洋水师号衣图说》，这是中国第一部近代化的军服规范。

图说中详细规定了北洋水师官兵军服样式和着装制度，军服分成三大类：官弁、洋枪队、水手夫役，每类又分为春秋冬季制服和夏季制服两种。对于军官，还另有关于礼服的规定。整体来看，各种设计思想、服饰制度，与参照物英国海军制服有着千丝万缕的联系，而在具体表现形式上，又包含着浓浓的中华文化特色，体现了当时的中国虽国势不振，文化自豪感却仍居于强势地位，对于外来文化予以包容消化。正如蒋百里对梁漱溟所说，中国人在种族上素无偏见，却在文化上非常自信。古人所言：“夷狄入中国，则中国之；中国入夷狄，则夷狄之。”

北洋水师的军官制服为“海军蓝”，也就是当时称的“石青”。这种色彩在之前的中国军队中是绝无仅有的，英国海军军官倒是对这颜色非常熟悉。军服上衣和军裤的颜色面料保持一致，春秋两季使用线绒，夏季穿着舒适的薄纱，冬天使用厚重御寒的呢子。军靴则采用传统的薄底战靴。

制服的样式完全中国化。上装为传统马褂，袖口宽六寸，腰摆紧小。在袖口、领口、衣襟和下摆处，装饰有传统镶边和云头图案，夏季用黑色绸缎制成，其他季节用黑绒布。配合这套制服，着装时军官还必须腰束皮带、佩刀，增加其威严。

军服对于军人的吸引，毋庸多言。路易斯·P.洛克那翻译戈培尔日记时发现，戈培尔抱怨空军元帅成了制服控，其中一件长皮外套很容易使人想起“高级妓女表演歌剧时所穿的西装”。戈林还曾穿着蓝色的和服，趿拉着一双木屐去赴宴。洛克那添油加醋地说：“有一次他（戈林）去接见外交使团，打扮犹如手握长毛的沃坦（瓦格纳的《尼伯龙根的指环》中的英雄人物）。”

北洋海军还没有实行军衔制度。为了区分尊卑，除了军刀等装饰物之外，袖口是重要的位置。在刘步蟾的建议下，军服每边袖口装饰的三个空心云头图案内引入了标志设计，相当于一种简易军衔、具体职务标志。舰上的统领、船主、驾驶、管轮、枪炮、帆缆、军医、文案等多个职位，都有具体的代表符号。统领（舰队司令）袖口的每个空心云头内用金线绣制三个古体的“寿”字，中央为长型，两侧为圆形，每袖三个云头内，共九个古“寿”字。舰长、大副、二副等航海军官的识别符号为长型的古“寿”字，尊卑之分，区别在于“寿”字数量多少，例如舰长每袖七个古“寿”字（中央的云头内三个，两侧的各两个），而大副的只有六个（中央云头内比舰长减少一个）。管轮部门的军官则形象化地用圆形的古“寿”字识别，同样以“寿”字数量的多少来区别大管轮、二管轮等职务。

军人者，以国家利益为重，生死轻之。北洋海军在这套军服的设计上，以“寿”作为标志，不太像一支军队的作风。从古到今，军人都以军威，以及压倒对方的气势作为最重要的素质之一，而不考虑生死。955年，莱希费尔德战役，马扎人士兵脸上的疤痕是生下来就刻上去的，目的在于恐吓敌人。对于生活在俄罗斯和蒙古大草原上的蒙古人和突厥人来说，这种“军服”是很正常的。二战期间，“骷髅师”对其标志引以为荣。

北洋海军制服具体技术军官的识别符号更为形象化。比如，象征枪炮官符号的是方天画戟和红缨枪，医官符号为灵芝寿桃和蝙蝠，中国结代表帆缆官，毛笔、宣纸肯定是文官的象征……为了方便起见，北洋海军军官除了夏季外，都戴一种小帽，与当时官员使用的斗笠状的凉帽和船形的暖帽相比，更适合舰上活动。

值得一提的是，北洋海军中还有制服颜色为红色的兵种，被称为“洋枪队”，平时在舰上维持纪律，充任宪兵，战时或在桅顶狙击敌方舱面人员，或手持步枪、砍刀、长矛，准备跳帮厮杀。海军陆战队这一在西方有着悠久历史的海上兵种，在中国是彻底的新生事物。远在公元前31年的亚克兴海战，屋大维和安东尼的海军就相互跳跃到对方战船上攻击。等到了1571年，土耳其和基督教世界的勒班陀海战时，双方更是近身肉搏。在漫天的火箭中，土耳其钩镰兵在用完武器后，还一个劲儿地向基督教士兵扔橘子。

参照英国海军的模式，北洋水师也引入了海军陆战队的编制。但在黄海大战中，中国军队从未发起一次跳帮作战。至少有两艘中国军舰在准备撞击对方时，事先中了对方的鱼雷，更谈不上跳帮了。

水兵制服上较有特点的部位有两处。一是在军服的领子上，左右各用金线绣有所在军舰的名称。另一处是水兵服的臂章，也参考了西方的类似制度，配有区别水兵职务高低和工作岗位的臂章，这可能也是中国军队使用这种军衔识别形式的开始。由于工作岗位的需要，水兵夏季在舰上一般都是赤脚，天冷时才穿上战靴。

甲午战争之后，清海军军官着装规范与原北洋海军的基本一致，仍然是头戴便帽，身着蓝色的海军服，袖口依然有金光灿灿的龙纹标志，但是袖口的军衔标志系统已经进一步向西式方向过渡，袖口的龙纹实际成了一种装饰，更主要的军衔识别符号是龙纹下面的金线袖饰，“寿”字已经荡然无存。经过对现存照片进行分析，大致可以判断出这种军衔符号的一些规则：如统领为一宽道金线，管带为四中道，低阶的军官则是窄道。军服裁剪式样更加西洋化，穿着后显得合体精神，军服上原先采用的传统中式一字盘扣被改成了西式铜制纽扣。夏季的着装上，新建北洋水师的军官夏季制服不再使用海军蓝，而改为了与西方海军更为接近的全白制服，上衣与军裤均采用白色，足穿白色的西式皮鞋，头戴海军草帽。保持的中国特色是，夏季全白制服上亦采用了金线袖饰作为军衔识别符号。

仪表的要求，即便在20世纪70年代的美国海军也没有放松。当时，美国海军招募女兵的服装条例，还有这些喜剧规定：

女兵穿白色衣服时，内裤、胸罩必须是白色或似肤色。

怀孕女兵穿外套（雨衣、外套大衣，厚短呢大衣、双排扣水手上衣、厚运动衫等）时，如因身体原因不能系扣子，可以不扣。

女兵戴耳环时，耳环大小必须是四至六厘米的球体（军官是金耳环，E-6及以下级别者是银耳环），必须是朴素无光、表面精整、螺丝夹住耳环型的，珍珠耳环只能在穿小礼服或晚礼服时才可以佩戴。

至于男兵，“男兵有权给头发分一条自然的窄缝，可以前分缝和后分缝，发型太时尚或分缝的角度不自然，都是不允许的”。

对于外国雇员，清水师没有特别的服装要求。外籍顾问出于对本国军威的自负，对穿着本国的军服有一种油然的神圣感和荣耀感，因而通常是身着自己的海军制服，而在袖口自己国家的军衔之上，加上在北洋海军获得的军衔符号，以显示在国外服役的特殊经历。曾任海军总查的琅威理（Lang William M）就穿英国制服，镇远舰的美国教习马吉芬（Philo Norton McGiffin）毕业于安纳波利斯海军学院，却一直穿北洋水师的军服。马吉芬参加了惨烈的“大东沟海战”，同当时的中国海军官兵一道，奋力抗击日本侵略军，身受重伤。北洋舰队全军覆灭，他回到美国，终日奔走。他到处演讲，述说中国舰队的英勇作战，为中国舰队在西方遭受的不公正舆论待遇所愤慨。1897年2月11日，这天是丁汝昌、杨用霖等人在刘公岛自杀的两周年纪念日，马吉芬在美国医院愤而自杀。遵照其遗嘱，马吉芬下葬时身着一套北洋海军的制服，而棺椁上则覆盖着黄底青龙海军旗，其墓志铭上写着：“谨立此碑以纪念一位虽然深爱着自己的祖国，却把生命献给了另一面国旗的勇士。”

1894年至1895年中日甲午战争，湘淮军和各省防练军纷纷溃散，有亚洲第一、世界第六之称的北洋海军全军覆灭。清廷为维持统治，决定采纳众议，改革兵制，效法西洋，建立新式军队。

新陆军的编制、训练、装备和官制等完全效仿德国和日本军队。改革的另一项重要内容是移植西欧式军衔制。1901年（光绪二十七年），清廷任命袁世凯为直隶总督兼北洋大臣，负责编练新军。1903年，清政府设练兵处，为编练新军的总机关。1904年，练兵处、兵部会奏朝廷，“参仿八旗官员之秩序，旁采各国军营之规则”，制定新军等级。从此，中国军队便开始实行军衔制。袁世凯等人在《练兵处奏定陆军营制饷章》中，专设“军服制略”一项，明确提出改革军服的方案，方案可概括成以下五点：

一是“窄小适体，灵便适宜”。

二是“敌人远视，官兵莫分，军队相逢，尊卑各判”。（二战之后，军服的革命性改变是允许士兵以肩章的形式，在衣领和肩膀上佩戴小小的铜质徽章以示军阶，目的是缩小官兵之间的视觉差异。）

三是颜色要“视线愈远，愈不能真”，“使（敌）人不能远望瞄击”。

四是军帽要“前檐稍宽，取蔽风日，以便瞄准命中”。

五是“肩头列号，自官长以至兵目，各按等级次弟，分设记号，务使截然不紊”。

至1910年底，陆军部海军处正式升格为海军部，载洵、萨镇冰努力外购了一批军舰，军服也进一步西化。这段时间，新建陆军建立军衔制度开始于1904年12月清政府批准练兵处和兵部的“另定新军官制”方案，到1911年最终形成了一个完整的军衔体系。

最平凡的咔叽美军制服，是近代文明世界最成功的军事符号。下面的一则笑话流传很广：乔治·巴顿去检查军人娱乐室，里面有一人穿着咔叽制服，背对巴顿。将军怒吼道：“你不会立正致意？”对方回答说：“立正个鸟，伙计，我是从城里来给自动售货机加装可乐的。”

道格拉斯·麦克阿瑟晚年时，提出只穿褪色的咔叽布军装安葬。他只想穿着这样的服装离开人世，“不管我做了什么值得一提的事情，我都是穿着它完成的”。

牛人篇

第八章

中国孝道，光绪不会谋刺慈禧

孟子曾说：“孩提之童，无不知爱其亲者；及其长也，无不知敬其兄也。亲亲，仁也；敬长，义也。无他，达之天下也。”封建时代的社会贤达、志士仁人，无不以孝为起点，而后才追求修身、齐家、治国、平天下，孝的地位可谓极高。

溥仪的老师庄士敦评价光绪是英明坚定的君主，这无疑体现了他对中国极为不了解。

1908年11月14日（光绪三十四年十月二十一日）傍晚，三十八岁的光绪皇帝在中南海瀛台涵元殿心有不甘地离开了人间。当时无一名亲属或廷臣在其身旁，被人发现时已死去多时。第二天下午，掌握晚清权柄达半个世纪之久的慈禧太后在中南海仪鸾殿内死去，终年七十四岁。

无数历史学家认为，光绪没有勇气冲破封建伦理思想的束缚，“天颜戚戚，常若不悦”，心境悲怆，终其一生，无法摆脱悲剧命运。

究竟什么才是令他屈辱一生的束缚？历史学家甚至像光绪本人一样羞羞答答，首鼠两端。事实上，他根本无法，也不曾下决心，软禁乃至擒杀慈禧。

“万恶淫为首，百善孝为先”，这充分体现了“孝”在中国文化中的地位。儒家关于孝道的经典《孝经》不惜篡改古训。春秋时本来说的是“夫礼，天之经也，地之义也，民之行也”，而《孝经》为了强调孝，改为“夫孝，天之经也，地之义也，民之行也”。孝，作为民众行为的准则，其重要性被放在了第一位。孟子曾说：“孩提之童，无不知爱其亲者；及其长也，无不知敬其兄也。亲亲，仁也；敬长，义也。无他，达之天下也。”封建时代的社会贤达、志士仁人，无不以孝为起点，而后才追求修身、齐家、治国、平天下，孝的地位可谓极高。清廷的头号敌人孙文一度认为，《孝经》所言的“孝”无所不包，无所不在。这种全方位的孝道，当然包括“二十四孝”和“掘地见母”等大量令人毛骨悚然的故事。

我们应该理解，在这种文化熏陶下成长起来的爱新觉罗·载湉所面对的人生何其复杂。光绪的父亲奕譞，是道光帝第七子、咸丰之弟醇亲王。光绪的母亲又是奕譞的嫡福晋、慈禧太后的亲妹妹，因此光绪拥有双重角色：慈禧太后的侄子兼外甥。慈禧之所以选择载湉嗣位，是因为她可以通过控制载湉从而控制大清政权。当时的慈禧已经执政十三年，在朝中确立了威信，她提出立载湉嗣位后，无人敢反对。于是载湉顺利登基，成为清朝第十一任皇帝，慈禧顺理成章地成为“母后”。

在光绪的人生中，第一阶段是从光绪元年至十四年（1875—1888年），被标注为“读书阶段”，其实，这个阶段更为重要的是性格的养成。光绪入宫时，慈禧就不断嘱咐那些服侍他的太监和教师：“像灌输军事知识一样的天天跟他说，使他明白自己已经不是醇王福晋的儿子了，他应该永远承认太后是他的母亲，除了这个母亲之外，便没有旁的母亲了。”

慈禧曾对人讲述，她对幼年载湉“调护教诲、耗尽心力”，这是一种充满母爱的恩德。“皇帝入承大统，本我亲侄；以外家言，又我亲妹妹之子，我岂有不爱怜者？皇帝抱入宫时，才四岁，气体不充实，脐间常流湿不干。我每日亲与涤拭，昼间常卧我寝榻上。时其寒暖，加减衣衿，节其饮食。皇帝自在邸时，即胆怯畏闻声震，我皆亲护持之。我日书方纸课皇帝识字，口授读四书、诗经。我爱怜惟恐不至，尚安有他？”

这些并非假话。作为大清政权的实际控制者，即便从培植一个良好傀儡的角度，慈禧也愿意如此投入。可以肯定的是，慈禧的这些行为，使深宫中孤苦无依的载湉获得了些许母爱。但慈禧性格中骨子里的阴冷和严厉，又使载湉对这个他称为“皇阿玛”的人畏惧如虎。慈禧为载湉订立了各种规矩，如“每日每致太后请安，不命之起，不敢起，少不如意，罚立长跪”。慈禧乘舆出行时，载湉必须随行，“炎风烈日，迅雷甚雨，不敢乞休”。

在《戊戌政变记》中，梁启超对慈禧、光绪母子关系作了这样的描述：“西后待皇上无不疾言厉色，少年时每日诃斥之声不绝，稍不如意，常加鞭挞，或罚立长跪。故积威既久，皇上见西后如对狮虎，战战兢兢。因此胆为之破，至今每闻锣鼓之声，或闻吆喝之声，或闻雷，辄变色云。”

这种在特殊的环境中，慈禧怀有的特殊动机和交往方式，形成了她和光绪的畸形关系。这决定了光绪性格的养成，对光绪一朝的政治产生了深远影响。

孙文曾带着赞赏的口吻，说，“现在世界上最文明的国家，讲到孝道，还没有像中国讲得这么完全”。与此同时，西方文化对“母亲”这一角色，一直进行着激烈的反思。西方文化价值之一，是把“分离—个体化”（separation-individuation）放在第一位，思想感情的基调是“反思乡、反怀旧”。这种哲学将母亲视为人生早期的化身，拖累独立人格的成长。1958年的电影《热昏》（*Hot Spell*）从一个家庭故事入手展开情节，表面上看起来，母亲是家庭团结的维系者，爸爸对她漠不关心，在外面另有年轻情妇，子女各管各，但故事愈开展，愈暴露出母亲的愚昧。

光绪可能从来没有考虑到这样一个问题，历史上，在王位继承过程中，母以子贵固然多有，立子杀母的现象也曾大行其道。主要目的，即消除女主对朝纲的垄断。

汉武帝刘彻年老之后，下令立太子刘弗陵，也就是后来的汉昭帝，对于刘弗陵的母亲钩弋夫人，则下令处死。当时有人提出疑问，汉武帝回答说，国家之所以变乱，往往是由于主少母壮。女主独居骄蹇，淫乱自恣，没有什么力量可以制约（孝义的折磨，往往使帝王投鼠忌器）。吕后当权，让汉帝国后来的统治者吸取了教训。对此，早有学者指出：“自古帝王遗命多矣，要未有如汉武之奇者。”（明人张燧《千百年眼》）汉武帝名义上对吕后擅权之殷鉴念念不忘，事实上，他之所以作出如此残忍的决定，与祖母窦太后早年秉政，自己形同傀儡有关。早年深受女主垂帘之害，刘彻深恶痛绝，更不愿自己的子孙重蹈覆辙。

换句话说，杀母立子，这是皇帝对继任者的呵护。据说咸丰临终时，曾有遗诏限制慈禧。其实即便没有这个遗诏，根据宗室和朝廷的相关法规，对慈禧的限制也是无处不在的。只是咸丰帝没有想到，他死后，叶赫那拉氏凭借个人能力迅速摆脱了这些桎梏，成为实际上的一国之君。

1861年8月，咸丰签订《北京条约》后不久就病死了，他唯一的儿子载淳当时只有六岁，被拥戴即位，年号定为“祺祥”。咸丰留下遗命，要求怡亲王载垣、郑亲王端华、大学士肃顺、驸马景寿，还有原来的五名军机大臣中的四名（穆荫、匡源、杜翰、焦佑瀛）为“赞襄政务大臣”，一起辅佐年幼的载淳，八人因此有了“顾命八大臣”之称。咸丰临终前将自己刻有“御赏”和“同道堂”的两枚御印，分别赐给了皇后（慈安）和懿贵妃（慈禧），并颁诏说，此后新皇帝所颁的一切诏书，都要同时印有这两枚御印才能生效。

载淳即位，尊先帝皇后钮祜禄氏为慈安太后，尊自己的生母懿贵妃叶赫那拉氏为慈禧太后。而慈禧则开始紧锣密鼓进行夺权。第一步，她指使廷臣提出建议，因皇帝年幼无法处理朝政，所以要由两宫皇太后“垂帘听政”。由于慈安压根儿不喜料理政事，实际上就是慈禧自己要掌握实权。这种明目张胆的要权行为，自然遭到了八大臣的坚决抵制，载垣等人以“本朝未有皇太后垂帘”的先例为由加以反对。当时，两宫太后掌握着咸丰所赐的两枚印章，在政治上与八大臣势均力敌，但“比赛”的第一阶段，慈禧只能隐忍。咸丰归天时，热河行宫全都是辅政八大臣的势力，慈禧只好暂时向八大臣妥协。但她始终没有放弃垂帘听政的想法。此时，慈安太后对肃顺等人的所作所为也极不赞成，于是慈禧串通了慈安，秘密将自己的心腹提前派回北京，与恭亲王奕䜣串通，最终发动了“辛酉政变”。

政变的结果是载垣、端华被当场逮捕。慈禧又发出上谕，将景寿、穆荫、匡源、杜翰、焦祐瀛等撤职查办，一一拘留。醇郡王奕譞奉命在京郊密云秘密埋伏，拿下了护送皇帝棺木（梓宫）必须经过此地的肃顺，后者是八大臣中最关键的人物。11月8日，慈禧以上谕之名，否认咸丰遗诏，下令将肃顺斩首，赐载垣、端华自尽，另外五大臣则被革职或充军。

这场“在战争中学习战争”的政变，使慈禧奠定了掌权基础。她虽然文化水平不高，但注重实战技巧，终于在“辛酉政变”中将自以为老谋深算的八大臣击败。垂帘听政后，慈禧有板有眼地开始注重理论学习。她以两宫太后的懿命，要求南书房、上书房师傅编纂《治平宝鉴》，作为给两宫太后的教科书（其实就是给自己阅读，慈安对这些“选修课”并不感兴趣），仿照经筵之例，派翁同龢等定期进内宫讲课。经此，后来慈禧亲自批阅奏章，虽偶有语句不通之处和些许错别字，但她对自己的进步是颇有信心的。

1889年农历二月初三，光绪大婚已过了七天。按照祖制，慈禧此时应该把政权正式移交给光绪。于是，朝廷在太和殿举行了正式“亲政”典礼，但这时的慈禧又提出了一个新词：“归政”。这次“归政演出”从光绪十二年六月开始，热热闹闹地搞了将近三年。结果，由“垂帘听政”到“训政”再到“归政”，没有实质性改变。慈禧“表面上虽不与闻国政，实质未尝一日离去大权，身虽在颐和园，而精神实贯注于紫禁城也”。清史又说：“当其优游于颐和园之中，仍时时监察皇帝之所为，保护其任用之人。”而光绪皇帝“虽有亲裁大政之名而无其实，一切用人行政皆仍出西后之手”，他本人成了一个秘书，“每日章疏，上阅后皆封送园中”。

朝中一些大臣早就看出，如果不消除光绪对于慈禧“母亲”这一角色的认同，这个皇帝注定当不出头。光绪二十一年（1895年）十一月初八，慈禧以“信口妄言，迹近离间”的罪名，将帝党重要成员吏部右侍郎汪鸣銮、户部右侍郎长麟革职，永不叙用。此事绝非偶然。慈禧的线报说，长麟对光绪表示：“太后系穆宗皇帝之母，实际上不过是文宗皇帝之妾。皇上现今作为文宗之嗣入承大统，没有以父妾为母之礼，皇上真正的嫡母是慈安皇太后。现今皇太后就穆宗朝而言，可称为太后，就皇上言之，不过先帝一遗妾耳。”这些话总结起来无非一句：光绪和慈禧本非母子，当皇帝的理应尽早收回大权。长麟的这番话，就是想帮助光绪消除对慈禧的畏惧，点燃其心中的叛逆之火，早日行使皇帝的权力。

没有史料表明，慈禧是否对自己的作为作过反省。但从1898年同意光绪进行国家改革这一点来看，她还是乐意让自己的外甥带领国家走向强大的。一句话，自己去日无多，而此前诸多对外战争的失败，内部反抗的有增无减，作为清朝皇室的她也不想让天下颠覆。但造化弄人，慈禧最终在患得患失中倾向于重新收回权力。

甲午战争中，光绪帝主战。1894年，朝鲜东学党起义，日本借口保护侨民，增兵朝鲜，蓄意挑起中日战争。光绪帝认为“倭人肇衅，挟制朝鲜，倘致势难收束，中朝自应大张挞伐”。7月24日，光绪谕示李鸿章切勿贻误军机，并多次下令加兵筹饷，试图制止慈禧太后挪用海军军费修建颐和园。他个人认为，李鸿章没有听取谕旨，结果“初败于牙山，继败于平壤”。日本乘势接连攻下九连、凤凰诸城，后马上侵袭大连、旅顺，最后占据威海卫、刘公岛，北洋海军覆丧殆尽。光绪认为李鸿章作战不力，授意王文韶接替李鸿章直隶总督职位，命李鸿章往日本议和。战场上不得力，议和自然是任人鱼肉。光绪不得已批准《马关条约》之时，用朱笔写下一段话，要求全军上下戮力一心，痛除积弊，兴革自强。

国难当头，如果慈禧放手让正值壮年的光绪锐意改革，清廷也许会获得一丝转机。1898年，光绪已经二十七岁。慈禧夺权发动“辛酉政变”时，三个主要人物都同样风华正茂：慈安二十五岁，慈禧二十七岁，恭亲王奕䜣三十岁。不少史学家认为，戊戌年慈禧准备放手让光绪改革，是想让一部分人“先跳出来”，然后再“秋后算账”。但从逻辑上仍然有一种可能被忽视了：1898年的光绪让她想起了辛酉年的自己，她考虑过让光绪带领这个国家走出危局，自己乐享晚年。

1898年，慈禧对光绪的意见变成了“凡施行之新政，但不违背祖宗大法，无损满洲权势，即不阻止”。从中可以得到较为明确的信息：她也在寻求变化。

这个表态等于是首肯了光绪的改革。光绪于1898年6月11日颁布了《明定国是诏》，向中外正式宣布了变法革新的宗旨，表示要“以圣贤义理之学，植其根本，又须博采西学之切于时务者，实力讲求”。《明定国是诏》中提出的“以圣贤义理之学，植其根本”，与慈禧“不违背祖宗大法”的要求是符合的。

然而，在实际施行中，微妙的矛盾最后产生的激变，又岂是一两句“根本”之言所能概括的。

光绪一度向慈禧摊牌要权，只是表面强硬，内心深处，还是对对方畏惧不已。1898年春，光绪用实际行动支持了维新派成立的“保国会”，阻止了顽固派对维新派人士的迫害，“决意变法”。光绪孤注一掷，通过当时代替奕䜣主持清廷政务的庆亲王奕劻转告慈禧：“我不能为亡国之君，如不与我权，我宁逊位。”这是光绪自当上皇帝以后，第一次公开向慈禧要权，而且态度相当强硬。但如果光绪的内心像表面一样强大，就不会像他的亲信恽毓鼎在其所著《崇陵传信录》中说，“天颜戚戚，常若不愉，未尝一日展容舒气也”。

慈禧通过对其宠臣荣禄的任命，牢固地控制了京津地区的军事力量。荣禄“身兼将相，权倾举朝”，光绪的御令大多如泥牛入海，全国改良性诏书遇到地方顽固势力的抵制。两江总督刘坤一、两广总督谭钟麟根本不理睬御令，上面下旨催问，浑然不睬，置若罔闻。究其原因，还是对光绪能力的不信任，不看好其政治前景。

维新派则幼稚得令人哭笑不得。他们一度将改革成功的希望寄托在外来势力的帮助上。当时，伊藤博文卸去日本首相职位，以私人身份游历中国。9月14日这一天，伊藤到达北京，他的到来使心存幻想的维新派兴高采烈，于是奏请光绪把伊藤博文留在北京，作为顾问，“立予清职，使有议事之权”，“留之京师，著其参与新政”。9月16日，康有为到日本公使馆拜访伊藤，提出请他劝说慈禧“回心转意”。第二天晚上，维新派官员张荫桓又夜宴伊藤。在维新派的安排与策划下，光绪在9月20日接见了伊藤。

维新派将伊藤博文视为可以利用的外部资源，简直是疯狂到了极点。试想，以当时日本脱亚入欧的立国梦想，急于扩大生存空间的逐步谋略，伊藤又怎么会为建设一个强大的清朝而献计献策？这一点，此后的日俄战争、中日战争已验证。甲午战争输给日本后，中国派出无数留学生到日本学习。但作为帝王和维新的主要力量，将国家的成败看得像一场普通的体育比赛，将敌人视为赛后可以倾心交谈的对手，未免太过于轻率了。

同样的肤浅还表现在维新派和袁世凯的交往上。光绪接见伊藤博文时，他的“皇权”实际上已经丧失两天了。自1898年9月18日起，光绪在处理政务时，必须遵循原先“垂帘听政”的程序：每日各件折奏呈上来，光绪首先签拟一个处理意见，必须立即“恭呈慈览”，等慈禧认可发下来，“再行办理”。这说明，光绪再一次丧失了处理政务的权力。

这天早朝时，光绪心情无比沉重，垂头丧气地对大臣们说：“朕不自惜，死生听天，汝等肯激发天良，顾全祖宗基业，保全新政，朕死无憾。”

皇帝的消极态度对属下是最严重的打击。光绪言辞模糊，动辄心慌意乱，让维新派感到更加无助。后党集团发动政变夺取权力之时，维新派的集体反应只有战栗和哭泣。光绪让杨锐带出的第一道密折，杨锐“震恐，不知所为”，没有及时转交给康有为。其实，这个密折也没有什么内容。皇帝毫无主见，只是告以危局，命康有为与林旭、刘光第、谭嗣同等速议对策。

9月18日，康有为看到光绪先后两道密折，捧折痛哭，除拟折表示“誓死救皇上”、自己将于近日“起程出京”外，又召集梁启超、谭嗣同等维新人士商议救光绪之策。这时，维新派决定由谭嗣同去“说袁勤王”。谭嗣同夜访在天津训练新军的袁世凯，要求他带兵杀荣禄、围颐和园以救光绪帝。袁世凯慨然应允，只是声明“需要一定的时间”，但他当晚就密报荣禄。不知情的光绪帝于此后还召见袁世凯，袁世凯表现得唯唯诺诺，建议召张之洞相助。袁世凯知召见已被密控，自然也不敢多言。事后六君子被捕，刑部在这个时刻突然“民主精神”附体，要求组建特别法庭审判六君子，但被慈禧一语驳回，六人全部被迅速处决。

秀才造反，三年不成。如果背叛是一项事业，袁世凯的成绩远远比维新派好，果断与迟缓不决形成了鲜明对照。1898年，袁世凯背叛了皇帝；1911年，背叛了朝廷；再过五年，又背叛了共和国。而维新派和后来的革命者都还停留在打嘴仗的层面。维新失败后，流亡者乐于传播一个消息：宫中传言慈禧是荣禄的情人。康有为出逃后，发表了一个英文备忘录，共二十八页，其中有二十三页攻击荣禄，五页攻击慈禧和李连英。

江湖豪客的政治触觉都比维新派悟性好，从一开始，就有人认为让袁世凯兵围颐和园擒杀慈禧绝不可行。

《革命逸史》中介绍有志于推翻清朝统治的毕永年，“日往来于汉口、岳州、新堤、长沙之间，与哥老会诸首领杨鸿钧、李云彪、张尧卿、辜天祐、师襄、李堃等谋匡复事业，且投身会中，被封为龙头之职”。康有为最初不知道找谁来带兵围颐和园，于是想到了这名豪客，“以司令艰于人选，知永年为会党好手，遂欲委以重任，使领兵围园便宜行事”。

毕永年本来愿意立不世之功，但一问所带之兵从哪里来，才知道要取决于袁世凯，于是第一反应即是“此举绝不可恃”，干脆拒绝了康有为。不但如此，毕永年写信给谭嗣同，历陈其中的利害关系，劝其溜之大吉。事变后，毕永年受种种刺激，认为会党中的党徒见利忘义，不足以共事，愤然削发，投奔普陀山为僧，法号“悟玄”，后不知所终。

维新失败，慈禧以光绪患病为由将其软禁在瀛台。此消息通告各国在华使节，英国驻华公使窦纳乐（Claude Maxwell MacDonald）向总理衙门作了如下表示：“我坚信，假如光绪帝在这政局变化之际死去，将在西洋各国之间产生非常不利于中国的后果。”窦纳乐推荐了一名洋医入宫为光绪诊病，医生诊病后认为光绪健康得很，“血脉皆治，无病也”。

窦纳乐的行动是对慈禧及后党的公开警告。当时，慈禧对于废黜光绪，几乎作好了全部准备。李鸿章奉命将废立之事探询各国使节后，不得不向慈禧表明：“此事（废黜光绪）若果举行，危险万状。各国驻京使节首先抗议。各省疆臣更有仗义声讨者。无端动天下之兵，为害曷可胜言！”对于来自外国的反响，慈禧不能不重视。甲午战争后的清廷已逐渐成为一个完全仰洋人鼻息以自存的政权，慈禧再无公开对抗这些警告的胆量。这样，来自中外的强烈干预，终于迫使慈禧“非常之谋竞寝”，放弃了废黜光绪的想法。

英国公使等对光绪帝位之所以非常担心，并非西洋各国一致认为他是一位雄才大略的君主，而是慈禧及以其为代表的清廷让外国人感到更加难堪。相形之下，光绪帝位的保存对他们更为有利。戊戌变法失败，慈禧太后立端郡王载漪之子溥儁为“大阿哥”，以取代光绪。由于得不到的列强支持（因为溥儁是支持义和团的载漪的儿子），并且百官竭力反对而失败。

请注意窦纳乐所推荐医官的言论，虽然不足以证明光绪“无病”，但一个二十七岁的青年君主，也很难说得上有什么早夭的症状。

光绪三十年五月十四日，外务部右侍郎伍廷芳与日本驻京公使内田康哉一席长谈。此后，内田将其所闻向日本外务省作了较为详细的报告。此报告之开头部分称：

伍廷芳前与本使述及，欲详加密谈一事。上月十三日夜，伍悄然来访，就时局问题、满洲善后策、清朝已无改进之望、清宫廷内情以及自己立场等作长时间交谈。

内田报告提到：

伍又语及清国宫廷之现状。言太后于清朝妇人中诚为人凤，但终不免于妇人之见。于近来尤念余生之安乐。每日日课，听毕军机大臣奏问及各地地方官之奏报后，又暂读日刊京报。其后便入颐和园内行乐度日。至于皇帝，始终受制于太后，大臣拜谒自己之时，草草一二言，一切问答，据依太后行事。问及近来皇帝与太后之关系如何，伍不作直答。对皇太后驾崩后皇帝会如何之问，伍言道：亦如世间传闻，诚为清国忧心之事，万望无生此变。伍话中之意，皇太后驾崩诚为皇上身上祸起之时。今围绕皇太后之宫廷大臣，及监官等俱知太后驾崩即其终之时。于太后驾崩时，当会虑及自身安全而谋害皇上。此时，万望能以我守备兵救出皇帝。

被软禁在瀛台后，光绪并非完全丧失了东山再起的机会，可惜他的性格中实在缺乏坚毅果敢。《庚子国变记》说，慈禧在西狩之后，“每见臣工。恒泣涕引咎。臣下请行新政，多所采纳”。而光绪依然既不韬晦，又不反抗。《近代稗海》有一段记载：回銮未数日，大臣即议筹款建正阳门楼。光绪说：“何如留此残败之迹，为我上下儆惕之资。”而慈禧却以诸臣之议为是，还召“外优”演剧。光绪说：“这是何等时光，还唱得什么戏。”一个小太监听到，大声问：“你说什么？”光绪赶紧说：“我胡说，你千万莫声张。”

在中国历史上，当权者意外死亡，有“斧声烛影”、“杨广篡位”等数次，但光绪注定和这等计划无关。

皇上的优柔寡断，使官员们对其下场也心照不宣。外务部右侍郎伍廷芳在

1904年对日本公使内田康哉的一席话，透露了一个秘密：光绪皇帝必定会死在慈禧太后之前。光绪皇帝的翰林院侍读学士、起居注官恽毓鼎后来写成了《崇陵传信录》，其中也证实慈禧曾经说："我不能先尔（光绪）死。"

最后，光绪果然死在了慈禧之前。曾经是清宫御医的屈贵庭在《逸经》杂志二十九期上发表过一篇文章，回忆在光绪死前，他最后一次进宫为皇上看病，发现光绪本已逐渐好转的病情突然恶化，在床上乱滚，大叫肚子疼。三天后，光绪便死了。这位御医认为，虽不能断定是谁害死了光绪，但可以肯定光绪不是因病死亡，而是被人暗中加害。

2008年11月2日，通过一系列现代专业技术手段得以确证：光绪帝突然"驾崩"系急性胃肠性砒霜中毒所致。清西陵文物管理处负责人介绍，光绪帝坟墓（清西陵的崇陵）虽曾被打开，但经清理后封闭，留下若干头发、遗骨和衣服等得以保存。

在不能开棺直接检验，且时隔久远、检材条件很差等不利因素面前，专家们历时五年，由光绪帝头发中的砷含量入手，利用"中子活化"、"X射线荧光分析"、"原子荧光光度"等一系列现代专业技术手段，通过开展对比、模拟实验、双向图例等工作，对清西陵文物管理处提供的光绪帝遗体的头发、遗骨、衣服以及墓内外环境样品进行了反复检测、研究和缜密分析。经科学测算，光绪的头发截段和衣物上含有剧毒的三氧化二砷（即砒霜），其腐败尸体仅沾染在部分衣物和头发上的砒霜总量就已高达二百毫克。

历史学家列出了一份长长的可能下毒者的名单：慈禧、李连英、袁世凯……甚至光绪的妻子隆裕。除非出现明确的证据，这几乎已经成为永远也无法查清的谜案。这份嫌疑人名单，最多只能算是这位当断不断、反受其害的皇帝的殉葬品。

毒物

一个皇帝是不应该随随便便死去的。他活着的时候，吃饭、出行，甚至做爱都不可能随随便便，何况死亡？当光绪腐败的尸体仅沾染在部分衣物和头发上的砒霜总量就已高达二百毫克的结果出来之后，人们想起了拿破仑。砒霜，一种古老的毒物再度走上了历史舞台。

三氧化二砷，俗称砒霜，分子式As_2O_3，是最具商业价值的砷化合物及主要的砷化学物料，无臭无味，外观为白色霜状粉末。这是某几种特定的矿物处理过程中产生的高毒性副产品，例如冶炼金矿、高温蒸馏砷黄铁矿（毒砂），冷凝其白烟，就可得到砒霜。

光绪三十四年三月初九的“脉案”，御医曹元恒写下了这番话：皇上“肝肾阴虚，脾阳不足，气血亏损”，病势到了无药可用的严重程度。同年五月初十的“脉案”，御医陈秉钧写有“调理多时，全无寸效”的话。江苏名医杜钟骏为皇帝看过病后也表示，“不求有功，只求不出差错”。同年九月的“脉案”指出，此时光绪的病状更加复杂多变，脏腑功能已全部失调。

也许这些档案有利于推翻光绪被毒死的结论，但英国驻华公使窦纳乐推荐的洋医的诊断结论也不可忽视，他说光绪“血脉皆治，无病也”。

和死在光绪八十七年之前的拿破仑相比，两者的共同点在于多年幽禁的郁郁寡欢，死亡之前的突发急症。

历史上，砒霜家族（砷化物）就是毒药之王。这种完全无臭无味而又容易携带的毒药，在许多家族财产的继承表演中扮演了重要角色。由于砷中毒的症状和腹泻、食物中毒、霍乱以及一些正常疾病的症状相似，所以它成为杀手们常备的首选药物。宋太宗杀死李煜之后，又陆续有多位皇族成员去世。人们说，这位皇帝在毒物学上造诣颇深，估计就是对砷化物有深入研究。

20世纪50年代，瑞典牙医斯滕·弗斯胡夫韦德（Sten）确信，拿破仑就是死于慢性砷中毒。他曾提出要求接触拿破仑遗体，被拒绝了。拿破仑的侍从路易·马尔尚（Louis Machand）在其死亡的那天从拿破仑身上拿到的一根头发，最终落到了斯滕的手里。这根头发于1960年在格拉斯哥大学法医学实验室，接受了中子激活分析（NAA）。

结果令人目瞪口呆：那根头发的砷浓度高达10ppm（百万分比浓度），几乎是正常含量的十三倍之多。汉密尔顿·史密斯教授（Hamilton Smith）当时提供了分析理论：头发的生长周期大概是每天0.014英寸，如果砷是从自然环境中吸收的，那每段头发都应该一样，而拿破仑头发的各段含量不同：从最低的2.8ppm到最高的51.2ppm。1974年，斯滕和本·魏德（Ben Weid）在合著的《圣赫勒拿岛上的谋杀》里断言，拿破仑身上曾经显示出三十四种已知砷中毒症状的三十种！

但是，他们的结论也遭到了很多质疑。有人认为，斯滕以0.8ppm为正常人头发砷含量标准并不“标准”。在污染严重的墨西哥城，头发中砷含量4ppm并不罕见。此外，孤立地对某一个人的头发进行测验，而没有同时代在圣赫勒拿岛上居民头发的样本，结论不足以让人信服。

1862年，曾经是拿破仑战友的弗拉奥伯爵（Flahaut de la Billarderie）嘲讽说：“过去二十年间我所见到的据称为拿破仑头发的东西是如此之多，简直可以织成地毯铺满整个凡尔赛宫了。”

法国人怀疑，英国人杀死拿破仑也许不是用砒霜，而是用糟糕的医疗技术。我们为20世纪医疗技术的伟大进步而惊讶，深感过去的医疗活动是何等令人恐惧。大致来说，西方医学最有价值的理论，在一千多年的时间里基本上是建立在一套“见鬼的”理论上的。最有影响力的撒伦诺学派是真正的中世纪医学学术机构。他们说，正如世界是由四种元素组成的一样：火气水土，人体也存在同样四种相对应的液体。十字军生病期间，他们首先会向某个圣人的脚趾或者其他部分祈祷，以求早日康复。圣物是最后的药方，包治百病，每个圣人都有各自的招数：圣布勒斯专门治疗卡在喉咙里的刺，圣阿加沙专门治疗发炎的乳房。1881年7月2日，美国第二十任总统加菲尔德（James Abram Garfield）在华盛顿被刺客打中。医生很快赶到，他用一根未经消毒的金属探针找子弹。格雷汉姆·贝尔（Graham Bell）用一个线圈在总统的身上移动，试图通过电磁感应找到子弹。他检测出一个地方的感应最大，但是医生并没有在那里找到什么。9月19日，总统去世了。尸检发现，子弹在距离那个地方十英寸的位置。不过，贝尔的发明后来被改成了地雷探测器。

光绪帝的坟墓中留有若干头发、遗骨和衣服等，因而有关砒霜致死的结论，实际上比拿破仑要可靠得多。

第九章

袁世凯，忠诚与背叛

1908年，袁世凯任军机大臣兼外务部尚书，这时他已经进入了中国最高统治者的行列中。《纽约时报》当年6月14日刊登了一篇对他的采访，记者托马斯·米拉德（Thomas Millard）说，他看到的袁世凯就是“健康和精壮的化身”。

1912年1月16日，北京冬季的寒风吹过乔治·恩斯特·莫里森（George Ernest Morrison）的马车。马车行至丁字街，时近中午，店铺中却食客寥寥。那时的中国，不少劳苦大众一天只吃两顿饭。

在中国历史上，更多的人将莫里森称为“莫理循”，他是袁世凯的老朋友，也是老资格的外籍顾问。莫理循出生于澳大利亚，1894年从上海步行到仰光，写下了《一个澳大利亚人在中国》，记述了自己用十八英镑完成三千英里行程的故事，算是历史上最早的穷游中国的外国背包族。凭借这段不寻常的经历，《泰晤士报》将其聘为通讯员，并资助他继续从曼谷到昆明一线，以及后来穿越东三省的旅行与采访。

这是莫理循在北京的第五个年头，此时他多了一个新身份：军机大臣兼外务部尚书袁世凯的顾问。他的马车就在袁世凯的车队中。这位中国最有权势的人刚好退朝，带领大帮幕僚、卫兵，乘马车出东华门，行经东安门至丁字街，也就是今天的王府井。

此时，莫理循听见了重物飞过的声音，爆炸！车队迅即陷入了混乱。

“我马上意识到有人投掷炸弹，一匹马冲过追赶的人，片刻的沉寂之后，袁世凯乘坐的马车在卫兵保护下迅速从出事地点冲了出来。感谢上帝，袁世凯安然无恙。”莫理循后来回忆说。

但莫理循没有预知到，他当时担心的这名中国英雄，随后会走上称帝的道路。莫理循之于袁世凯，就像当年贝多芬之于拿破仑，从钦佩到不理解到最终唾弃。在以往的政治生涯中，袁世凯的所作所为只有两个字：背叛。他背叛朋友，背叛朝廷，背叛皇帝。很少有人探及他的真实内心——他只忠于自己。

这就是东华门事件，又称丁字街炸弹案。辛亥首义之后，北方地区京畿附近的起义被袁世凯消灭得一干二净。革命党人认为，如果不除去袁世凯，中国统一并迈向民主的最大障碍就不可能消除。1912年1月16日，革命党人黄之萌、张先培、吴若龙、钱铁如、杨禹昌、郑毓秀、罗明典等十八人，预先埋伏在路边店铺楼上。当他们看到车队驶来时，纷纷扔下炸弹，当场炸死袁的卫队长等十余人。但黄之萌、张先培、杨禹昌等十人被捕。1月17日，黄、张、杨等人在北京就义。

1907年，袁世凯任军机大臣兼外务部尚书，这时他已经进入了中国最高统治者的行列中。《纽约时报》当年6月14日刊登了一篇对他的采访，记者托马斯·米拉德说，他看到的袁世凯就是“健康和精壮的化身”。袁世凯额广颧高，目光威严，躯干宏伟，算得上一美男。然而他两腿甚短，有点儿不成比例，举步遂有蹒跚之态，时人戏称其为“半截皇帝”。不过，美国人一向重才不重貌，富兰克林·罗斯福的小儿麻痹症也未能阻止其走向总统之路，袁世凯这“半截”又何足道哉。

此时的袁世凯，逐渐成为西方世界极为关注的关键人物。西方媒体有一种看法，如果中国在袁世凯这样的人手里发生重大变革，甚至比孙中山等人领导的革命更加有利。

1905年，时任美国陆军部长的威廉·塔夫脱（William Howard Taft）访问上海。塔夫脱体重肥胖，超过三百磅。在菲律宾担任总督时给友人去信，说骑马走了三十英里，结果对方不问他，而回电问“马怎样了”。

在中国，访问团一行在长城边野餐，参观皇帝的紫禁城，在钟鼓楼俯瞰北平城。袁世凯后来对米拉德说，他希望塔夫脱竞选总统成功，因为塔夫脱“对远东的了解更多”。

1905年，塔夫脱离开上海回国后的表现，让袁世凯对美国人的能力感到钦佩。从中国出发的两天后，塔夫脱一行抵达日本，他和日本首相桂太郎达成了协议，这份协议正式结束了日俄战争。因此，当时的美国总统西奥多·

罗斯福赢得了1906年诺贝尔和平奖。《塔夫脱—桂太郎备忘录》以承认日本对朝鲜的自由处置权，换取日本放手菲律宾和支持美国“门户开放”政策的承诺。美国宾州大学历史系副教授、美日关系研究专家弗雷德里克·迪金森（Frederick Dickinson）认为，《塔夫脱—桂太郎备忘录》是外交史上的重要基准。

米拉德感受到了袁世凯对强大国家的景仰。这位美国人说，他对中国的印象是，大清朝的管理体制和民众从本质上都是趋向民主的，“如果民主的历程一经启动，就将极大地增加帝国复兴的可能”。

对于如何获得西方人的好感，袁世凯比所有的满洲贵族都做得好。他说：“美国一直是大清朝的朋友，并且贵国从未错过以任何机会以无私的方式表示出这一点，我们更加信任美国。”

然而，袁世凯从来没有相信国家可以通过“民治”而强盛。在东亚国家历史中，人们只对君权、强权感兴趣。

二战之后，日本的华族才告终结，而那个时候，博闻强识的吉田茂（后担任日本首相，其外孙麻生太郎后亦曾任首相）也仿佛几十年前的袁世凯，不肯相信日本可以走民主的道路。面对盟军司令部民政局的查尔斯·凯德斯（Charles Kades）上校，他说：“你认为能把日本变成一个民主国家吗？我认为不能。”“我们可以试试。”上校的回答证明了美国人改变历史的决心。

袁世凯虽不对民主政治感兴趣，但其势力的庞大已经让他成为当时中国政坛上的翘楚。

按照《三国演义》的套路，有人给袁世凯集团作出如下分类。最亲信者有九才人、十策士、十五大将：徐世昌雄才，杨杏城逸才，严范孙良才，赵智庵奇才，张季直桀才，孙幕韩隽才，阮斗瞻清才，周辑之长才，梁燕孙敏才。杨度善辞，王揖唐善谋，张仲仁善断，曹汝霖善计，陆宗舆善策，章宗祥善治，汪衮甫善政，金伯屏善文，顾巨六善道，施鹤雏善事。福将王聘卿，主将冯华甫，重将段芝泉，儒将张金波，老将张子志，猛将张绍轩，守将田焕庭，勇将曹仲三，大将倪丹忱，战将段香岩，健将雷朝彦，胜将陆朗斋，强将江宇澄，骁将田韫山，武将陈二庵。

袁最得力的朋友莫过于徐世昌。年轻时，袁世凯凭借世家底子和随军入朝的积累，慷慨好施，招罗了大量有能力的寒士。徐世昌有意投奔，前往袁世凯的府邸，恰逢袁世凯的门人外出，徐直接闯入，与正在书斋读书的袁不期而遇。一席长谈后，二人互相倾服。徐家贫苦，袁资助他入京城应试。徐世昌考取进士后，袁世凯对其更加器重，常对人说："菊人，妙才也。"袁曾问徐："我可与哪位古人相比？"徐说："诸葛亮。"袁说："岂敢，岂敢。"又说："公他日功业名望当不在谢安、王衍之下。"徐说："安石、夷甫何许人也？以沙石比珠玉，令人汗颜。"

袁世凯的儿子袁克文却说，叔叔辈的徐世昌是"不搽粉的曹操"。之所以作此评价，原因是传说徐和袁曾誓言废科举，但徐世昌昂然去参加了考试。据说后来袁世凯还试图和对方"讲道理"，但徐表示这不过是求出身而已。当年，吴稚晖和梁启超等人约好不参加考试，但梁启超去了，直接导致吴和梁终生不来往。不管怎样，袁世凯和徐世昌的个人关系一直都很好。两人在玩弄清政府和孙文的道路上，相互协助，一唱一和。

说到袁世凯，就不能不提到小站练兵。

小站原为退海之地。《沧县志》在"中塘洼条"下称它为"下污"，明代盐场管辖之下的一个草荡而已。清同治九年（1870年）天津教案发生，大沽口同时出现了英美法三国的军舰。同治帝下旨，要李鸿章的淮军去附近驻扎。李出任直隶总督后，其亲信周盛传部的"盛字军"九千人由临汾调往天津，次年开始于青县马厂驻扎，之后又设防新城（今属塘沽）。同治十三年（1874年），清廷在马厂和新城之间修筑了"马新大道"，沿途设立驿站，规定四十里一大站，十里一小站，共设大站四所，小站十一所。光绪元年（1875年），"盛字军"由马厂移屯涝水套，这里是大沽以西的第五个驿站，军士习惯称"小站"，这就是其地名由来。

既然是"退海"之地，军队在此还得提防海啸。光绪二十一年（1895年），比新建陆军早九个月成编的津郡团练"津胜三十营"，当年正月才由统帅曹克忠整编完毕。四月，一场突如其来的海啸把全军吞没无遗，只剩下了"营盘圈"——成为小站附近的一个地名。

"盛字军"在小站训练时，步兵已由冷兵器时代的大方阵，改为能适应热兵器作战的"散星阵"。提起这个名字，很容易让看过《说岳传》的中国人产生误会。旧时的散星阵，又称撒星阵，是岳飞当年对抗金兵的标志性阵法。他靠着这一阵法用少数步兵大败兀术的精锐铁骑，从而闻名天下。其具体用法大致是，骑兵冲来时不正面硬挡，只求尽量避开，而当骑兵转向或减速势衰时，步兵们便一拥而上。

新军的散星阵，指现代战法中不密集成队冲锋。“盛字军”在冬训中对“枪炮有准者”发给五品、六品功牌。李鸿章来检阅，周盛传挑选出精壮兵勇参加“悬靶考试”，三百步能五枪全中者，赏银五十两。光绪十年（1884年），李鸿章请来一批德国教官任教，德国教官李宝在检阅了“盛字军”后颇为满意，认为中国军队目前学习的操典和西方军队大同小异，稍作变通即可。光绪十一年（1885年），周盛传病故，由其弟接收“盛字军”。后来中日甲午战争爆发，“盛字军”奉调丹东，在战争中全军覆没。

1894年冬，也就是“盛字军”退出历史舞台的当年，清政府命广西按察使胡燏棻收编淮军残部，招募新兵四千七百五十人在天津小站编练新军。胡将这些人编为十个营，命名为“定武军”。编练工作刚开始不久，清政府又急切地命令胡燏棻去督办津芦铁路，于是军队领导人选需要重新物色。清廷对此进行了详细考察，“督办军务处”大臣荣禄、李鸿藻、翁同龢联名保举袁世凯担当此任，认为袁“朴实勇敢、晓畅戎机、颇有声望”，等等。于是，1895年12月8日，督办军务处正式委派袁世凯督练新军。

既然是新军，建制也完全不同。袁世凯到任后，“定武军”改为新建陆军，兵额招到七千二百五十人。大体分步、炮、工、骑四个兵种，以步兵为主，分编为两翼，左翼辖两营，右翼辖三营，其余炮、工、骑兵各设一营。营以下编制为队、哨、棚（连、排、班）。

训练新军，袁世凯网罗的人才无不大名鼎鼎，在中国历史上，从小站走出的、当到各省督军以上官职者有三十四人，其中包括四位民国总统（袁世凯、冯国璋、徐世昌、曹锟）、一位行使总统职权的临时执政官（段祺瑞）。甲午战争后，冯国璋本来在驻日公使馆当武官，回国后将自己编写的关于日本军制的兵书进呈聂士成阅览。聂士成将冯国璋的书转给袁世凯，袁看后大喜，将冯调到小站任督操营务处帮办兼步兵学堂监督。段祺瑞在武备学堂炮兵班毕业后，被李鸿章派往德国学习军事，回国后到威海卫炮兵学堂任教师。袁世凯将其调到小站任炮兵营管带兼炮兵学堂监督。王士珍于武备学堂毕业后，到正定主办随营炮队学堂。甲午之战中带学生入朝参战，后在聂士成军中供职。袁将他调到小站后任督操营务处帮办兼讲武堂总教习，后提升为工程营统带。

以袁世凯署名的《训练操法详晰图说》一书，其实就是出自冯、段、王三人之手。据说某德国教官在阅兵时，看到三人带兵训练，其势雄浑，军容整齐，于是挥鞭一指说："此三人者，堪称北洋军中之杰。"由此便有了"北洋三杰"的说法。后来民间又以其各自性格，将这三人形象化地称为"王龙"、"段虎"、"冯狗"。

往下级别的骨干中，曹锟、王占元、段芝贵、张怀芝、卢永祥、陆建章、李纯等人，都来自新式的武备学堂，对新建陆军有着个人体会。姜桂题、张勋、倪嗣冲等人从旧军队出身，虽然军事理论上差了一些，但对长官盲目服从、忠诚可靠，也被袁世凯视为新军不可缺少的部分。

袁世凯深知旧军队的陋习和弊端，招募新兵时一改草率的抓丁方式，偏好年龄在二十岁左右的农民，身体强壮，性格朴实。至于老弱病残、吸食鸦片、娇生惯养者一律不要。他认为，当兵要有强健的身体，要能吃苦，老实巴交的农民听话、好管理。

这并非新式军队领导人才意识到的素质。戚继光《纪效新书》的第一卷《束伍》第一句话就说道："兵之贵选，尚矣。"他根据多年带兵经验，认为选择士兵"第一切忌，不可用城市油滑之人"。那什么才是戚继光最先考虑的呢？"第一可用，只是乡野老实之人。所谓乡野老实之人者，黑大粗壮，能耐辛苦，手面皮肉坚实，有土作之色，此为第一。"

戚继光还进一步讨论了挑选士兵的标准，"或专取其丰伟，或专取其武艺，或专取其力大，或专取其伶俐"都不对，他主张"必以胆为主"，意思是选人要以胆量为主。如果没有胆量，没有精神，临事则怕死，一切能力都发挥不出来。戚继光的这一主张，从古到今都是优秀将领的同识。何良臣在《阵纪》开宗明义："最喜诚实，独忌游闲；不在武技勇伟，而在胆气精神。宜于乡落田农，深畏市井狡猾……首取精神胆气，次取膂力便捷。须二十岁以上，四十岁以下者选之。"他继续分析说，"大率其选务精，而其用在胆。伶俐而无胆者，临敌必自利；有艺而无胆者，临敌忘其技；伟大而无胆者，临敌必累赘；有力而无胆者，临敌心先怯。俱败之道也。"

袁世凯忠实地进行着自己势力培养的步骤。德国和日本的军事建制、战术、技术和操典，在小站练兵时期都是军队学习的主要内容。在徐世昌的主持下，诸多内容被混编起来。最初洋教官提出基本训练二十九条，从军官到士兵都进行了不同程度的学习。士兵中很多人不大识字，于是袁世凯编纂了《新建陆军操法详晰图说》，帮助他们迅速理解操练内容。《陆战新法》、《德国军政要义》、《日本陆军大学战术讲义》等军事理论书，则是中下级军官必须学习的。

为了培植个人势力，袁世凯一改吃空额、克扣军饷的旧军队劣习。每次发饷，他都亲自监督营官，把军饷足额发到士兵手中。他经常深入各营，接近下级军官和士兵，不要说各级军官和幕僚，他甚至连棚头（班长）都能叫出名字，并了解他们性格的优缺点，以便用其所长。袁世凯治军严明，曾告诫兵士说："用命者乃手足，违令者即寇仇。"如此鲜明的爱恨，让士兵和军官都闻之悚然，不敢不以军令为最高准则。

一年之后，督办军务处大臣荣禄到小站检阅新建陆军，深为动容。他在给皇上的上书中说："近年所见各军，尚无出其右者。"1898年，英国议员贝思福（Lord Charles Beresford）爵士到小站参观袁世凯的新建陆军后，也作出很高的评价。于是清廷群臣认为新军战斗力可期，盛赞其"一举足则万足齐发，一举枪则万枪同声。行若奔涛，立如植木"。

追溯到小站练兵之前，袁世凯已经奠定了个人威望。权倾一时的李鸿章对这名当时官阶不高的后辈青眼有加，其中最为主要的原因是他在朝鲜的表现。

1882年，清宗藩体系属国朝鲜内乱，求助于清廷，袁世凯随淮军将领吴长庆入朝。袁世凯的父亲袁宝庆是吴长庆的结拜兄弟，因此后者在军中给袁世凯安排了一个营务处会办的职位。

1882年8月25日，清军开赴汉城，两天后就拘捕了大院君李昰，并立即将其押解到天津（后被慈禧幽禁了四年多）。8月底，日军见清军人数已超过三千人，便不再增兵，免得在本方没有准备好的情况下，和更多清军发生直接对抗。8月30日，朝鲜和日本签约了《仁川条约》。朝鲜方面对清军帮助维持局面表示感谢，并请求派员驻留、训练军队。李鸿章相机而动，要吴长庆负责具体事宜。吴则授权袁世凯参与编练"新建亲军"左右两营以及"镇抚营"。后来，吴长庆在报功表中称袁世凯"治军严肃，调度有方，争先攻剿，尤为奋勇"，李鸿章上报朝廷，晋升其为候补同知，并赏顶戴花翎。

1884年，日朝再度爆发危机。此时，袁世凯挺身而出，成为真正的主角，体现了其后来在中国历史上一贯善于抓住机会的特点。这一年，中法战争爆发，李鸿章令吴长庆将一半兵力（三个营）带回金州，另外的三个营归记名提督吴兆有、总兵张光前统率。袁世凯被任命为军政负责人，“总理营务处”，参与会办“朝鲜防务”。

吴长庆一走，日本驻朝鲜公使竹添进一郎觉得机会来了。于是，在美国公使福久的帮助下，日本策划了12月4日“朝鲜之变”。开化党人洪英植和日本士兵一起挟持了国王李熙。悲剧的是，开化党人准备将他囚禁在江华岛，而日本执意要把李熙押解到东京，于是双方在事变后马上就开始内讧。

这种矛盾并不是不可调和的，随着时局的变化，每个参与者都面临生死选择。此时，朝鲜的大臣中不少人前往清军营地，要求其出兵平息叛乱。开化党人打算干脆公开废掉李熙，然后立幼君，宣布脱离和清朝的关系，投入日本怀抱。吴兆有不知所措，只好先按照程序，一方面给日本驻朝鲜使馆发信，要求日本从朝鲜撤离军队；一方面赶紧派人向北洋大臣李鸿章请求指示。

当时，给李鸿章的请示报告通过快轮“泰安”号送出。轮船刚走，袁世凯就提出了自己的意见：绝对不能等下去了，为将者应该相机而动。他警告说，如果再不发兵，朝鲜作为清朝属国的地位不但不保，连在朝鲜的清军也进退不得，他们几人或许将死无葬身之地。于是，吴兆有和张光前都同意出击。为了不在外交上给清朝带来被动，行前，清军还照会了驻朝日本公使竹添进一郎，表示将进入朝鲜王宫平叛。

12月6日傍晚，两千名清军在朝鲜本地军人的协助下，收复了日本和开化党人占领的王宫，并找到了国王李熙。竹添进一郎连夜带领日军逃离，但日本在朝鲜的侨民在此次事件中被本地人围攻，损失很大。清军此时充当了维和部队的角色，他们把日本侨民保护起来并送走。

中日双方随后进行了大规模对峙，此时伊藤博文力主不和清军开战。他认为“速节冗费，多建铁路，赶添海军”，才是日本确保击败清军的上策。可以这样说，袁世凯见证了中日双方实力的变迁。1885年，伊藤博文前来天津和李鸿章的谈判时，李鸿章还敢说，如果日本一味要决裂，那中国只好打仗了。这句话当时带给日本人很大的震动，不敢轻易发招。

李鸿章认为袁世凯实战能力强，足智多谋。1885年，袁世凯带着李鸿章给国王李熙的一封信去朝鲜赴任，表面上他的任务是驻扎朝鲜交涉通商事业，实际是驻朝全权大使。李鸿章在信中建议李熙“外交紧要事宜，望随时开诚布公，与之（袁世凯）商榷，必于大局有裨”。

袁世凯在朝鲜表现出的果断，给李鸿章留下深刻印象。1894年，袁世凯被李鸿章保举为驻朝总理大臣。袁回国之后，李鸿章逐渐意识到，这位后辈的野心大得惊人。此时，他已垂垂老矣，时间成为他唯一的敌人。李鸿章无法和袁世凯周旋下去了。1901年，李鸿章离开了人世，袁世凯升任直隶总督兼北洋大臣，接过了李的衣钵。

袁世凯人生中的危机，在慈禧和光绪双双归天后到来。1909年1月2日，摄政王载沣以袁世凯“患足疾，步履维艰，难胜职任”为由把他“开缺”。在此之前，载沣甚至想过杀掉袁世凯，要不是张之洞等重臣上奏，建议对袁世凯要冷静处理，袁早就成为刀下之鬼了。

两人最激烈的一次冲突发生在1906年的某次内部会议上。据说，当时载沣少见地愤怒了，拔出枪对准袁世凯。1908年11月22日，《大公报》上登出“袁世凯奏请速开国会，实行宪政以安人心”的新闻，日本的《朝日新闻》等重要海外报纸也在显著位置报道了这一消息，袁世凯和掌权满洲贵族的矛盾越发突出。在这个时候，康有为上书摄政王，要求杀掉袁世凯，“为先帝复大仇，为国民除大蠹”。

北京已经容不下袁世凯，他最好的结果就是归隐老家。这一点，袁世凯做到了全身而退。就像当年司马懿的选择一般，只能等待。袁世凯自从和大哥闹翻之后，不想再回河南项城，而在河南彰德（安阳）的洹水北岸买了一座宅院，安身隐居。

安阳洹上村，相传商朝名相伊尹在朝中遭人诽谤，到此隐居三年，后来商王亲自前来迎他复任。洹上村位于河南、直隶交界处，交通方便，离京城也算近。安阳也是袁绍的发祥地。袁世凯觉得，洹上村对自己是一块吉祥宝地，还在小站练兵的时候，就买下了这里两百多亩地，没想到此时派上了用场。

归隐期间的袁世凯，每天的生活都很有规律。儿子袁克文随父亲一起回到洹上，爷俩经营园林，亲手疏理池沼，种植卉木，忙得不亦乐乎。当时的《东方杂志》上曾刊登了一幅著名的《披蓑垂钓图》，袁世凯以此明志，表示自己归隐山林，不问世事。但是，袁世凯虽然头戴斗笠，手执钓竿，闭目养神，似有决裂于仕途之象，但整体造型，无法不让人想起志不在钓鱼的姜太公。

其中令人发笑的细节之一是，他故作淡泊，却在《自题渔舟写真二首》中，赫然写下了“野老胸中负兵甲，钓翁眼底小王侯”，野心大白于天下。

在洹上，袁世凯还设立了一间电报房。凭借这个，他足不出户就可以知道最新的消息，从而掌握机会。辛亥年，他终于借机翻身，一举扳倒了清廷。

袁世凯最大的手段，就是善于网罗人才。哪怕从情理上应该是不共戴天的敌人，也能化解前嫌成为朋友。比如荫昌。荫昌是清王朝灭亡后又出仕民国的极少数满族权贵之一，貌似庸俗，实则巧黠。他历事数主，从不卷入政治旋涡。袁世凯和一些满洲宗室贵族交情深厚，仿佛天下原本不是满人的天下，而是大家在一家公司共事一般。他们之间平时还保持书信往来，家长里短尽在其间。1911年6月，他在致端方的信中写道：“兄衰病日增，行将就木，牛眠之区，去冬已卜得一段。”意思是，已经定下了自己百年后葬身之地。

袁世凯设立参政院时，大批召集前清遗老，引起了外界批评。袁解释说：“汉之良相即亡秦之退官，唐之名臣即败隋之故吏。政治不能凭虚而造，参政责任綦重，非富有经验者不理。”

最初，几乎没有人意识到他想当皇帝。一位外国记者写道，袁世凯在家中模拟登基，“袁世凯在那里坐着，他旁边是三位夫人的宝座，过了一阵，第二夫人还不见踪影，严令之下，她才姗姗来迟，但拒绝坐在指定的位置上。她抱怨说，袁世凯曾许诺她和第一夫人平起平坐。一听这话，第一夫人就从座位上跳下来，扑向第二夫人。”

1897年起，莫理循常驻北京。1912年，袁世凯聘他为政治顾问，并下令将北京最为繁华的王府井大街改为莫理循大街，以表彰他对中国的特殊贡献。1917年，莫理循辞职返乡。这位澳大利亚人曾说，他并不支持帝制，并对袁世凯称帝的举动非常失望。三年后，莫理循郁郁而终。

辜鸿铭对曾国藩、李鸿章甚至张之洞都不免贬词，对袁世凯更是毫不客气，曾在公开场合痛骂他是流氓、贱种，智商只能等于“北京倒马桶的老妈子”。辜鸿铭供职外务部时应诏陈言，以“用小人办外事，其祸更烈”，直指军机大臣、外务部尚书袁世凯。袁世凯登临大位，辜鸿铭公开撰文，说袁世凯之行为“尚不如盗跖贼徒，其寡廉鲜耻无气义乃尔耳”。袁世凯死去后，他在北京家中大宴宾客，庆祝袁氏归天。后来冯国璋、张作霖之流皆欲同罗其于帐下，军阀张宗昌也以山东大学校长之名相请，均遭辜鸿铭拒绝。

袁世凯的第九子袁克久娶了黎元洪的女儿为妻。黎元洪曾对人说：“项城（袁世凯）深沉过人。”闻者觉得此语玄妙，便追问：“他何处过人？”黎元洪回答说：“我与之周旋两三年，从未曾听他说要做皇帝。”

第十章

张之洞，成败的暗合

张之洞练洋务时主推的“汉阳造”，虽然没有赶上甲午战争，但此后一直到1945年抗战结束，堪称中国军队主力武器之一。由清朝新军开始，北洋军、北伐军、中央军，“汉阳造”武装了无数中国部队。

1909年10月4日，张之洞在北京白米斜街十一号院溘然长逝。中国俗语说："七十三八十四，阎王不请自己去！"他也没有迈过七十三岁这道坎。

张之洞去世，朝野上下痛惜不已，挽章极多。晚清经学家、文学家王闿运的挽联除哀伤外，似有馀痛，"老臣白发，痛矣骑箕，整顿乾坤事粗了；满眼苍生，凄然流涕，徘徊门馆我如何"。

"骑箕"一词，来源不浅。箕是星名，即二十八宿之一的箕宿。按照古代的星象，箕宿、尾宿两星之间有一颗"傅说星"，传说是殷王武丁的贤相傅说去世后升天变成的，所以后来传统诗文中常用"骑箕"、"骑箕尾"来指国家重臣之死。之前，咸丰赐给林则徐的挽联中也有此词，"答君恩清慎忠勤，数十年尽瘁不遑，解组归来，犹自心存军国；殚臣力崎岖险阻，六千里出师未捷，骑箕化去，空教泪洒英雄"。

从张之洞去世到辛亥革命爆发，只有两年零六天。如果当时他仍活在武汉，又当如何？

1911年5月9日，"皇族内阁"宣布"铁路国有"，这一下就触发了清廷和地方实业、群众的矛盾，激成民变。同年9月8日，保路同志军围攻成都，抗议转变为武装革命。这一百二十多天中，四川出现了三场以"破约保路"为中心，经和平请愿到罢市、罢课、抗捐、抗粮的强大风暴。这场风暴来势之凶猛，席卷地域之宽广，震撼力度之强烈，近代史上从未有过。面对这样的民间挑战，清廷生怕四川出事。1911年9月上旬，瑞澂奉命将第八镇第三十一标和第三十二标两个营调赴四川（少数人留守武昌），另将第四十一标和第二十九标的几个营、队分别调往湖北宜昌、襄阳、郧阳和湖南岳阳等地。这项调动，使湖北腹心地区清军兵力空虚，有利于革命者发动起义。

1873年7月，张之洞出任四川乡试副考官，又任四川学政。至1876年（光绪二年）12月，他一直在四川继续整顿科举积弊，年底任满交卸返京。1889年12月17日，已逾天命之年的张之洞乘船抵达武昌。他没有想到，从这时起一直到1907年进京，除两度暂署两江总督外，他担任湖广总督会长达十八年！

张之洞一生中将近二十二年的时光都生活在武昌和成都，如一首道情曲唱的那样，他和这场革命绝非毫无关系。

道情是中国古代独有的一种曲目。东汉末年《道曲音乐》制为乐章，用诗词歌曲等文艺形式编写道教题材，歌唱道义，合并起来就称为“道情”。

古人把道情视为一种高级艺术形式，信奉道教之道士，奉守论典传播教义。道情内容多为离尘绝俗、出世入世之类，形成了一定的音乐格式。13世纪以来，道情逐渐演变为民间曲艺演唱形式，到了清代，道情在民间流传更广了。

当时，武汉一首流行的道情曲风趣地唱道：“笑，笑，笑，笑那孤忠自矢的老香涛（张之洞字香涛），把清朝的铁桶江山断送了。你为甚废绿营多把汉兵招？你为甚办铁厂多把洋枪造？你为甚停科举打破读书牢？你为甚兴学堂聘请洋人教？只弄得晨钟暮鼓连城动，美雨欧风匝地高，种下了革命根苗。”

孙中山对此一度明言：“以南皮（即张之洞）造成楚材，颠覆满祚，可谓为不言革命之革命家。”

张之洞祖籍直隶南皮（今河北南皮），是唐朝名相张九龄的弟弟张九皋的第三十九代孙（元代张养浩的十六代孙）。道光十七年八月初三（1837年9月2日），张之洞出生于贵州兴义府，当时其父张瑛任兴义知府。张之洞年方十一，即被认为是贵州全省学童之冠，年纪尚幼就作《半山亭记》，刻于安龙招堤畔之半山亭，名噪一时。十二岁，张之洞在贵阳“出版”了自己的第一本诗文集。咸丰三年（1853年）回直隶南皮应顺天乡试，名列榜首（解元）。如果不是因其父守制三年错过考期，后又因族兄礼部尚书张之万连续两年为同考官，循例回避，张之洞参加会试并及第的时间还要提前。同治二年（1863年），二十六岁的张之洞终于得以入京会试，廷试对策因“指陈时政，直言无隐”，险些惹祸，好在大学士宝鋆力排众议，总算给了他一个二甲第一。结果他的试卷进呈两宫，反而得到了慈禧太后格外眷顾，特意将他点为一甲第三名（探花），赐进士及第。三天后参加朝考，张之洞又获一等第二名的好成绩，授翰林院编修。

这之后的六年里，张之洞似乎只是以“清流”领袖的方式议政。清流派标榜“严义利之分”，维持名教理学是其主要特点，从而在晚清内部形成了一个独特的政治派别。清流派，又有“前清流”、“后清流”之分：前清流以军机大臣李鸿藻为首，翰林院侍讲张之洞、张佩纶、陈宝琛算是中流砥柱。这些人多出生在北方，故又称“北派”；户部尚书翁同龢是“后清流”的主将，主要骨干为侍读学士文廷式、南通才子张謇和礼部侍郎志锐等，这些人大多来自南方，故称“南派”。

从光绪五年底至光绪六年（1879—1880）的一年多时间里，张之洞上瘾般不停地给皇帝提建议，共上疏达十九次之多。大事涉及皇统继承、言“中俄条约”、“十不可许”，并力主整修武备，与俄另订新约，治出卖主权的崇厚以“应得之罪”，请加强海防；又绝不放过地方上的治安细节问题，比如奏议四川东乡知县孙定扬“诬民为逆”。时人皆以“清流清谈误国”，将清流派谐音戏称为“青牛”，而张之洞这只“牛角”的表现，丝毫没有纸上谈兵的意思。

张之洞当官有庞统之风，行为不羁，但对其所处之地细节无不了然于胸。1875年，四川东乡（今宣汉县）知县孙定扬勾结地方劣绅，巧立名目，致使税额陡增近十倍。百姓难耐其荼毒，聚众请愿要求官府清算粮账，减轻负担。孙定扬担心丑事败露，便向省府先行谎报百姓谋反。署理四川总督文格没有官场经验，轻信了孙定扬所言，于是马上派遣记名提督李有恒率兵进剿，酿成冤杀百姓数百人的“东乡惨案”。事情发生后，清廷虽对当事人有所惩处，但明显量刑过轻，首恶仍逍遥法外。张之洞在四川学政任上，对冤案前后掌故了解甚详。于是，他在光绪五年（1879年）五月一日连上三道折子，详细叙述“惨案”始末，指责四川方面不明事理滥杀无辜。张之洞说明了聚众抗粮真相，有理有据地为东乡百姓鸣冤叫屈。这篇奏章一出，朝野上下一片附和，刑部不得不重审，致使多年冤案得以平反昭雪。按照新的判罚，孙定扬、李有恒被处以斩刑，文格被革职查办，其余一干知府、总兵、局绅等也被革职充军。

在四川的三年多，张之洞正当壮年（三十六至三十九岁），虽然其位在学政，但对官场了如指掌，绝非懵懂空谈之“清流”。他在中国近代历史舞台上的最初形象，就是敢于直言的清流派健将。他言必有故，字字句句切中要害。很多幕僚都了解，他对自己的汉语水平颇为自矜，一字一句不容他人更改。

这方面，他的幕僚颇受其影响。1885年，辜鸿铭在返回香港的船上，舌战几位肆意诋毁中国的洋鬼子，同船的广州候补知府杨玉书偶然得见，以他为经世奇才，推荐给两广总督张之洞。就这样，辜鸿铭进入了张之洞幕中，被委任为洋文案办理邦交事务。刚上任时，他看到西方人的公文中称中国货为native goods（土货），大为气愤。辜鸿铭认为native含有“生番、野蛮不化”之意，堂堂中华所产货物怎能以“土货”称之？立即动笔将之改成“Chinese”，明明白白地告知这是“中国货”。

张之洞平素的作息时间和庞统在耒阳为官时相似，庞统是三月不上班，他是几十年如一日不上班。

梁敦彦在武昌为两江总督张之洞做翻译和私人顾问，工作了十五年。他的“老板”张之洞既有才能又颇具菩萨心肠，但上班时间极其古怪。梁敦彦不知道何时该到“老板”那里去，也许是凌晨两三点，也许是其他时间，于是他的工作中，经常有无尽的等待。

张之洞起居无常，每日下午两点始入睡，到晚上十点起床视事。幕府中人及臣僚有事，一般都在夜半请求拜见。由于张之洞公务繁忙，这一等不是一两个时辰，甚至有候至天明才获得接见的。总文案李文石每日入署办公，都在晚十点以后与张之洞商洽公务，往往工作到翌日早晨。照理说藩台、臬台级别的官员，若在其他省份，一般在上午前来拜见总督，讨论公事。但上午刚好是“夜猫子”张之洞神疲体倦之时，于是官员们只好在门厅坐候，动辄数小时。至于道府以下属官就更惨了，有等好几天也见不到总督的。有时与客人谈话不到几分钟，张之洞忽然闭目假寐，鼾声大作，将客人冷落在一旁。客人不好惊动他，只得退出。这样的工作态度，也难怪大理寺卿徐致祥参劾张之洞“辜恩负职”，其中一条即为“兴居不节，号令无时”。

对这封弹劾他的奏折，清廷谕令粤督李瀚章查明。先前张之洞督粤时理财有方，李瀚章继任时应用裕如，心存感激，直接奏复道：“誉之者则曰夙夜在公，勤劳罔懈。毁之者则曰兴居不节，号令无时。既未误事，此等小节无足深论。”此事总算敷衍过去。倘若又有人弹劾张之洞平素“喜蹲椅上据案而食，不喜垂足而坐”，不知道李瀚章该作何解释——那的确是张之洞奇怪的个人秉性。

放眼清代官场，张之洞并非唯一的“号令无时”者。李慈铭捐官后在户部任主事二十年，基本不入衙署办事，终日“争事冶游”，“酒垆对集，灯宴无虚”。两者的区别是，李慈铭不办事，而张之洞只是要求大家的工作时间和自己的生物钟一致。

1882年1月7日，张之洞奉旨补授山西巡抚，实现了无数闲散京官的梦想——跃居为实权在握的地方大吏。在山西任上，张之洞遇见了一位改变自己人生道路的外国人：英国浸礼会传教士李提摩太（Timothy Richard）。李提摩太将自己所著《救时要务》、《富晋新规》及其他西方书籍赠与张，张因此深受西方思想影响。李提摩太提出了极富工业革命色彩的治晋方略，主要以开矿产、兴实业、办学堂等方式改变山西，藏富于民，开启民智。

四十五岁的张之洞观看了李提摩太氧气助燃、磁石吸铁等科学实验及炼钢法，第一次接触到西方科学基本知识。清朝愚昧落后的现实危机，激发了张之洞“经世致用”的思想。他第一次觉得，原来被视为奇技淫巧的西方科学，在现实中有着无穷的应用性，因此他说“塞外番僧，泰西智巧，驾驭有方，皆可供我策遣”。张之洞聘李提摩太为顾问，在山西初涉洋务运动：太原设洋务局，购买西学书籍仪器，修筑现代公路，筹办织布局，订购新式农具，在土法制铁、冶铁方面引入新方式……这些，都像是在为担任湖广总督做提前演习。

1884年5月22日，清廷下旨命张之洞署理两广总督，全权负责对法战事。在张之洞的精心策划下，清军在镇南关一役取得胜利。列强都在远东屡屡得手，而法军却意外“失足”，法国茹费理内阁因此倒台。然而，法国议会旋即通过了增拨军费、增调军队、扩大战争的新议案。张之洞的局部胜利无法从总体上扭转整个中法战争的大局势，内外交困的清廷不得不“趁胜即收”，和对方签订了《中法会订越南条约十款》，这是中国近代史上最为“优惠”的条约，因为不用割地赔款。

张之洞的洋务运动，并非偶然心血来潮，而是有所计划，步步为营，最终举国皆知。1889年11月，张之洞奉命调任湖广总督兼筹办芦汉铁路大臣。他在山西巡抚、两广总督任上，惊叹于洋人和中国人在生产能力上的巨大差距，认为如果不效法西方，就会失去发展的大好机会。可以这样说，在署理两广事务之前他醉心于清流，对外部世界几乎一无所知，而一头扎进对外事务之后，越发觉得在山西任上通过李提摩太接触到的西方科技的实用之处。

此时，对张之洞的任用，清廷还停留在传统的地方大吏要相互“牵制”的思路上。将张之洞调任湖广总督，清廷的主要用意是让他借筹备修建芦汉铁路之机，顺便在武汉开辟一处新的洋务基地。这样，张之洞就可以和北洋大臣李鸿章相互牵制、抗衡。在广州时，张就初步确定了施政方针：储人才，制器械，开地利，也就是兴办新式军事教育、开办煤矿和枪械厂。张之洞认为“有人才而后器械精，有煤铁而后器械足，有煤铁器械而后人才得其用，得之则权利操诸于我，失之则取予仰于人”，意思是这三项环环相扣，缺一不可。

武汉，有九省通衢之称的内陆城市，河运也未能改变它在当时的落后，但在张之洞任上，武汉迅猛发展，被外国人誉为“东方芝加哥”。武汉发展迅速，和张之洞把广州的旧部署全部“随身带走”有关。当时李鸿章之兄李瀚章接任两广，但他相当保守，认为张之洞的洋务工厂全是无用之物。在这个节骨眼上，李鸿章也来信希望其兄不要多事，认为张之洞在广州“抑扬铺张”、“大言无实”，断定“恐难交卷，终要泻底”。于是，张之洞索性要求将这些工厂迁到湖北，居然得到了李瀚章爽快的应许。而他个人原先为广州工厂订购的诸多外国机器设备，随之改变了目的地，直接运去了武汉。

汉水和长江在武汉被截成三段：武昌、汉阳和汉口。张之洞有意将三镇职能分开：湖广总督督府放在了武昌，以此作为行政中心；汉口以商务、外交为主，沿江是德俄英法日五国租界，不少清朝官僚也住于此；汉阳则布置了众多工厂，铁厂和湖北枪炮厂均在此处。

1894年6月30日，经过中国工人和西方技术员三年的艰辛努力，汉阳铁厂第一炉钢水顺利出炉，长江中下游的众多西方报馆纷纷发布消息，电告各国。其中一家报纸是这样写的：“汉阳铁厂之崛起于中国，大有振衣千仞一览众山之势……中华铁市，将不胫而走各洋面，必与美英两邦，角胜于世界之商场，其关系非同毫发……呜呼！中国醒矣，此种之黄祸，较之强兵劲旅，蹂躏老羸之军队尤可虑也。”

此时，清朝危机重重，朝廷无暇对“局部胜利”感到高兴。汉阳钢铁厂出铁半个月前，制枪厂由于管理不善，引发大火，房屋及设备几乎全部烧毁。1895年，侍读学士文廷式上疏，指出湖北枪炮厂不可半途而废。当时，该厂开办几年，几乎没有为军队提供任何有效的武器保障，上至局员、司事，下至工匠均多被裁撤。文廷式上疏时，张之洞兼任两江总督，清廷仍要求他直接参与管理湖北枪炮厂事宜，张之洞慨然允诺。他很快呈奏要求扩大规模，改换机器，增制无烟火药等，开出了白银两百万两的注资要求。

1894年6月25日，朝鲜和日本外交摩擦升级，按照以往的经验，在朝鲜驻扎的日清两方军队极有可能卷入。为此，光绪皇帝曾批评李鸿章备战不积极，并发布上谕说："口舌争辩已经无济于事，现日军已进汉城，再图挽救，已落后着。"

皇帝只要胜利，但对负责参与外交的官员，具体事务令人沮丧。在汉阳铁厂开业的前两天，远在朝鲜的袁世凯给李鸿章发出了急电，汇报又有三千日军登陆，其中一千人已经赶到了汉城，请李鸿章速拿主意。李鸿章次日复电，日军派兵的消息不确切，让他暂时"忍耐"。

明眼人都看得出，中日之战已迫在眉睫，但此时张之洞的工厂、枪械局还无力支撑清政府的对外战争。尽管后世对于张之洞督鄂功劳赞誉甚多，但其工作失误之处，也多有提及。本来，汉阳铁厂可以更早进入生产，从而对清廷在中日战争中提供直接帮助。但一误再误之后，等到战事到来，这位洋务重臣居然也只有"冷兵器"可提供。1894年8月1日，两手空空的张之洞奏请率马队"驰赴天津，听候调遣"。

与生俱来的领导意志客观上促成了一误再误。张之洞在任时，个人意志经常放在第一位，对自己的任何决定都很自豪。甚至在自己并不懂行的科学领域，他也敢"想当然"，鲁莽决策。

筹备汉阳铁厂时，张之洞委托驻英公使购买炼钢炉。当时，英国的钢铁工业非常成熟，在具体操办中，英方来函要求化验汉阳铁矿石、煤矿的成分，以便确定适合用什么炼钢炉。

19世纪末，炼钢法主要有两种：一是酸性冶炼贝塞麦法，一是碱性冶炼马丁法。钢铁厂具体选择哪一种，得视铁矿石成分而定。按照化学特性，贝塞麦法不能除去矿石中的磷元素，如果铁矿含磷较多，就应采用马丁法。

张之洞听说对方的要求后，不以为然。他没有对湖北地区的煤、铁资源进行勘定、检验，认为"中国之大，何所不有"，就想当然地订购了贝塞麦炼钢炉。

湖北大冶铁矿的最大特点，恰恰就是含磷量较高。张之洞"拍拍脑袋"定下贝塞麦钢炉，汉阳铁厂就是有天大的本事也无法去除磷，所炼钢铁金属特性极脆，均不合格。钢铁厂只好在1894年重购马丁法炼钢炉，其产品才走向市场。当时，外国钢铁每吨白银二十余两，汉阳厂的钢只卖每吨白银二十三两，价格虽有优势，但由于材质欠佳，乏人问津。

近代学者一致认为，张之洞一直在用积极态度对待失误，但这其中经受的折腾，皆因其指挥无方。

铁厂选址，张之洞饱受外籍专家的指责。按常规，钢铁冶炼的地点，最好和原料地不太远。在湖北，炼钢厂就应该选在与原料产地大冶铁矿毗邻的黄石石灰窑一带。但不知为何，张之洞为“便于控制”，竟将铁厂厂址选在汉阳龟山脚下。表面上，选在汉阳意味着增加矿石运输成本，选在黄石意味着增加成品运输到通衢的成本，貌似张之洞的固执也有原因。但明白人都清楚，和炼出来的钢铁重量相比，铁矿石的重量完全是一个天文数字。不少外籍专家因此执意相劝，张之洞不为所动，甚至大发雷霆。此举使得炼钢成本大增，仅运费一项就不知要白白浪费多少白银。

在当时的洋务运动中，不信洋人和轻信洋人，都会造成不可挽回的损失。1862年，上海洋炮局（长安汽车厂前身）在上海松江成立，主要业务是仿造短炸炮，主持工作的是英国人马格里和知州刘佐禹，预计每月可生产炮弹数千枚。1862年10月，淮军攻下苏州，洋炮局随之迁往苏州，更名为苏州洋炮局，马格里担任总管。由于一搬再搬，月生产量一直未能达到目标，两年后，该局才实现了每月制造一千多枚炸弹的目标，这已经让洋务大臣们高兴得不能自持了。9月11日，李鸿章建议朝廷授予马格里三品顶戴，作为他教授洋枪、制造火器的奖赏。1865年，苏州洋炮局再次踏上了迁移之路，这次是搬到南京聚宝门外，又更名为金陵制造局，专为李鸿章的淮军造枪炮弹药。工厂中的一切事务，总管马格里都与李鸿章保持着密切联系，李鸿章偶遇洋务疑难，总是第时间来找马格里做顾问。军火规模越来越大。1872年，李鸿章为了满足枪炮局的需要，在金陵通济门外建立火药局，马格里又是其中的重要成员。这名英国人为李鸿章前往欧洲购置设备、招募洋匠。双方的友谊终于在1875年走到尽头，金陵制造局两门新炮在大沽炮台试放，发炮时发生爆炸，炸死士兵七人，马格里遂于7月初七被李鸿章撤职。李鸿章一直以军事专家相待的苏格兰人，其实毕业于爱丁堡大学医学专业。

对于铁厂选址，张之洞没有考虑运输问题，但在送人留学的事情上，他倒是事无巨细。张之洞认为“出洋一年胜于读西书五年，此赵营平（西汉将领赵充国，封营平侯，作战喜实地勘察）百闻不如一见之说也。入外国学堂一年，胜于中国学堂三年，此孟子置之庄岳之说也”。他还认为留学“西洋不如东洋”，并解释说，去日本路途不像西欧那样遥远，省去了很多费用。而在对留学生的考察和控制上，也容易得多。尤其重要的是，相对欧美语言，日文更便于中国学生掌握。而日本人在明治维新前后，对西学已经进行了大规模翻译、消化，这让中国人更便于学习。在他的建议下，光绪二十二年（1896年），戢翼翚作为湖北第一位公费留日学生出发，大批学生步其后尘，前往日本学习实业、师范、法律、警察和军事。光绪三十三年，张之洞的留日计划已经进行了十一年，此时留日学生全国各省共计五千四百多名，仅湖北所派学生就有一千三百余名，占了四分之一，所以湖北被称为“先进省”。

回到铁厂的事情上。据有关资料记载，汉阳铁厂官办期间共计花去白银五百六十多万两，而真正用于生产的只两百多万两。也就是说，大部分资金或被无效率的指挥耗费了，或被官员们中饱私囊。汉阳铁厂只要开工生产，每天都在亏本。时人说，“如每日冶炉化出生铁一百吨，将亏本银二千两，是冶炉多煽一日，即多亏本一日”。后来实在难以为继，张之洞才极不情愿地“拱手相让”，将汉阳铁厂交给“官商”盛宣怀，改官办为官督商办。两年后，汉冶萍公司（公司全称“汉冶萍煤铁厂矿公司”，由汉阳铁厂、大冶铁矿和江西萍乡煤矿三部分组成，是中国第一代新式钢铁联合企业）成立，督办名义完全取消，汉阳铁厂成为纯粹的商办企业。

对于理想主义者张之洞而言，为官是个痛苦的过程。他曾说：“自官疆吏以来，已二十五年，惟在晋两年，公事较简。此外无日不在荆天棘地之中。大抵所办之事，皆非政府意中所欲办之事；所用之钱，皆非本省固有之钱；所用之人，皆非心悦诚服之人。总之不外《中庸》勉强而行四字。”

听起来，这似乎是他个人的精确总结。而究其深意，不啻于清代官场乃至整个社会的写照。张之洞在山西时算是“新官”，因此受到的牵制极小，也无须为党派分心。及至后来，位高权重，办事反倒处处受制。假如在山西没有遇到李提摩太，张之洞的人生轨迹又当如何?

“他的人格特征是政治上忠君，事业上趋新，文化和伦理上恋旧，趋新与恋旧的矛盾心态伴随他的一生。”近年来出版的《张之洞幕府》一书，相当精辟地概括道。

打响武昌首义第一枪的不是袁世凯的新军，而是张之洞一手栽培起来的湖北新军。历史走到那一步，离不开这支军队创始人的最初想法。

张之洞训练军队，从未想过要将其练成一支属于私人的“张家军”，他一直不想也不敢拥兵自重。这一点，张之洞和曾国藩相似，而和后来的袁世凯、北洋军阀有很大不同。张之洞所到之地，无不将操练新军作为职责的重要部分。他在山西即开始筹办军务，在广州建有广胜军，在两江编自强军，在湖北练新军，最后结果，都是他一旦离任，立即交出全部兵权。

张之洞认为，编练陆军与开办军事学堂必须同步进行。他招募士兵，要求“能识字写字，并能略通文理”，入伍后将这些人选派到陆军特别小学堂学习。对于军官挑选就更严格了，要求他们受过正规军事学校培训与教育。张之洞编制训练仿效德国与日本，基本消除了旧军队的弊端。到1906年，张之洞练成新军第八镇（辖一个镇、一个混成旅），其中军官七百名、士兵一万余名，数量上仅次于袁世凯北洋六镇，堪称中国近代第二支精锐陆军。

晚清举办的几次全国性“秋操”（实际上是兵团业务比武）中，湖北新军几次夺冠，军机大臣铁良因此感叹，“陆军则湖北之常备军为最优”。这是对湖北新军的身体素质、文化素质、武器装备和军事素质的赞赏。在此背景下，湖北新军的编练模式作为成功样板被推向全国。以至于到清末时，各省凡有新军之地，就有湖北新军输送之军官。武昌首义爆发，这些有着革命思想的新军军官，不少人成为当地率兵举事、响应起义的重要人物。武昌首义能迅速夺取胜利，是和湖北新军输出的这批军官分不开的。

在张之洞眼中，文化教育和军事人才是走路的“两条腿”。1890年，张之洞在武昌创办了两湖书院，被誉为清末四大名校之一。唐才常、谭嗣同、杨锐等仁人志士都是两湖书院的学生。自立军起事失败后，唐才常下狱。张之洞在武昌督署亲审昔日学生，心绪复杂。因自立军案被杀者中有不少是两湖书院学生，但张之洞的奏折中除唐才常“不得不提名上报，其他均隐其名”，体现了他不想让更多人掉脑袋的想法。后来，湖南方面捕获唐才常的弟弟唐才中，张之洞立即致电湖南巡抚，请求刀下留人，说：“兄弟骈首，实有不忍。”

对新军中的革命思想，张之洞也未加严格限制。新军中的会党成员，并未遭到搜捕镇压，张之洞基本上是睁一只眼闭一只眼，并不严加深究。哪怕镇压威胁清廷统治的自立军调查，也没有扩大范围，只是遏止势头，尽可能地做到“内部消化处理”。

我们似乎只能这样解释，行将就木的张之洞已经预感到身后国事已不可为。他个人从进入翰林院的那一天起，就开始进行挽救清廷命运的努力，并将个人才干发挥到了一种少有的极致。随着清朝渐入内外交困的危局，他只能寻求自保。《三国演义》中诸葛亮去世前，大臣李福逐一追问丞相各级继任者，“文伟（费祎）之后，谁当继者”，武侯不答，闭目长逝。同样，张之洞对于未知的国运，已经不想再理，也无法再理了。

作出这样的判断，绝非妄言。1900年夏天，慈禧向八国同时开战，又连续向各地大员发出命令，要求北上勤王。此时，李鸿章最早发出一封巧妙的抗命电报：“此乱命也，粤不奉诏。”意思是，这是矫诏，地方官员要抵制。与此同时，张之洞也在极力揣摩慈禧心态，觉得她只是出于一时激愤，“妇人之见”，等到局面难以收拾之时，肯定反悔。于是，张之洞学习了李鸿章的方式，借口“沿江沿海，会匪本多”，一旦兵力空虚，“各省必乱”，干脆按兵不动。此外，他还派兵保护教堂与洋人，并致书刘坤一，共同发起了“东南互保”运动。东南地区的督抚都参与其中，与各国驻上海领事正式签订《东南互保章程》，规定“上海租界归各国公使保护，长江及苏杭内地均归各督抚保护，两不相扰”。

“东南互保”范围扩大到闽、川、粤、豫、鲁等十几个省份，客观上使得清廷东南半壁江山免遭西方列强蹂躏。事后慈禧终于清醒过来了，她不仅未加指责，反而认为筹划“东南互保”的张之洞、刘坤一等人会办事，是朝廷股肱之臣，因此大加表彰，赐张之洞太子少保衔。张之洞死后，清廷仍念念不忘他在“庚子之变”中的突出表现，上谕说他“顾全大局，保障东南，厥功甚伟”。

张之洞已敏感地意识到，如果清廷面对外部世界的变化而不作出内部的变革，恐怕将难以维持统治。封建人治无非就是人存政兴、人走茶凉。他个人在山西、两广等地的经历皆是如此，身后官员都不会有持续性工作。其实，论及改革的胆略，没有一个官员敢于像他那样率性。张之洞督任两广时，政府经济拮据，他悍然重开“闱姓”之赌，从中抽取捐税百万两，用于修复黄埔船坞，建造巡河炮轮，订购布机等。

“闱姓”清末盛行于两广，算是中国最早的彩票，但不是竞猜数字或体育比赛结果，主要内容以猜中科举考试中榜者为胜。博彩如果控制得力，对政府倒没有什么负面影响。以英国人为例，他们一向有个传统，除了皇家以外，其他任何事情都可以拿来赌一赌。1776年，伦敦人甚至因为猜测骑士迪昂究竟是女士还是男士打了一赌。如果他是男性，最早赔率是1赔1.5，后升至1赔10；购买迪昂是女士的赔率，最终变成1赔1.5。这场神奇的赌局，据资料显示，下注额达到了二十八万英镑之多。

清末官场流传有一则评语："袁世凯屠民，岑春煊屠官，张之洞屠财。"张之洞在湖北地区大兴土木，创办大小工厂三四十家之多，令人咋舌。为了完成这些壮举，他前后一共投入白银一千七百多万两，洋务工厂职员总数最多时达一万六千余人。在他的一手规划下，湖北的经济结构发生了根本变化。这里需要指出的是，张之洞虽然"屠财"，但从未中饱私囊，这也是他在历史上受到肯定的重要原因。

为了兴办实业，他"屠财"但绝不图财。张之洞出身世家，早年科举及第，无须为个人生活算计。他的口头禅是："未必一个人二三十两银子都没有吗？"在其爽快的理财方式影响下，其家庭财务年终结算下来，往往入不敷出。据传，武昌"维新"等大当铺经常被他当成临时银行。张之洞"手紧"时，就让总督衙门拿皮箱去当，每口箱子当两百两银子，对方也不好开箱看里面是什么东西，只管按箱数付给银两。开春后督署银根松动，此时派人用现银赎回箱子。总督大人成功渡过经济危机，而当铺也赚到了一笔可观的利息，皆大欢喜。

辜鸿铭的话可算是对这类事件的一个旁证："文襄（张之洞的谥号）自甲申（1884年）后，亟力国图富强，及其身殁后，债累累不能偿，一家八十余口何以为生？"

在张之洞最为著名的《劝学篇》中，他将"中学为体，西学为用"阐述得很明白。严峻的现实使他深深认识到，再不厉行变法，若比维新派更为激进的革命党出现，清朝将面临社稷不保之危局。"中体西用"的实质，就是在保证封建专制皇权之下，提倡"保种、保教、保传统"，引用西方物质器械和实用技术，对封建框架做"修补工作"。严复曾一针见血地批驳"中体西用"将"体"与"用"割裂开来的荒谬性："有牛之体，则有负重之用；有马之体，则有致远之用。未闻以牛为体，以马为用者……故中学有中学之体用，西学有西学之体用，分之则并立，合之则两亡。"

梁启超认为此书仅是文字游戏，且发出了诅咒："不十年将化为灰烬，为尘埃。其灰其尘，偶因风扬起，闻者犹将掩鼻而过之。”实际情形超出了梁启超的想象。一百多年来，表面合理、实则荒谬的“中体西用”说，一旦遇到相宜的时机，就会重新“浮出水面”，时至今日，仍然有不少拥趸。

无数人曾设想，如果彭家珍没有炸死良弼，袁世凯是否会被后者领衔的“宗社党”除掉。袁世凯经过了无数次这样的“险过剃头”，张之洞其中一次“施援”也算是改变了袁世凯的命运，最终也改变了近代史历程。光绪、慈禧先后撒手归西后，载沣掌权，要杀掉袁世凯。张之洞力陈不可，“主幼时危，未可遽戮大臣，动摇社稷”，他提出的解决办法是：“可否罢斥驱逐出京？”

同时，载沣担心袁世凯旗下的北洋军队闹事，外国列强干涉，汉族官员惶恐自危，最终采纳了张之洞的建议，以“回籍养疴”为名，将袁罢黜出京，放归河南。

1902年，袁世凯从河南彰德返天津，特意绕了个大弯，经汉口到南京，拜访署理两江的张之洞。张之洞设宴盛情款待，此后又屏退左右密谈两小时。正谈得起劲时，张之洞却睡意大发，睡着了。袁哭笑不得，作为后辈也不好说什么，干脆悄悄告退，并嘱咐仆人不要惊动张之洞。按照清廷制度，凡总督级官员出辕门，须鸣炮致礼。袁身为直隶总督兼北洋大臣，自当鸣炮礼送。炮声一响，张之洞猝然惊醒，自知失礼，急忙追至下关，向袁表示歉意。

张之洞死于武昌首义之前的1909年。1936年，为了纪念首义功臣“汉阳造”，湖北将紫阳路改名为“张之洞路”。1966年，政府“顺应民意”，将这条路正名，改回原名“紫阳路”（正式改名时间也有1972年一说）。2010年，又再度“顺应民意”，改回“张之洞路”。

张之洞去世时，曾说“吾无甚痛苦矣”。通达人情的他，知道一旦撒手人寰，两不相知，何来感触?

张之洞练洋务时主推的“汉阳造”，虽然没有赶上甲午战争，但此后一直到1945年抗战结束，堪称中国军队主力武器之一。由清朝新军开始，北洋军、北伐军、中央军，“汉阳造”武装了无数中国部队。到了八年抗日战争，“汉阳造”老树开花，再度担任起抵抗外敌的重任。

第十一章

翁同龢，内讧之王

在晚清历史上，翁同龢绝对是符合戈登“斩首论”的人物。他高调爱国，动辄以对外开战标榜自己。每到关键时刻，却将个人私欲凌驾于国家利益之上。同僚李鸿章、荣禄，乃至慈禧和光绪帝，最后都因此离他而去。这位咸丰六年的状元，在内讧上也无人能出其右。

英国人戈登在“二十条箴言”中提到，“中国有不能战而好为主战之议者，皆当斩首”。

清朝时，每当有外交大事，总有这种“不能战而好为主战”的鹰派出现。载漪在八国联军入侵中国之前力主开战，而对这场战争的胜利，他寄希望于“刀枪不入”的义和团。后来有人责问，为何义和团法术不灵？以他为主的主战派推脱说，洋人以秽物破解，故施行无效。其实，使用秽物是义和团的“砂锅照”热衷的战斗方式。

在晚清历史上，翁同龢绝对是符合戈登“斩首论”的人物。他高调爱国，动辄以对外开战标榜自己。每到关键时刻，却将个人私欲凌驾于国家利益之上。同僚李鸿章、荣禄，乃至慈禧和光绪帝，最后都因此离他而去。这位咸丰六年的状元，在内讧上也无人能出其右。

人们大多认同翁同龢的优点：他是清廷官僚重臣中少有的清廉分子。自1856年会试一举成名，直到1898年回籍，四十二年里，翁同龢在京师历任户部侍郎、尚书，都察院左都御史，也曾执掌刑部、工部，协办大学士，加太子太保衔。翁同龢两次入选军机处，兼总理各国事务衙门大臣，光绪帝“每事必问同龢，眷倚尤重”。他直接参与了中法战争、中日甲午战争中清廷的最高决策。清代的一百一十四名状元中，汉族大臣得入军机处者仅有三人。

翁同龢的清廉难以称奇。翁氏出身名门望族，两朝帝师，家道殷实，不缺钱财。他本人是南派清流领袖，习惯了作为裁判而不是运动员出现在官场上。

但是，论及翁同龢在政坛的名声，同僚们都大摇其头。甲午战争期间，荣禄写给陕西巡抚鹿传霖的便条中，曾评价翁同龢说：“常熟（翁是江苏常熟人）奸狡性成，真有令人不可思议者。其误国之处，有胜于济南（即孙毓汶），与合肥（即李鸿章）可并论也。合肥甘为小人，而常熟则仍作伪君子。”翁同龢和荣禄是拜把兄弟。翁同龢的另一名世交潘祖荫，对他的评价同样不高。他说：“叔平虽为君之座师，其人专以巧妙用事。”潘是能够影响翁同龢的人物，但他死后则无人能对翁同龢有所劝诫。张之洞与翁同龢源自同科，曾结为金兰之好，但两人关系一直欠佳；徐桐本与翁同龢在弘德殿共事多年，但晚年两人形同陌路，不相往来；刚毅是翁之门人，后来两人几成宿敌。一句话，翁和他的朋友们，最终都走向了对立面。此等情商，在政治家里可算是前无古人，后无来者。

那就来看看翁同龢都做了什么，让时人如此不齿这位帝师。

1894年夏天，日本大规模出兵朝鲜，和清朝的冲突已不可避免。

针对如何对待日本的扩张，清朝有两派势力，其中民间舆论和大批将领都赞同立即和日本开战，户部尚书、帝师翁同龢，礼部尚书李鸿藻等人都是主战派，这些人都得到了光绪的肯定。

五个月之后，慈禧即将迎来自己的六十大寿。因此，“后党”们的主要意见是不打，靠外交手段将战争扼杀在摇篮中。众多历史学者认为，李鸿章一味迁就慈禧，所以在甲午战争中屡失良机。

因为对颐和园修缮工程有重大贡献，慈禧还给直隶总督兼北洋大臣李鸿章赏戴了三眼花翎。

如果认为李鸿章处处以慈禧之意为外交圭臬，那就错了。客观情况是，李鸿章对这位“中国第一女人”太过了解，他只能一边维持好与慈禧的个人关系，一边见缝插针做好备战工作。此时，他早已不是那个三十年前剿灭太平天国运动，以为外交可以用“痞子”招数全部搪塞过去的李鸿章了。

最了解北洋海军和清陆军实力的莫过于李鸿章，而以他对日本的了解，他对这场战争持有不乐观的心态。其次，此时俄国、英国等多个殖民大国都对中国心存觊觎，和日本开战，势必顾此失彼，形势更加恶化。

因此，李鸿章首先是想通过外交，给清朝争取到战争准备期。

1894年6月20日，俄国公使卡西尼在天津拜会了李鸿章。两天之后，卡西尼致电俄国外交部："我认为，我国绝不应该放过目前中国要求我们担任调停者的计划，此事对我方既无任何牺牲，又能大大增加我们在朝鲜及整个远东的势力。"

日本外相陆奥宗光比李鸿章更为精确地预计了此后的发展。他在回忆录中写道："俄国始终包藏祸心不让外人窥其底细。其真正的目的是，如果不能兼获鹬蚌之利，也必须尝到熊掌和鱼之一，他们只是在等待时机而已。"

1894年6月至7月底，中国又在英国、德国、法国之间多次斡旋，请求协调和日本的关系，最终均告失败。

本书在后文关于程璧光的章节中将提到中日海军之间的差别，以具体数据为考量，李鸿章的"消极怠战"是有理由的。当时日本之所以不计一切地发动战争，和在此之前三百年的隐忍形成鲜明对比。原因很简单：日方实力已明显强于中方。

1883年到1895年十多年的时间里，清朝没有增加一艘舰艇，军械奇缺。据说，定远舰上的巨炮（主炮）炮弹只有一枚，镇远舰也只有两枚，其他小口径的炮弹也没多少。如果日军知道他们畏惧的定远舰和镇远舰不过是银样镴枪头，估计中日战争的爆发日期还将提前。

日本战舰"吉野"号本来是清政府预订的铁甲舰，因清廷无力支付而为日方抢购。海军部每年的五百万军费哪儿去了呢？《中国海军大事记》光绪十七年记载："四月，户部决定：南北两洋购买洋枪、炮弹、机器事，暂停两年，所以银子解部充饷。"海军提督丁汝昌据理力争，认为当前清朝海军战斗力"远逊于日本"，添船换炮刻不容缓。五月，上谕说可以拨款，但到了秋天还没见到钱。不得已，李鸿章亲自出马，上谕也只是以"饷力极拙"来敷衍。

史界已有公论：此时，主管户部的翁同龢在军费问题上玩足了猫腻，让北洋海军陷入了困境。以买炮弹为例，德国工程师汉纳根在甲午战前两年，建议李鸿章购买德国克虏伯厂制造的大开花弹，以供战斗舰上的大炮使用。李鸿章签发了命令，但最后却无法实行，原因就是翁同龢不给钱，说购买这种炮弹纯属"浪费"。

但"节约"之后，翁同龢在中日战争上却极力主战，他有什么个人目的呢？

翁同龢的弟子王伯恭曾作为袁世凯下属，随军入朝鲜。王伯恭曾著有《蜷庐随笔》一书，对清末大吏有一些详细记录。其中一段写道："甲午战前，翁同龢一力主战，李鸿章言不可轻开衅端……我去见翁同龢，向他力陈主战的错误。

我想翁同龢也是我的老师，他向来是器重我的。但翁同龢听了我的劝说后，笑我是书生胆小。我说：‘临事而惧，古有明训，岂能放胆尝试？而且，我国无论兵器还是战法，都百不如人，不能轻率地开战啊！’翁同龢说：‘李鸿章治军数十年，扫荡了多少坏人啊！现在，北洋有海军陆军，正如火如荼，岂能连一仗都打不了吗？’我说：‘知己知彼，才能百战百胜。今已知自己确实不如人，哪里有胜利的希望呢？’翁同龢说：‘我正想让他到战场上试一试，看他到底是骡子还是马，看他到底怎么样，将来就会有整顿他的余地了。”

翁同龢为何要“整顿”李鸿章？看其人生履历，于公于私，他都很难放过李鸿章。

当年围剿太平天国时，翁同龢之兄翁同书任安徽巡抚。定远之役，翁同书临阵脱逃，朝廷令其戴罪立功。咸丰十年，太平军英王陈玉成攻击寿州，当地团练竭力抵御，太平军久攻不下。等他们离开之后，城内团练首领孙家泰、蒙时中、徐立壮等与城外的团练头目苗沛霖又相互仇杀，苗因此叛变，集合队伍像太平军之前那样围攻寿州。小小一个寿州，居然在短时间被两股不同的武装围攻。焦头烂额的清廷发布密令，让翁同书出面解决问题。

翁同书的处理方式是劝降。他了解前任安徽按察使张学醇和苗沛霖个人关系很好，于是就让张前去劝降。让他大喜过望的是，苗很快答应了归顺，只提出两个条件：一是清廷要饶恕自己的罪行；二是要求清廷杀掉孙家泰、蒙时中，并把首级交付他祭灵以雪耻。翁同书答应照办。孙家泰听后自杀，蒙时中则被翁同龢抓来杀了。两人的首级被一起交给了苗沛霖。但苗深知反字大旗一起，绝无收回的道理。他大仇得报，叛逆如初。

翁同书连犯两错，曾国藩勃然大怒，认为这是不可饶恕的幼稚行为，决定上书弹劾。他知道李鸿章行文了得，于是便将这个任务交给了李。李鸿章一挥而就，文意周密，其中一句“臣职分所在，例应纠参，不敢因翁同书门第鼎盛，瞻顾迁就”，简直把皇帝逼到了死角，不处罚翁同书不足以正朝纲。于是，在这封弹劾奏折的推波助澜下，清廷下旨将翁同书判了“斩监候”（死缓）。翁父听说此事后急火攻心，驾鹤西去。借翁父去世为由，清廷将“斩监候”改为流徙新疆。

李鸿章得理不饶人，在解释自己为何杀死苏州太平天国投降将领的奏折《骈诛八降酋片》中，又提到了这桩翁家的丑事，“若养虎遗患，苗沛霖、宋景诗皆其前鉴”，仍然以翁同书的做法作为反面教材。

父死兄徙这笔账，翁同龢当然要算到李鸿章头上。

9月16日，平壤失守。第二天一大早，翁同龢上书弹劾李鸿章贻误战机，促使光绪帝颁谕“著拔去李鸿章三眼花翎，褫去黄马褂”。一天之后黄海海战爆发，翁同龢预感“鸭绿江一线可危，即渤海亦可危”，于是建议“宜调东三省兵，而急设大粮台，派大员经理，又于鸭绿江岸筑土炮台等数事”，力主拉长战线，继续战斗。10月24日，日军第二军在花园口登陆，次日日军第一军强渡鸭绿江，接连攻陷九连城、安东（今丹东）、凤凰城等地。31日，翁同龢拜见光绪帝时，即“力陈京师阽危情形，请勿再迟一刻”。光绪见他对军事如此忧心如焚，11月3日颁发明旨，补授其担任军机大臣一职。

此时的翁同龢，对最初战争进展判断不错，于是马上得封军职。当然，翁同龢并不会希望对日战争失败。两军对垒，中方败局连连，他的几个建议都很对。只是他从无实战经验，对本方和对方的作战实力一点儿也不了解，这些措施都成了纸上谈兵。当时，就算是让他登临天子大位，举中国之力，也无法扭转败局。

光是判断有什么用呢？战争又不是下棋。金州失守，旅顺不保，他慌忙派唐仁廉去增援。11月22日，旅顺还是失陷了，翁同龢“愤虑难当”。当清廷派使臣赴日议和时，翁同龢等仍主张征集湘军，任用刘坤一为统帅，挽救危局。清廷仍然采纳他的建议，命刘为钦差大臣，“节制关内外各军”。

中方在战争中已呈必败之势，清廷最后还得推出李鸿章来进行和谈。1895年2月13日，清廷任命李鸿章为赴日议和全权大臣。22日，光绪接见李鸿章，同时召开廷议，军机大臣孙毓汶认为“必欲以割地为了局”，翁同龢持反对意见。3月2日，再议，翁同龢仍坚决反对，申明“台湾万无议及之理”，而且指出，如割让台湾，“恐从此失天下人心”。

就像荣禄等人对翁同龢的认识一样，李鸿章对两人间的矛盾也不再遮掩。《庚子西狩丛谈》一书中提到，庚子事件后，李鸿章再次背上卖国贼的骂名赋闲在家时，翁同龢派袁世凯前往，试图说服李撂挑子不干，让出大学士位子给自己，当即被李鸿章骂了出去。李表示自己一息尚存，翁同龢就不要指望。这样一来，翁注定成不了真宰相，由此可见李鸿章对翁同龢之愤恨。身居高位但对国事几乎不作为，最终让光绪也厌倦了翁同龢。1898年6月15日，翁被免去一切职务逐回原籍，永不叙用。《翁同龢日记》记载了他被“开缺”当天的情况：“看折治事如常。起下，中官传翁某勿入，同人入，余独坐看雨。”只是在“同人”退朝之后，翁才“恭读”到这道决定自己未来的上谕。次日，翁同龢照例要向皇帝谢恩。《翁同龢日记》载：“午正二驾出，余急趋赴宫门，在道右叩头。上回顾无言，臣亦黯然如梦。”当日傍晚，光绪皇帝命南书房给翁送去纱葛，但这是端阳节的“例赏”，此外仍然保持“无言”。以上细节，都说明了皇帝当时将他开缺，不是不得已，而是已经厌倦，没有其他“隐情”须向“师傅”表白。

针对此事，王照曾作诗一首：“当年炀灶坏长城，曾赖东朝恤老成。岂有臣心蓄恩怨，到头因果自分明。”翁同龢去世时，庆王为之请恤，“上盛怒，历数翁误国之罪，首举甲午之战，次举割青岛。太后不语，庆王不敢再言，故翁无恤典”。政治上的不倒翁，处处得罪他人，最终孤立无援。

“宋人诽楚”的故事经常被人提起。宋国经常在国内自吹能够打赢楚国，吹习惯了，当成了真实情况，最后居然主动进攻，后果很悲惨。翁对中日情况毫不了解，一意主战，并在内斗中限制了本方军力发展。中日战争是全国动员的战争。乾隆三十四年，清军远征缅甸，事实上是打了败仗，却仍然“奏凯”而回，被列为“十全武功”之一。那次战争的规模和影响都很小，可以掩人耳目，而甲午年中日一战，对中国历史影响深远，如何掩盖？

“宰相合肥天下瘦，司农常熟世间荒”，这是人们调侃李鸿章和翁同龢的对联。作为两代帝师，死后居然没有恤典。翁同龢的人品，在他在世时就已经被否定了。

1998年，在江苏常熟召开了翁同龢与戊戌维新学术讨论会。有关翁氏被罢官的讨论文章，占了相当大的比重。中国第一历史档案馆所藏光绪皇帝亲笔朱谕，反映了他本人的意志。在变法期间，皇帝本人主持政务，这一朱谕几乎使翁同龢被废的理由无可辩驳。

第一次握手

外国人觐见慈禧和光绪时是否应该赐座？光绪是否应该和外国人握手？这些看似简单的程序，当时忙坏了清朝官员们。甚至在离开了外交场合后，一次不应该的握手仍然让翁同龢气愤难平。

慈禧是实际的当权者，而且是女性，但她的女性身份，并不意味着清政府对待外国使节的女伴会更加尊重。1888年11月21日，奥地利王室成员巴尔基和妻子安吉娜来北京访问，他们预定在当天参观天坛。德国驻京公使巴兰德就巴尔基的旅游要求已和总理衙门进行过交涉，并且得到了允诺。经手此事的是专务外交的曾纪泽。当天，总理衙门分管此事的章京们陪同远道而来的客人一起来到天坛。大门口守卫的太常寺官吏见到安吉娜女士后，不顾总理衙门章京拿出批准参观的公文，坚决不放女人进入天坛，认为这是大于一切的规矩。

吃了闭门羹的欧洲客人火冒三丈。巴尔基与巴兰德公使一起向总理衙门提出严正交涉，指责对方言而无信，对贵宾过于轻蔑。太常寺的官吏据理力争：天坛是皇上举行祭天大典的处所，皇上每年冬至亲临此地主持盛典。如此庄严之地，女士肯定不能进入。为了显示“尊重”，他们创造性地提出了让男性贵客进去，与他同行的妻子则在门外等候。但对方认为，“女士须尊贵，伫立门外殊不成体统”。面对这场纷争，曾纪泽主张通融，让奥国皇族巴尔基与妻子一道入内参观，以平息这场风波。可是，其他官员坚决不让步，太常寺甚至批评曾纪泽丧失原则，进而还声言要对其进行弹劾。这场中外礼仪之争的轩然大波，最后以太常寺官员获胜而结束。

新旧思想的交锋，在光绪二十四年德国亨利亲王的来访中体现得更为明显。是年5月13日，亨利亲王到达北京城南马家堡车站，庆亲王奕劻，大学士李鸿章，总理衙门大臣张荫桓、敬信、崇礼等前往车站迎接。他们此行负有一项特别的政治任务：打消亨利亲王要求觐见慈禧太后时赐坐的念头。最初，这帮朝臣的请求遭到德国人的严厉拒绝。在对方看来，这简直是不可理喻的。二战期间成为德国海军栋梁的雷德尔曾是德皇的副官，和德皇拍照时，曾同坐在一条长凳上。

当晚，曾在德国学习、此时充当翻译的荫昌，向德方翻译福兰格（Otto Franke）探询后，终于得到了“好消息”。《翁同龢日记》中庆幸地说，“彼王似有屈从口气”。张荫桓日记中感叹，“似已如我意”。5月15日早晨，亨利亲王一行前往颐和园觐见慈禧太后。双方说了一些毫无意义的“废话”，慈禧赐给了丰盛礼物，但仍未对亨利亲王“赐坐”。在她的心中，这关系到清朝的礼制，是清廷的臣子们通过艰苦努力争取来的。《翁同龢日记》重点记载：“不坐。此屡经辨论始定，庆邸之力。”

亨利亲王一行随后在德和园少坐，然后往玉澜堂觐见光绪帝。据张荫桓日记记载，亨利亲王入殿门后免冠鞠躬，光绪帝站立受礼。亨利亲王站立在暖阁中陈明来意，其随员鞠躬，呈上紫瓶一对。在庆亲王的引导下，光绪帝走下来与亨利亲王握手，他指定在自己御座右侧摆放一个高凳，请亨利亲王坐下。张荫桓拟定了一个谈话“口敕”（提纲），光绪照此一一询问，亨利亲王一一作答。之后，光绪帝再握手送别。

不要小看了这次握手，翁同龢几乎感到国家已经崩塌。他对于与外国相近的礼节非但不能适应，而且还特别反感。在殿廷之上，他又是大声呵斥，又是要“捆人”，其举动之粗鲁，和东道国大员身份完全不相符合。他显然认为，自己见证了最为野蛮无礼的社交方式。

张荫桓事后告诉日本驻京公使，翁同龢对皇上行握手礼“大放怨言”。就在翁被罢官的前三天，翁同龢还在日记中记载皇帝拟在宫中见外使之事。翁称：“四月二十四日，上欲于宫内见外使，臣以为不可，颇被诘责。又以张荫桓被劾，疑臣与彼有隙，欲臣推重力保之。臣据理力陈，不敢阿附也。”

当时的《国闻报》发表了《德藩觐见仪》一文。文章记载，光绪皇帝确实和对方行了握手礼，该新闻称：“顷接官中来信云，廿五日为德亲王入觐之期，由总理衙门各堂官带领至颐和园玉澜堂，先觐见皇太后，德亲王至宝座前行嗅手之礼，盖西国见其君上至敬之礼也。嗣觐见皇上行握手之礼。皇上赐之座。庆亲王作陪。旋庆王设宴于别邸，为之洗尘，同席者系各堂官及顺天府尹。”

《国闻报》对握手礼的平淡反应和翁同龢的惊骇形成了鲜明对比。君臣对于接见外使的争议，直到罢黜翁氏之朱谕颁布的前三天还在进行着。

第十二章

程璧光，光荣与耻辱

北洋海军全军覆没，这是程璧光一生中最痛苦的时刻。1911年10月，他指挥“海圻”号从哈瓦那解缆起航，到达英国巴罗港。全舰官兵得知辛亥革命在中华大地爆发，顿时群情激昂。程璧光同意全舰官兵在海外易帜，加入革命阵营，扩大国际影响。

1895年2月15日，程璧光乘“镇北”炮舰将投降书递交给日军旗舰。17日，日军开进刘公岛，北洋海军全军覆没。

这是程璧光一生中最痛苦的时刻，耻辱感一直折磨了他十六年。1911年10月，他指挥“海圻”号从哈瓦那解缆起航，到达英国巴罗港。全舰官兵得知辛亥革命在中华大地爆发，顿时群情激昂。程璧光同意全舰官兵在海外易帜，加入革命阵营，扩大国际影响。1912年5月，升起新国旗的“海圻”号终于回到上海，完成了这次传奇航行。

程璧光，时年三十四岁，广东香山人，在甲午海战中担任“广丙”舰管带。

1894年9月17日，黄海大海战，前后参加的清军舰艇共十二舰，其中“定远”、“镇远”最大，“致远”、“靖远”、“经远”、“来远”、“济远”、“平远”次之，“广甲”、“广丙”、“超勇”、“扬威”又次之。

日本军舰共十一艘，从大同江出发。表面来看，日军的军舰不仅在总吨位上超过了清军至少七千吨，而且日军第一游击队平均航速达近二十节，当时速射炮的速度，比一般的后装炮要快五倍，因此日本舰队的火力几乎是清军的三倍。

根据《江南制造局记》统计，从光绪十八年（1892年）试制武器，到甲午开战，这两年间制造局共生产了十二门速射炮，口径都是一百二十毫米。随着中日局势的不断恶化，战争阴云降临，李鸿章下令将江南制造局的全部速射炮均调到北洋。于是，在江南制造局征缮表上便有了这样一条记录：光绪二十年，拨发海防军械局阿姆斯脱郎四十磅全钢快炮四尊，开花、实心弹各一千六百个，钢质弹四百个，快炮弹铜壳五百个，炮门电气自来火一千支，炮门铜管击火两千六百支，炮药袋一百六十个，无烟火药八百磅。但在李鸿章颁发这道命令之前，有六门炮被南洋大臣调走了。加上先前的一门样品，北上的江南造一百二十毫米速射炮只有五门。

但这并不是说，参加甲午海战的北洋水师只有五门速射炮，因为南洋被调走的六门速射炮，很可能安置在“广乙”和“广甲”上。当年清海军三洋会操，广东舰队中的“广乙”和“广丙”最后留在了北洋。资料显示，在甲午战前，他们已装备了江南制造局生产的一百二十毫米速射炮。

综合日本《明治廿七八年日清战史》、北洋海军美籍军官马吉芬（Philo Norton McGiffin）的记载，以及徐建寅在黄海海战之后检查海军的报告，广字号军舰上出现了速射炮并无争议。

而“广丙”在开建时就有三门口径一百二十毫米炮，这些火炮都是从德国克虏伯公司订购的旧式后膛炮。

但这不能改变“广丙”是参战的中方舰艇中吨位最小的事实。程璧光的“广丙”，排水量只有一千零三十吨，速度十五节，主要武器是三门一百二十毫米炮。

海战从1894年9月17日中午12时50分开始，直至13时30分，大东沟内的“平远”、“广丙”和鱼雷艇“福龙”才奉命出击。这场严酷的对战，双方都非常紧张。日军司令官伊东在双方逼近，尚未进入射程时，下令水兵可以自由吸烟，“以安心神”。

战斗开始后，双方不约而同地采取先打对方弱舰的方式（“平远”、“广丙”和鱼雷艇“福龙”延迟参战时间，看得出清军对对方的战法很了解）。英国为日军装备的一百二十毫米速射炮威力极大，“超勇”（一千三百五十吨）、“扬威”（一千三百五十吨）两舰先后中弹起火。北洋舰队的两艘“巨无霸”——“定远”、“镇远”（排水量均为七千三百三十五吨）则切断了日本舰队的“比睿”（二千二百八十四吨）、“扶桑”（三千七百七十七吨）、“西京丸”（四千一百吨）、“赤城”（六百二十二吨）的编队，对准这四舰一阵乱轰。

2时40分，“广丙”发炮击伤日舰“西京丸”，并引发火灾，“福龙”鱼雷艇趁机发射鱼雷两枚。当时，日本海军军令部长桦山资纪海军中将正乘坐在“西京丸”上，自以为“我事已毕”，坐以待毙。可惜“福龙”舰射术不精，两枚鱼雷都未击中对方，于是“西京丸”侥幸逃脱。激烈的海战中，程璧光腹部被弹片击中，血染内衣。

《清史演义》对这场战役有不同解读。该书称“广丙”舰也曾跟随“广甲”逃遁。姚锡光《东方兵事记略·海军篇》也写道：“济远既逃，广甲随之。靖远、经远、来远不能支，亦驶出阵地逃避。”但更多的历史学家坚称，“广丙”并没有逃离战场。万炮齐鸣，北洋舰队最大吨位的“定远”被对方速射炮击中无数次，虽未受重创（日军的“松岛”是1892年刚下水的英制快速巡洋舰，排水量四千二百七十八吨，航速十六节，为了击穿“定远”、“镇远”的装甲，特别安装了一门三百二十五毫米大炮，结果也未能如愿），但已不能升旗。此时，“靖远”主动承担起旗舰功能——资料提到，在靠拢的舰船中，就有“广丙”舰。

在这次海战中，清海军共损失了五艘舰艇（“致远”、“超勇”、“广甲”、“扬威”、“经远”），管带死亡四人（“广甲”吴敬荣弃船逃离）。令日军高兴的是，虽然“松岛”、“西京丸”受伤极重，但仍可以拖回港口，无一沉没，仅“赤城”舰长坂本丧命。

换言之，在这次海战中，清军连对方排水量最小的“赤城”（六百二十二吨）也未能击沉。四个月前，清廷第二次校阅水师，广东水师记名总兵余雄飞带“广甲”、“广乙”、“广丙”三舰往北洋会操。演习时，广东三船沿途行驶操演船阵，“整齐变化，雁行鱼贯，操纵自如”，这让李鸿章很是高兴，“中靶亦在七成以上”。会操结束后，朝鲜局势渐趋紧张，中日摩擦不断。程璧光上书李鸿章，请求留北洋备战。李鸿章采纳此议，“广乙”、“广丙”二舰留北洋，至于“广甲”舰，在返回广东解送岁贡荔枝后，也留在北洋。

程璧光参加海军完全是个意外。1872年，他为了谋生，投奔姐夫陆云山。当时，福州船政局刚制成“靖远”炮船，陆云山是此船的管带。他命程璧光习航海术，后者学习用功，接连升迁。1875年，程璧光考入福州船政学堂，系统学习航海驾驶，毕业后上“扬武”舰当练习生。后历任南洋水师“超武”炮船管带、“元凯”炮船管带、福建水师学堂教习、广东水师“广甲”快船帮带等职，因战功调升“广丙”舰管带。

甲午海战之后，程璧光不得不接受革职回乡的处分。他在广东水师“镇涛”舰当管带的弟弟程奎光加入了兴中会。程氏兄弟都是广州香山人，和孙文同乡。

经孙文和程奎光的邀请，程璧光口头答应入会。这年10月，兴中会起义计划泄露，程璧光为避祸逃至马来西亚槟榔屿。1896年，李鸿章出使欧洲路过槟榔屿时，程璧光前往拜谒。李鸿章珍惜人才，劝其回国，并为他请免甲午之战之败责。

重新回到海军，程璧光“已是人生第二回”。既然清没有能力投入建设自己强大的兵舰，程璧光的第二个机会就是“海圻”号。程璧光复职于海军后，历任兵舰管带、船政司司长、统领巡洋舰队等职。

“海天”、“海圻”二舰均是英国阿姆斯特朗（Armstrong）厂建造。1896年下水，1898年完工，并于第二年夏天抵华。技术参数为：排水量四千三百吨，装备八寸主炮两门（舰首舰尾各有单联装主炮一门）、十门四点七寸炮、十二门四十七毫米炮、三门三十七毫米炮，驱动马力一万七千四，航速二十四节。标准乘员军官四十五人，水兵四百三十一人。

这些舰艇回国时，恰好赶上了意大利强租三门湾。1899年初，意大利向清政府提出租借三门湾的要求。清政府为之一惊，权衡双方实力后，认为意大利只是次等海军强国，这次要求只是看到其他列强纷纷得手之后的“独立行动”，并未和他国联合，因此断然拒绝。朝廷发布上谕，让两江总督刘坤一全面戒备海防，又起用叶祖珪、萨镇冰等前海军将领，作好战斗准备。此时，意大利派出三艘军舰到中国沿海游弋。事件演变成一触即发的临战状态。

5月30日，清政府命令北洋所有军舰出海，名为“巡哨”，实际上是展示军力。第二天，意大利宣布放弃对三门湾的要求，但清政府仍命沿海地区加强防范。11月20日，清政府命令叶祖珪率北洋诸舰南下。此事终告妥善解决。纵观此事件，清廷自恃海军实力在意大利之上，所以敢持强硬态度，促成了中国近代史上难得的一次外交胜利。

然而，这仅仅是清朝海军屈指可数的荣光之一。不管是舰艇还是舰炮，中日两国都竭力从英国、德国进口，论及保卫国家的能效，却迥然不同。程璧光在海军服役期间，遭遇了各种无奈。1899年八国联军入侵中国，各国调集三十余艘军舰云集大沽口外。北洋海军一心想置身事外，提出“保舰”。叶祖珪甚至声称，如果战事爆发，将把在天津修理的数艘驱逐舰调往山东归队。但这些行动还没有来得及展开，联军就夺取了停在大沽口的四艘清军驱逐舰。6月21日，慈禧下令对各国开战。但北洋海军在众多朝廷大员的暗示下，避身事外，主力舰队开往上海，参加所谓“东南互保”。实质上这就是避战不出，配合张之洞、刘坤一不将战争全面化的意图。这时，“海圻”舰还一度停留在山东，将蓬莱一带教士侨民护送上舰。美国战列舰“俄勒冈”号在庙岛附近触礁，“海圻”舰将其营救出险。不久，“海圻”舰也南下加入“东南互保”行列。

国运不济，空有强舰而屡受侮辱。1904年4月26日，“海圻”的姊妹舰“海天”舰在江苏鼎星岛遇雾触礁沉没。“海圻”就成为北洋海军最长脸的舰艇。此后几年，清朝海军访问了香港、新加坡、雅加达、西贡等地，“海圻”舰都是领头的舰船，正如当年北洋海军的“定远”、“镇远”一般。

1910年冬，程璧光出任海军部二司司长。这一年，适逢英王爱德华七世逝世，其子乔治五世继承王位，定于1911年6月22日举行加冕庆典。英国邀请包括中国在内的十八国两百余艘军舰参加庆祝仪式。清政府决定派亲王载振作为专使前往祝贺，并下令“加派巡洋舰队统领程璧光率领海圻巡洋舰前往，顺访美利坚诸国”。如此高规格兴办外事活动，在清朝二百六十多年的外交史上是绝无仅有的。

1911年4月21日，“海圻”号载着三百多名大清海军精英，从上海起航经台湾海峡、南中国海，穿过印度洋进入红海、地中海，又出直布罗陀海峡进入大西洋。在史无前例的万里远航之前，统领程璧光做出惊人举动。出发后不久，他在后甲板集合全舰水兵发表训令：“长发污衣藏垢，既不卫生，又有碍动作，尤以误害海军军人为甚，故实无保留之价值。”于是，他下令舰队士兵一律剪掉拖在脑后的“大辫子”，以符合世界潮流。此举获得士兵的拥护，但也有一些老兵舍不得长长的发辫，剪下后还用红布包裹，预备带回家乡。后世看见的程璧光的“海圻”官兵在纽约的照片，头型已全部改为短发。

这样的举动，其实在私底下和海军衙门进行过协商。随着败局连连，清廷已经沦为外部世界的笑话。此时，拖着一条长长的鞭子，不仅不符合当时军人的标准，更在文化上显出自己的落后。

海军接触外部世界较多，因此思想也更为趋近革命者。在程璧光航行的过程中，孙中山忙着争取伦敦金融家的支持，他在信件中提到：“至于海军，虽然迄今为止，我们在获得他们的支持方面尚未协调一致，但我们还是很容易能与他们达成默契的。清朝海军仅仅包括四艘巡洋舰，其中最大的一艘只有四千吨级，其余三艘都只有二千九百吨级。海军中的大部分军官和水兵都是革命党人。”

孙中山计算清朝海军力量时，极有可能还没有包括在英国刚刚建成下水的一艘新型驱逐舰。大清朝第一艘出现在大西洋的驱逐舰“海圻”号悬挂着黄龙旗游弋时，它的任务还包括护送新驱逐舰返回中国。当时，清政府在英国订购了两艘驱逐舰。按照清朝复兴海军的建议，福州和天津的两所海军学堂重建势在必行。“海圻”号驱逐舰上即有十三名专为设在芝罘的大清帝国海军学堂准备的海军学员。

6月20日，“海圻”号驶抵英国朴次茅斯军港。等候检阅期间，英国皇家海军为增进各国海军交流，举行了一次“万国海军田径运动会”。不知田径为何物的“海圻”号也派出数十名体格健壮的水兵组队参赛。比赛有数万市民观战，”海圻”代表队虽与奖牌无缘，但奋勇争先，无一人中途退场。尤其是在两百米跨栏比赛中，信号兵孟广吉连跨两栏后被绊倒，“仆地裂肤，流血满胫，仍奋勇到达终点，在场观者掌声如潮”。中国海军的精神赢得了大会的赞扬。

6月24日上午11时许，英皇乔治五世和王后玛丽检阅各国舰队，中国专使载振和程璧光应邀陪乔治五世乘坐同一艘游艇观舰。当英王乘艇接近检阅区时，八十艘各型战舰分八行阵列，场面肃然，所有舰队旗帜高悬，官兵在甲板昂首列队。“海圻”舰作为中国海军的代表，在这个隆重壮观的观舰式中持续了一小时二十分钟的列阵。回港途中，乔治五世接见了海军统领程璧光，并向其颁赠“加冕银牌”。借这次访英的机会，“海圻”号也趁机回了趟“娘家”——位于纽卡斯尔的阿姆斯特朗造船厂，进行为期一个月的大修。

即便是被程璧光视为“上国”的英国，也正在遭受德国人的挑战。这一年，温斯顿·丘吉尔获任海军大臣，他要求下属官员严格服从自己的权威，将不听从自己命令的官员一一撤职。同时，丘吉尔允许基层官兵发表批评长官的言论，虽然在基层中引来好评，却使直接隶属于海军大臣的四名海务大臣感到不满。丘吉尔就任海军大臣后，改变过去一味要求裁减军费的作风，开始主张与德国进行海军军备竞赛，以确保英国在海军方面的优势无法受到挑战。

“海圻”号在纽卡斯尔大修完毕后，横穿大西洋来到了美国东海岸。

此前三年，美国海军曾组建了一支精锐战列舰和小型雷击舰组成的舰队，进行环球海军外交。由于该舰队一律漆成白色，人们称之为“大白舰队”。清廷对美国客人给予了友好接待，提前一个多月就下旨派贝勒毓朗（军机大臣）、外务部右侍郎梁敦彦前往慰问，并让海军提督萨镇冰率舰先期前往厦门迎候。闽浙总督松寿更是无微不至，对接待工作非常尽心。1908年11月3日，萨镇冰在旗舰

"海圻"号上设宴款待来宾，美国"大白舰队"的主要官员额墨利提督、施罗德（Seaton Schroeder）少将等高级将领应邀出席宴会，毓朗、梁敦彦等人陪同。

回访纽约期间，程璧光还会见了塔夫脱总统。后者的真正抱负是进入最高法院，而不是当总统。据说，塔夫脱只是受妻子的"逼迫"才接受总统竞选提名，四年的总统生活使他极为不适。1921年，哈宝总统任命他为最高法院首席法官。塔夫脱成为既当过总统又成为最高法院首脑的人，他感到非常愉快，并说："我不记得我当过总统。"

这次在美国的经历，对程璧光而言是全新的。"海圻"舰在中国接待美国"大白舰队"时，派出舰队的还是西奥多·罗斯福总统，而此时美国的最高元首已经更替为塔夫脱。当时的中国人罕有人知道，西奥多·罗斯福总统是在麦金莱（William Mc Kinley）总统遇刺后上台的，是当时最年轻的美国总统。西奥多·罗斯福的就职演说，共说了九百八十五个字，没有一个第一人称"我"。

中国海军军人在慢慢体会美国社会的细节。一个著名的故事是，纽约造船厂老板送给程璧光一只名贵的波斯猫，称这只猫能在关键时刻帮程璧光"作出正确的抉择"。对方的目的其实很简单，想借此讨好程璧光，争取中国军舰订单。而他没有料到的是，这只猫此后果然作出了"正确的抉择"。

既然"海圻"号已经抵达北美东海岸，还有一桩事务等待他们去解决。

1893年后，在墨西哥科阿韦拉州西南端纳萨斯河畔逐步建立起一个城市：托雷翁。最初，墨西哥实行鼓励外国投资和移民垦殖政策，并于1899年和清政府签署了友好通商条约，此后不少华人拥入墨西哥。1911年5月13日，墨西哥反政府武装在弗兰西斯科·马德罗（Franciso Madero）的领导下，向墨西哥北部城市托雷翁发起进攻。政府军无法抵挡，撤出该城。在十多个小时里，三百多名华人被叛军杀死，造成震惊世界的流血惨案。

惨案发生后，清政府马上向墨西哥政府提出抗议，并聘请国际调查员就屠杀惨案提出赔偿要求。与之相配合的是武力，清政府电令"海圻"号向排华最严重的几个拉美国家进发。8月中旬，"海圻"号首先驶抵古巴首都哈瓦那，古巴总统拜会了舰长程璧光，签订了《中古友好条约》。在"海圻"号停泊古巴的几天里，清政府向墨西哥发出最后通牒，美国表态支持。墨西哥政府迫于压力，就排华事件正式向清政府赔礼道歉，并赔付受害侨民的生命财产损失，缉捕凶手。

这可能是程璧光当海军统领以来最舒心的日子。1911年9月初，“海圻”号从哈瓦那解缆起航，然而，归程的计划，仍然透露出中国海军的“野性”不足。和1743年进入广州的安森船队相比，此时的“海圻”号已比当年的“百夫长”号更加先进。但是，“海圻”号不愿意穿过巴拿马运河，完成环球航行。具体原因，则是因为“存煤量有限”，决定原路返回。几乎多出一倍里程不说，而且还放弃了对从未走过的路线的勘探。

“海圻”号抵达英国巴罗港时，辛亥首义爆发了。三副黄仲煊素来同情革命，他在舰上展开活动，争取程璧光同意领导全舰官兵易帜。试想，如果清朝最为先进的军舰在海外宣布加入革命阵营，带来的国际影响可想而知。这并不是一个艰难的任务。这支象征着中国最为先进军力的部队，出发时的剪发行为，已宣布了对王朝的不忠。一切商定之后，程璧光集合全舰官兵在甲板训话，他开门见山地说：“你们任何人如欲回国参加革命工作，请站到右舷，不赞成的站到左舷。待我数完‘一、二、三’，就请各位按自己的意愿，决定行动。”言毕，程璧光略微停顿，高声喊出三个数字。只见列队甲板左舷的官兵全部移至右舷，就连纽约造船厂老板所赠的那只波斯猫也不例外，顿时全舰掌声雷动。次年5月，升起新国旗五色旗的“海圻”号终于回到上海，完成了这次航行。

北洋政府时期，程璧光一度任海军高级顾问、海军总长。1917年，孙中山鼓励程璧光与北洋政府脱离关系。7月21日，程璧光率部分舰只起义，南抵广州，并于次日发表《海军护法宣言》，史称护法舰队。9月10日，军政府成立，孙中山被选为大元帅，程璧光任海军总长。1918年2月26日，程璧光在广州遇刺身亡。

程璧光之死，最终成为历史悬案。他最初支持孙中山，但到了广州后，有种说法是“因大元帅府款项支绌，海军人员遂琵琶别抱，转视线于莫荣新”。护法阵营由三种力量组成：军阀、孙中山系、海军。因此，任何两派联合，都可能带来实力的巨大转变。为了孤立孙中山，西南军阀允诺每月拨十万洋元为海军军饷，海军因此“转向”。时人说他们“先是依违于桂系和孙中山之间，以后更骎骎倾向桂系”。程璧光曾提议推荐陆荣廷为西南盟主“主持大计”，甚至在“非常国会”已经选举孙中山为中华民国军政府大元帅后，一度迟迟不接受孙中山委任的海军总长一职，即便是孙中山亲临“海圻”舰敦请也无济于事。这意味着海军不愿直接受辖于军政府，要保持独立性。在公开场合，海军也很少表示拥护孙大元帅，而仍要求黎元洪复位，提议陆荣廷出任护法首领。

章太炎撰《赠勋一位海军上将前海军总长程璧光碑》说，传闻程璧光将为粤督，所以被桂系谋害。1918年2月，“始议改建军政府，以政务总裁易元帅，孙公尚持重，久亦不能违众议。议未定，广东人欲以君（程璧光）为督，而君由是殇也”。

大多数人同意章太炎的看法，陆荣廷、莫荣新操纵了这次暗杀。汪精卫在为《程璧光殉国记》作序时说，程璧光率海军舰队南下护法后，北洋政府曾派遣使者来向他“游说万端”。他坚持说：“如果想要我罢兵息争，并不困难，只要恢复约法、恢复国会就行。”由此可见，程璧光是“与非法者争，为国是而争也”。程璧光以甲午海战降使的身份登上历史舞台，欲通过共和重建中国，不得其法，反遭谋害，旧时海军军人的悲剧莫过于此。

至于那艘他最珍爱的“海圻”舰，在此后的数年间一直是内战的工具，不停地游移在各种政治势力之间，在十八年之内换了六个东家。1937年9月25日，为了保卫江阴防线，“海圻”号自沉于江阴。同时自沉的还有与其患难与共的“海琛”、“海容”和“海筹”。自沉前，各舰均将武器卸下，舰员组成炮队参加陆战。

1959年冬，上海打捞工程局开始打捞“海圻”舰。1960年5月27日，船体被切成两段打捞出水，后拆解回炉。

“欧根亲王”号

“欧根亲王”号重巡洋舰，德国二战大型水面作战舰艇之一，是纳粹海军希佩尔海军上将级重巡洋舰的三号舰，名字来源于陆军元帅欧根亲王。

二战结束时，“欧根亲王”号是德国海军唯一尚能运作的大型水面战舰。1945年5月7日，“欧根亲王”号向盟军投降，交由美国海军管理且继续服役，编号IX-300，IX即未分类船只的意思。“欧根亲王”号有“打不死”之誉，历经数次大型战斗都能脱险，几成神话。由此美军在其生涯的末期，故意让其参加在比基尼环礁进行的原子弹试验，存心要让其“消失”。

1946年7月1日，进行水上核爆试验，一架空军飞机向试验舰队投下一枚原子弹，在距水面五百余英尺处引爆。少数试验船只沉没，但距爆心仅一千余码的“欧根亲王”号只受了轻伤。7月25日，“欧根亲王”号再度参与水下爆炸试验，原子弹在水下九十英尺处引爆，大量参与实验的船只沉没，其中包括两艘战列舰。距爆心不到两千码的“欧根亲王”号仍然幸存，甚至未受重伤，只是遭到了严重的辐射污染。德国战舰的制作品质让人惊叹。

美军于1946年8月宣布“欧根亲王”号正式退役，9月，这艘战舰被拖拽到瓜加林环礁。1946年12月21日，“欧根亲王”号意外舰艉损坏并严重进水，次日倾覆于环礁内。1978年，“欧根亲王”号的左侧推进螺旋桨被打捞上来，存放在德国基尔的莱博海军纪念馆中，作为对德国海军的纪念。

甲午海战中，程壁光是北洋海军最小舰艇“广丙”的舰长。而在日本方面，吨位最小的“赤城”号也神奇地全身而退。由于其象征了日本海军处于逆势仍不屈不挠的精神，日本于1920年12月6日在吴港海军船厂开工建造新的“赤城”号，这个“赤城”最初是作为天城级战列巡洋舰的二号舰。1922年《华盛顿海军条约》签订，同年2月5日，日本人暂停建造。但根据《华盛顿海军条约》，日本又在次年作了修改，将停建的巡洋战舰“赤城”号改建为航空母舰。

后来，新式的新“赤城”号在1941年12月7日作为日本航空舰队旗舰，参与偷袭珍珠港，太平洋战争爆发。太平洋战争最初的六个月内，由“赤城”号作为旗舰的日本第一航空舰队向西扫荡南太平洋至印度洋海域。1942年6月中途岛海战中，“赤城”号是机动部队指挥官南云忠一海军中将的旗舰，被美国海军“企业”号航空母舰的舰载俯冲轰炸机命中两枚炸弹，引起甲板上刚加满油的舰载机和鱼雷爆炸。执行护卫任务的驱逐舰“舞风”、“荻风”、“野风”和“岚风”各自发射了一枚鱼雷，“赤城”号于次日凌晨沉没。1942年9月25日，日本海军将其除籍。

第十三章

唐绍仪，传奇人生的悲惨结局

与唐绍仪十分熟悉的叶恭绰，晚年回忆道：唐绍仪“有劝人退位之习惯，以为政治家无身临绝境之理，退可复进。故劝清帝退位，劝袁退位，劝段退位，又劝孙退位，劝蒋退位，而不知除清室被逼外，余皆不听其言，蒋尤误会，以及于祸”。

冯梦龙编撰《笑史》，充满了各种避讳的故事。王彦，他的父亲叫王师古。对别人来说，一般的避讳方式，就是在他们面前不能用这两个字，但王彦做得更彻底，从音节上也要避讳。他称“砚”为“墨池”，称“鼓”为“皮棚”。谁犯了这个忌，他是一定要计较的。一天，有个叫李彦古的人去拜访，知道他的避讳，就在递进去的名片上写道：永州司户参军李墨池皮棚谨袛候参。王彦看过很是满意，对他的子弟们教导：“做人就应该这样啊。”

1908年，唐绍仪前往美国。二十七年前，他以留学生身份被清廷召回，此时又以大清赴美专使兼考察财政大臣的身份重返斯普林菲尔德。就在他抵达美国时，传来了光绪皇帝和慈禧太后先后归天的消息，三岁的溥仪被立为宣统皇帝。唐绍仪立刻致电清廷，宣布自己的名字改为“唐绍怡”，以示避讳。

辛亥首义，一共有六人在当时的报纸上成为焦点人物：军事上黎元洪威震江汉，天下向风；林述庆身先士卒，屡战屡胜；文事一共有三名英雄——唐绍仪、伍廷芳、汪精卫为了南北和平，舌战群英，终于让这个新生的国家暂时避免了全国性战争。而段祺瑞无论在军事还是政治上都显示出极高造诣，首请逊位。

这六人有着不同的人生轨迹。黎元洪、段祺瑞、伍廷芳先后死于疾病。汪精卫抗战中投日，病死于名古屋。被孙中山誉为“光复南京第一功”的林述庆基本确定为被人毒杀。1913年3月20日，宋教仁在上海被谋杀，林述庆曾当众拍案叫骂，认定是袁世凯指使刺客所为，表示要回南方召集旧部反袁。4月10日，袁总统府秘书长梁士诒邀请林述庆单独赴家宴，林述庆归家后七窍出血，延至4月16日与世长辞，年仅三十二岁。林述庆的症状有毒性发作之嫌，其身殁后，其妻陈慕志率子扶棺回闽，安葬于长乐县筹岐山北麓。

六人中经历最为复杂，最后下场也最悲惨的，莫过于唐绍仪。

在晚清和民国的舞台上，这名留美学生的影响不可不提，他的人生充满了魔幻色彩。

辛亥之前的政治舞台上，活跃着三支重要力量：改良派（主张君主立宪），革命党（以颠覆清朝政权为目的），满洲专制势力（当政者）。三者千差万别，但论及共同之处，那就是都有留学生作为骨干。革命军和君主立宪者就不说了，连良弼等保皇派也曾到日本军校认真取经。

1909年，唐绍仪在美国的新年过得心慌意乱。袁世凯离奇而突然地因“健康原因”退居二线。此前半年，军机大臣兼外务部尚书袁世凯在接受《纽约时报》托马斯·米拉德的采访时还是“健康和精壮的化身”。

1月8日，北京命令召回唐绍仪。次日，美国各大报同时刊登了这一消息，并且明确指出唐被召回是受到了袁世凯事件的牵连。同一天的《基督教箴言报》用将近整版的篇幅，刊登文章《现代中国为年轻美国提供巨大机遇》（*Modern China Offers Great Opportunities to the Young American*），使用的照片有两张：摄政王载沣和唐绍仪。尽管两人在政治地位上有着巨大差距，但美国人就是这样看待中国当时的政局的。编辑在导读中用显著字体写道：“袁世凯的命运关系到中国的外交政策以及中美关系的发展。”

看来，美国媒体受到了袁世凯精确预测塔夫脱当选的影响，认为他才是“睁眼看世界”的中国人。

唐绍仪重返美国，并非简单地作为一个留学生重返旧地。在美期间，他鼓动美国财团到中国东北投资，并以考察财政为名，访问欧洲及日本等八国。一句话，就要让各国势力在东北实现拉锯战，从而为中国赢得时间。日本又怎能看不懂清朝这着棋？日本外务省拉拢美国抢先签订《日美协议》，使唐绍仪的计划落空。1910年，唐绍仪曾一度被任命为邮传部尚书，但不久即辞职。在袁派人物中，唐绍仪、民政部侍郎赵秉钧、邮传部尚书陈璧、东三省总督徐世昌等纷纷远离政治中心，这就是光绪死后，中国政局的一个特点。

唐绍仪和袁世凯的关系为何如此之好？

唐廷枢是清朝首批获得官方承认的“外资企业”怡和洋行（Jardine Matheson & Co）的买办，之后成为李鸿章大搞经济改革的得力干将。在创办轮船招商局、开平矿务局等计划中，唐廷枢在官场与商场、中外企业、国有资本和民间资本之间游刃有余。当时的人们没有想到，唐廷枢的侄子唐绍仪此后会比叔叔更有名。

1874年，唐绍仪被选为公费留学生前往美国留学。1881年，年仅十九岁的唐绍仪回到了中国。他被派到朝鲜担任朝鲜海关帮办、德国人穆麟德（Mollendorff）的秘书。作为宗主国，当时中国直接掌管朝鲜的外交、海关等事务。朝鲜甲申政变时，二十二岁的唐绍仪与二十六岁的袁世凯相识。据称，在甲午战争打响之前，袁世凯撤离朝鲜时，唐绍仪亲自带着刀枪，连夜护送袁世凯搬到英国军舰上，由此结下了不解之缘。

从那时起，不管袁世凯是在小站练兵，还是出任山东巡抚，唐绍仪都是其得力助手。1901年，袁世凯出任直隶总督兼北洋大臣，跻身国家重臣之列，唐绍仪因此也飞黄腾达，被任命为天津海关道，这是当时大清朝最著名的“肥缺”之一。唐绍仪在任期间，清廷接收了八国联军分占的天津城区，收回了秦皇岛口岸管理权。本来这是列强侵华战争后的必然阶段，但同僚们仍然认为这是唐绍仪的功劳。袁世凯亦上奏朝廷，称赞唐绍仪表现出色，能力一流。

但唐绍仪在操守上受到质疑。《申报》曾报道说，唐绍仪在多个职位上，都嫌工资待遇低，“用款浩繁，入不敷出”，于是他请求老上级袁世凯帮忙，想调回广东去督办粤汉铁路，但被中央拒绝了。《申报》评价唐绍仪，“实不外拜金主义也”。唐在担任邮传部副部长时，翰林院侍读马吉樟奋起弹劾他，指其大搞裙带关系，“所用垂参，皆其同乡亲戚，以贿而行，咨调司员，亦多以贿成者”。虽然史料中并没有实证，但唐多次受到这类指责，绝非无风起浪。

《民立报》曾报道唐绍仪过度奢靡，“日食非百金不乐，一切举动，皆摹仿西洋豪华，非中国诸王大臣所可及。唯对部中司员异常刻薄，闻近日又有裁员减薪之举，邮部之司员无不怨形于色。夫减之诚是，然唐自待亦太过也”。时人也记载说唐绍仪“广交游，善挥霍，每日四餐，每餐十金，犹云无可下箸”。日本人佐藤铁治郎的评价最为直接，说“唐本骄奢淫佚，无利不为”。因此《民立报》说唐绍仪在京城做官，因为这样的品性少有朋友，“排挤者甚多”，但因为工作能力一流，袁世凯倾心照应，唐绍仪稳如磐石。

辛亥事起，袁世凯重新被任用，他提出“开国会”、“解除党禁”、“组织责任内阁”等条件。其班底中的许多“留美幼童”，都重新走上历史舞台，包括：外务大臣梁敦彦、邮传大臣唐绍仪、邮传副大臣梁如浩、驻英国公使刘玉麟、驻德国公使梁诚，重要幕僚蔡廷干、蔡绍基等。原先这些人都支持清廷进行内部改革，此时时局变化太大，大厦将倾，如今都很自然地倾向于建立共和政体的新国家。

在和南方的会谈中，当时作壁上观的民众忍俊不禁。唐绍仪名义上是大清王朝的全权代表，但真正有能力支持他的是主张君主立宪的袁世凯，其对手是要求马上就走共和道路的革命党人。作为朝廷命官的一品大员，唐绍仪不着清廷官服，而是西装领带、法式皮帽、呢大衣，一身西方装束抵达上海。而前来迎接他的南方革命党谈判代表伍廷芳，还穿着中式长袍。

这就是中国历史上最有韵味的时刻，传统文化和精神内核，拼凑在一起尤其惹眼。

从1911年12月18日到12月31日，南北双方在上海公共租界市政厅进行了五次谈判。伍廷芳和唐绍仪公开阐明了自己的政治理念。这两位留学生之间的精彩碰撞，与其说是谈判、辩论，不如说是在倾诉对建立强大中国的心声。

担任过中国驻美公使的伍廷芳说：我原先也同样认为，中国应该实行君主立宪，共和立宪的时机还不成熟。但今天中国的情形和过去已经大不相同，今天中国人的程度，可以实行共和民主了！人心如此，不仅留学生们这样看，连素称顽固的老先生也这样说。他们说，可以立宪，即可以共和，差别仅仅在选举大总统这一点上。今大，各省的咨议局、北京的资政院都已经民选，选举大总统何难之有？清廷专制两百多年，使中国败坏到今天的样子。即使一家银行的总经理败坏了信用，都必须辞职，何况一个国家？今天中国必须实行民主，由百姓公选大总统……

唐绍仪：共和民主，我们从北京来的人没有反对的意向。

伍廷芳：很好！

唐绍仪：今天如果没有清廷，马上可以实行共和。但既然存在着清廷，我们想要共和立宪，就必须有完美无缺的共和立宪……共和立宪，万众一心，我们汉人是没有不赞成的。不过，我们需要筹措妥善的办法，使局势和平解决，以免清廷横生阻力。我有共和的思想，可比你要早啊！我在美国留学，一向接受的就是共和思想。今天我们所讨论的，不是要不要共和，而是谋求用和平手段去实现它的办法……

面对这样的谈判，清廷震动了——唐绍仪哪里是在议和，完全是在双手奉上江山。但放眼当时的局势，袁世凯在军事行动上收放自如，清廷实在没有其他更好的人选取唐绍仪而代之。1911年12月27日，唐绍仪致电袁世凯，提出“召开临时国会解决国体问题”，请袁世凯代奏朝廷。次日，清廷就回应表示同意，授命唐绍仪就“会议代表的选举”等问题继续进行谈判。

其实，袁世凯对唐绍仪拟订的许多有利于南方的条款也感到不满，因为他真正关心的，无非是自己的权利。正当伍廷芳和唐绍仪就召开国民会议的细节达成初步协议时，南方革命党人成立了临时政府，选举孙中山为临时大总统。袁世凯气得宣布拒绝接受协议，撤销了唐绍仪议和总代表的职务。袁世凯作出这一决定，一半是对唐绍仪不满，一半是对孙中山施压。他要确保用取消帝制换取他的大总统一职。唐绍仪没有离开上海，袁世凯也不敢全盘推翻伍、唐商定的协议——中国步入共和已经不可逆转。

共和初建时，袁世凯组织的唐绍仪内阁十二人，有九人是早年的留学生。唐绍仪任国务总理、陈其美任部长、曹汝霖任国务员……章太炎听说后觉得至为不妥，给袁世凯和唐绍仪发电：“京外官僚中非无清刚晓练之士，何取著名鬻国之曹汝霖？发难首功非无稳健智略之人，何取弄兵潢池之陈其美？”袁看完电报对唐绍仪说：“共和伟人，当以此公为最爽直。”

袁世凯四面表扬别人，要的就是四面收罗人心。此后，唐绍仪才知道，顶头上司并不是真要当华盛顿那样的“总统”，而自己搞“责任内阁”一直寸步难行，也就不难理解内中原因了。

唐绍仪“事事咸恪遵约法”，袁世凯甚为不满，两人的裂痕加深。和章太炎一样，唐绍仪在民国用人上，也主张“务贵新不贵旧”，因此拒绝了赵秉钧私自安排北洋旧人入阁。当然，赵秉钧深知当时的政局首脑不是唐绍仪，而是袁世凯，于是以辞职相威胁，公然对抗。此时还有一件大事：为了获得英、美、德、法四国银行团的支持，袁世凯基本同意了对方“监督中国财政”的无理要求。在袁世凯看来，为了袁系的茁壮成长，资本是不可不借助的力量。但唐绍仪坚决不让步，这引起了袁世凯和财政总长及四国银行团的合伙攻击。此后发生的“王芝祥事件”最终导致了唐绍仪与袁世凯分道扬镳。1912年6月初，直隶省议会选举王芝祥为直隶都督。这一选举结果符合民国《临时约法》，唐绍仪作为总理也必须承认。但袁世凯看不惯自己的老根据地居然被选举抄了后路，本能地拒绝承认，公布另任命令。唐绍仪见《临时约法》变成一纸空文，“彻悟袁之种种行为，存心欺骗民党”，遂于6月15日愤而下野，时任总理不足三个月。

从总理位置下来，唐绍仪寓居上海数年，与人集资创办金星人寿保险有限公司，自任董事长，但仍密切关注着政治舞台。1913年，袁世凯刺杀宋教仁，唐绍仪予以强烈谴责，并拒绝袁世凯邀请其复任北洋军阀政府总理的拉拢。1915年，袁世凯复辟，唐绍仪与蔡元培、汪精卫联名致电，警告袁“取消帝制野心，并辞职以谢天下”。护国军兴起后，唐绍仪再次致电袁世凯，劝其退位。

与唐绍仪十分熟悉的叶恭绰，晚年回忆道：唐绍仪“有劝人退位之习惯，以为政治家无身临绝境之理，退可复进。故劝清帝退位，劝袁退位，劝段退位，又劝孙退位，劝蒋退位，而不知除清室被逼外，余皆不听其言，蒋尤误会，以及干祸”。

唐绍仪不断劝别人退位，而自己在耄耋之年还不断思进。1931年，蛰居多年的他突然心血来潮，出任家乡香山县（时已改为中山县）的县长。他做县长，如当年做巡抚、尚书、总理一样，有板有眼，煞有介事。区区四年，他到处“化缘”，修马路、建医院，把自家的花园改建成城市公园，对市民开放，甚至还野心勃勃地想在中山县海岸上建成一个大海港。至今中山地区还流传着唐绍仪那段时间的趣闻。他修马路的时候，民工不敢搬掉当道的土地公公，唐绍仪上前用手杖敲敲土地公的头，然后让民工下手。马路修好之后，下水道井盖老是被偷，于是他下令在井盖上铸上“盗买与盗卖，均罚五十元；报信或引拿，均六成充赏”的字样，后来就没有人偷了。

也许就是这种不甘寂寞的做派，最终让唐绍仪付出了生命代价。

1938年9月30日上午 9 时许，经过军统的精心策划，一辆黑色小轿车载着三位不速之客停在福开森路上一座花园楼房前，两位商人打扮的来客每人携带了一只小木箱，另一人原系唐府旧随从人员谢志磐。正因为谢是经常来往的旧人，所以应门者毫不犹豫地将三人引入客厅，并从楼上请下主人后即退下。仅仅十几分钟后，客人就携箱告别，登车疾驰而去。正当门卫有所疑惑时，客厅中已传出呼叫声。原来唐绍仪已被谢志磐等三人用斧头砍杀，横尸厅堂。

当时，土肥原贤二积极拉拢中国政坛老将，组成“以华制华”的伪中央政府。1938年9月间，土肥原两次来到唐府，督促唐绍仪尽快作出成立伪中央政府的决定。而唐绍仪并未明确拒绝，他推出了自己的女婿岑德广，由他出面与土肥原进行谈判。

此时，人们一度认为，唐被杀是日本人遭到拒绝后的举动。后来，台湾地区《中外杂志》所载军统北平站站长的回忆录中说：“因唐已定意做汉奸，故予处决。”这就是著名的“必杀论”。唐绍仪的意外死亡一度成为讨论热点，沈醉先生也曾发表意见，认同刺唐是军统奉命行事，但称这是“误杀”，是“晚节未失，惨遭错杀”。

但有大量细节表明，唐绍仪对于以什么方式重登政坛，有自己的考虑。1938年3月，广州抗敌后援会致电唐绍仪，请其脱离恶势力包围，从速南归。3月12日，上海《文汇报》刊登了《上海市民函唐绍仪》的公开信，信中恳切劝告，希望唐绍仪“与国人共争民族的独立自主”。3月19日，广州市各界人士和社团再度电催唐绍仪南归，电文说“请公善保晚节，否则自堕名誉，遗臭万年”，并且汇去了旅费两万元。对于这些明确、热情的民意，唐绍仪置之不理，连旅费也没有收。

更令人感到惊愕的是，日本人一手成立的南京伪维新政府中，二号人物竟然是唐绍仪的老部下温宗尧。温宗尧曾经一直紧密追随唐绍仪，可谓嫡系。温宗尧执掌维新政府，唐绍仪难脱干系。南京伪维新政府的伪立法院的院长居然来自“唐系”，这不能不引起当时重庆方面的猜疑。

国民政府进行了继续试探，承诺唐绍仪若能先到武汉，当委以外交委员会主席之职。为了争取唐绍仪，国府做工作很细致，他们甚至动员了杜月笙从香港写信给唐绍仪，劝他赴港居住。面对这些规劝，唐绍仪回答得很倜傥：“请诸位朋友放心，我唐某宁做亡国奴，不去当汉奸。若有机会，一定去港。”但又苍白地推辞说，“等把上海一些家务事料理完毕后便动身”。话是如此说，这位已经七十六岁却不断有众多“家事”的老人迟迟未见动静。在当时的情况下，这显然说明其正在去留未定的焦虑中。国民政府的选择不多了。不久，戴笠便发出了刺杀令。

10月5日，国民政府下令“褒扬”唐绍仪，拨给治丧费五千元，并将生平事迹宣付国史馆，以表示政府笃念勋耆之至意。

这可能算是“被”成全名节的一段历史。

南唐，北吴

二战中，日本人在华寻找傀儡政权的代言计划，一度被人称为“南唐北吴”。唐，指唐绍仪；吴，指吴佩孚。

1938年9月30日，唐绍仪被暗杀。一年之后的12月4日，戎马半生的吴佩孚因牙疾复发、高烧不退，请日本牙医看病后猝死。人们普遍认为吴佩孚死得蹊跷。当时还有人指出，不排除吴也是被国民政府刺杀的。实际上，众多细节表明，吴在对日态度上远比唐明确，确系死于日本人之手。抗战胜利后，为表彰其保持晚节，国民政府追赠他为陆军一级上将。而被“错杀”的唐绍仪，只拨给了五千元治丧费用。

吴佩孚比唐绍仪小十二岁，他和日本唯一的盟友关系，就是在当下级军官时，曾奉官方指示，在日俄战争中为日军服务。

需要特别指出的是，清政府在日俄战争中对外宣称“中立”，实际上暗中联合日本。这不是因为日本和中国“同文同种”，而是时局进退两难，“附俄则日以海军扰我东南，附日则俄分陆军扰我西北”。最后，清政府作出了决定，打破俄国独占东北的局面，试图维护东北主权。

日俄战争前夕，在日驻华军事顾问、日本近代间谍战鼻祖青木的主持下，从北洋督练公所中选拔出包括吴佩孚在内的十六个能干得力的青年军官，与三十一名日本情报人员秘密组成“中日混合侦探谍报队”。这支部队的头领是守田利远少佐，他带领队员们渡海，分别到旅顺、大连等地刺探俄军军事活动情报，尤其是俄国东方舰队的情况。

在执行此次任务的过程中，吴佩孚“温和良顺，举动不苟；交人圆和而不露圭角；任事处变而不急近功和不邀虚名；所自信以为是者，则行之以渐……”其出色的情报工作才能，深受守田的青睐。日俄双方开战不久，2、3月份日本海军对盘踞在旅顺口的俄国舰队进行攻击，遭到猛烈还击，久攻不下。主帅东乡平八郎决定对俄国舰队实行封锁战。俄军设立多道防线，日本船只能自沉在指定海区，以围困俄海军。对手自然看懂了日军的计划，于是凶猛袭击日军舰船，导致日军遭到重创。在吴佩孚的提议下，日军用多只普通渔船日夜不停地对俄舰队进行骚扰、试探，趁其麻痹之际，把日军情报船混在渔船中送到海上阵地，于是港内各舰阵位信息成功反馈到指挥舰，为日军歼灭俄国远东海军残余，以及陆上要塞决战作出了贡献。10月，已荣升为上尉的吴佩孚奉命携带重要情报到奉天附近的新民屯参加秘密会议，途中被俄军以"间谍"之名逮捕。吴佩孚拒不承认自己谍报员身份，在被押往哈尔滨的途中跳车逃脱。

1905年，俄军从三万公里外赶来的"波罗的海"舰队被消灭，陆上战争日军也获得了胜利。吴佩孚屡次立功，日本赠其六等"单光旭日勋章"一枚。在历时一年有余的日俄战争谍报工作中，吴佩孚初露锋芒，可视其为日后跃居北洋之星的开端。

顺便提一句，在众多因素汇集之下，对马海战成为历史上最令人吃惊的战事：俄军罗日杰斯特文斯基的八艘主力战舰有六艘被沉，两艘被缴获。俄军参战的全部三十七艘战舰，有二十二艘被击沉，六艘被缴获，还有六艘被扣马尼拉，最后回到符拉迪沃斯托克的仅有三艘，而日本仅损失了三艘鱼雷艇。俄军死亡四千余人，被俘近六千人，近两千人被扣押；日军有一百七十七人死亡，不到六百人受伤。

东乡平八郎前去探望被俘的罗日杰斯特文斯基，宽慰他说："胜败乃兵家常事，关键看你是否已经履行了军职。"但是，罗日杰斯特文斯基和涅博加托夫回国后都受到了审判。

这场战争，是吴佩孚最后一次和日本人同袍。1924年9月8日，吴佩孚成为首次亮相美国《时代》杂志周刊封面的中国人。是时，吴佩孚掌握着直系最多的兵力，拥兵数十万，虎踞洛阳，其势力影响着大半个中国，是最有希望统一国家的人物。随着第二次直奉战争被冯玉祥暗算，他彻底走下了政坛。

抗战爆发后，日军曾以吴佩孚的名义在河南征召伪军。日本特务头子土肥原、川本等采取拉拢、威逼等各种手段，都未能让吴佩孚放弃民族气节。董必武在《日本企图搬新傀儡》一书中对吴佩孚作出了中肯评价：作为军阀，吴佩孚"有两点却和其他的军阀截然不同。第一，他生平崇拜我国历史上伟大的人物关、岳，他在失败时，也不出洋，不居租界自失。第二，吴氏做官数十年，统治过几省的地盘，带领过几十万的大兵，他没有私蓄，也没置田产，有清廉名，比较他同时的那些军阀腰缠千百万，总算难能可贵”。

其后人吴运乾、吴运坤回忆说：“日本人想利用先祖父与蒋介石政权的历史宿怨和在社会上的威望，企图敦劝他出山当傀儡。一时间，每日宅前车水马龙，军警林立，日特首领及形形色色的汉奸说客络绎不绝，门前经常水泄不通。在这种‘外有强敌施压，内有群奸游说’的困难境遇下，先祖父始终不肯在强敌面前屈膝就范。他痛骂上门游说的大汉奸江朝宗‘老而不死’，齐燮元‘死无葬身之地’，还斥责汪精卫是‘著名汉奸’、‘无耻下贱’。面对日寇的威逼利诱，他多次对日特务头子拍桌子，掷茶碗。”

吴佩孚提出的出山条件，几乎就是抗日声明：日军必须全部撤出中国，包括东北三省，确保自己的实力、实权和实地。这和唐绍仪的表现有极大差别，因此也促成了日本人解决吴佩孚问题的决心。

据吴运乾、吴运坤回忆，1939年12月4日，北平大雪。日特务头子川本会同大汉奸齐燮元携日本军医前来强行“治疗”（吴佩孚牙病，脸部发炎）。家属欲阻拦而不得。齐燮元说：“大帅是国家的人，一切由国家主持安排，家属无权过问。”后来得知，当时是由我父亲扶护头部，母亲也在侧，川本、齐燮元现场监督。日医用手术刀在浮肿的右腮下气管与静脉的部位一刀割下，血流如注，先祖父顿时气绝。当时有人喊了一声：快打强心针!日医在医药包里寻找一番，表示没带强心针，旋即跳到床上“抢救”，进行“人工呼吸”，强压胸腔及心脏。事后想来，这番“抢救”动作，无非是再施手脚，加速死亡。母亲从屋中出来时，痛哭失声，告诉我们：“天塌了!”噩耗一经传出，楼上下、院内外一片大乱，哭声震天。祖母当场昏厥。亲随张劭溥拔出手枪要打死日医，日医在众多掩护下鼠窜而逃。

吴佩孚坚决不做汉奸，因为以他对中国文化的理解，汉奸是种最可怕的职业。1944年11月10日，汪精卫在日本名古屋病死，留下一首绝命诗，题为《自嘲》：“心宇将灭万事休，天涯无处不怨尤。纵有先辈尝炎凉，谅无后人续春秋。”汪精卫死后，日本军部用专机将其尸体运回南京。陈璧君生怕日后有人毁坟鞭尸，特地命令手下用五吨碎钢掺在混凝土里，浇灌在墓壳上，想以此保住其夫君尸身，没想到后来还是被炸开鞭尸。

抗战的陪都时期，磁器口曾发生过轰动陪都的新闻，成千上万市民纷纷前来观看最新制作的汪精卫和他老婆陈璧君的跪像。从那时起，他们便一直跪在那里。

乱象篇

第十四章

知识分子的科举情结

严复回国后，先在母校福州船政学堂当教习，次年调入李鸿章创办的北洋水师学堂担任总教习，后出任该校校长。虽在新式学堂身居高位，他仍然对缺乏功名耿耿于怀。1885年，严复跑回福建参加“乡试”，准备补科举的课。不过，他落第了。

反对封建帝制的革命，目的只有一个，要建立一个重德能而非出身的秩序。这种斗争首先是对王权权威的反抗，一般同时会扩大为对全部特权阶层的斗争。

王权或特权是如何建立起来的？血统。不过，每一个朝代更替时，开国皇帝和他的同事们都清楚，所谓天命，不过指的是他们的团队在能力上超过了原有领导者而已。因此，在治理国家时，科举成为一种新的维持稳定的策略。中国的科举制度很大程度上是一个缓冲地带，在固有王权和特权的大框架内，给予平民子弟一定的晋升机会。换言之，平民中的优秀分子也可以靠读书进入贵族阶层，完成对上层阶级的部分换血。

游戏科举的朝代，麻烦不断。《玉照新志》记载，北宋初年，殿试以最先交卷的第一名为状元。开宝八年宋太祖殿试，王嗣宗和陈识同时交卷，不好定夺。于是，宋太祖就让他们“手搏”（不分重量级的自由搏击），结果王嗣宗得了状元。赵匡胤以快为好，仿佛评说武功真谛的火云邪神。而在速度一样的基础上又增加了游戏成分，不知后来宋王朝的悲惨命运是否与此有关。

科举上的弊端，一代人的时间内可能不会体现，而经年累月如此，毫无疑问导致平民中的精英分子不得进身，只好参加夺取天下的运动。以湘军头领彭玉麟为例，十六岁随父回籍。父亲死后，其族人掠夺田产，彭玉麟于是避居衡州府，就学于石鼓书院。据说他书法极好，但不能写正楷，不能写自己的名字，所以七试不中，不得不到衡州协标营担任司书（低级文书职员），以此糊口。后来，衡州知府高人鉴去协标营做客，看到他的文章很是欣赏，就让他到官署读书，补了生员名额。

也就是说，如果不是遇到有识人之能的衡州知府，恐怕彭玉麟就只能继续复读下去了。

美国传教士史密斯（A.H.Smith）等人的观察使我们可以更好地了解清代晚期的社会。

1889年，《邸报》公布了几个省份中老年考生的情况。福建总督说，该省秋试中有九位考生年过八十岁，两位年过九十岁。他们都通过了规定的考试，“文章结构严谨，书法俊秀。”河南总督报告说，考生中有十三位超过八十岁，一位超过九十岁。安徽总督报告说，有三十五位考生八十岁开外，十三位九十岁以上。

史密斯对这种难以理解的考试制度没有评价。但我们可以从20世纪90年代风靡中国的电视剧《我爱我家》中找到异曲同工的表述。剧中，街道委员会请求退休的付明老人加入治安联防队，他的儿子贾志国说：“像我爸爸这样大的人，抓到的小偷得多大年纪啊？就算是抓到，这样的小偷还能教育得好，重新做人吗？”

清代对科举制度进行了一些改革，比如增加复试。顺治十五年（1658年）清廷第一次举办复试制乡试。康熙五十一年（1712年），又在会试上进行复试。道光二十三年（1843年）以后，各省举人一律要到京师进行复试，如没有经过复试，就不能参加会试。这些改革措施都是为了防止作弊，维护考试公正，而对科举如何选拔真才实学之士，并无多大改进。

在这个过程中，清王朝还首开把科举范围扩大到“海选”的先例。

《中国科举制度研究》论述道：“凡籍有良贱，四民（即士农工商）为良，奴仆及娼优隶卒为贱。”凡属贱民者，禁止入学读书，不许与良民通婚，也不能参加科举考试，自然也失去了做官的机会。

雍正元年、七年、八年，清政府先后豁免了四个省份“贱民”的身份：山西、陕西的乐户，江南的丐户，浙江的惰民。官府规定，贱籍如报官改业后，家庭内部成员在四代都没有重操旧业，后代即可参加科举考试，获得做官资格。后来，贱籍中的广东之疍户（渔民），浙江之九姓渔民，都遵照这个规定执行。

按照清廷的规定，即便都在衙门服役的，也贵贱有别。除了库丁（管库银的）、斗级（管库粮的）、民壮（临时差役）仍视为良籍，如皂隶、马快、小马、禁卒、门子、弓兵、仵作、粮差及巡捕营番役，全部都属于“贱役”，长随（跟班）亦与奴仆一样看待。如果有奴仆经本主放出为自由民，在地方部门仍要及时存档，三代之后所生子孙，才能获得应考、出仕的机会。《大清会典事例》详细规定，这类人物即便做官也要受限制：京官不得至京堂，外官不得至三品。

雍正元年（1723年）三月，监察御史年熙上书请求豁除山西、陕西乐户的贱籍。山西、陕西乐户的祖先，出身“高贵”。据说，明朝永乐皇帝朱棣抢了侄子建文帝的皇位之后，便加害建文帝之忠臣，将他们的妻女罚入教坊司充当官妓，世代相传，久习贱业。上书的这个年熙是谁？就是大名鼎鼎的年贵妃的亲侄子、年羹尧的儿子。年熙在奏疏中说，这些乐户是忠义之士的后代，沉沦至此，没有机会重新做人，请求雍正帝开豁她们的贱籍，准许她们改业从良。雍正帝看到奏折后很是赞同，一个月后就发出第一道“豁贱为良”谕旨。在下令开豁乐户贱籍的同时，雍正又下令各省都进行检查，如发现辖区内存在类似乐户的“贱民”，也准许他们出贱为良。

一百多年后，林肯才签署了那份废奴宣言，美利坚正在为废奴内战不休。雍正帝以一道旨令将这些贱民除去贱籍成为良人，在法律上承认了他们与良民具有同等的地位。一般来说，贱民脱了贱籍之后一般还是得继续从事原来的职业，以维持生计。但是，他们毕竟得到了一个正常的民籍，有了将来翻身的机会。这些贱民在实际生活中依然受到歧视，然而从长远来看，雍正改革的积极作用是非常明显的。

然而，后来的时代并未给予清王朝不断修正考试制度的机会，他们所做的改革不足以拯救自己。1840年鸦片战争以后，科举设置新科目。光绪十三年（1887年）把算学列为考试科目。光绪二十五年（1899年）设经济专科。光绪二十七年（1901年），慈禧发布上谕，要求考生答题一律不准用八股文形式。

科举考试制度的讽刺性在严复身上体现得尤其突出。由于清晚期出现了各种新式学堂，严复被福建船政学堂录取，并未走上科举道路。1877年9月，严复进入英国皇家海军学院深造。1878年6月以优异成绩结束课堂学习后，严复被安排在格林尼茨海军学院进修一个星期，以便回国后胜任海军教职。

严复回国后，先在母校福州船政学堂当教习，次年调入李鸿章创办的北洋水师学堂担任总教习，后出任该校校长。虽在新式学堂身居高位，他仍然对缺乏功名耿耿于怀。1885年，严复跑回福建参加“乡试”，准备补科举的课。不过，他落第了。

这非但没有打击严复对科举的热情，反让他在后来的几年中发愤研习八股文。于是一个奇迹诞生了：一个英国皇家海军的高才生，埋头重拾传统国学，大有不中不仕绝不罢休之势。无奈天不遂人愿，严复第二次赴京参加“顺天”考试，第三次回福建参加“乡试”，都以落第而告终。顺便说一句，既然作为北洋水师教育头领的严复都如此痴迷科举，相信当时在他治下的学校自然也无新风。严复留英的两年多时间里接受的新思想已无影无踪。孟德斯鸠、卢梭、穆勒、达尔文、赫胥黎，此时比不上一朝“金榜题名时”。

清廷的官员晋升考核，此时已经多样化。年过不惑的严复经海军保荐“免选知府，以道员选用”，道员属正四品，已经进入了官场的“中产阶级”。颇具讽刺意味的是，“严道员”依然为未获取正式功名深感不安。1893年，他耐不住这份揪心，再一次跑回福建参加乡试，结果仍然落第。堂堂北洋水师学堂校长、中西文化的饱学之士，连一个举人都无法考中，传统的科举制度和新式文化的冲突，一览无余。

在严复身上可以看到深刻的矛盾。他曾大声疾呼禁食鸦片，然而他本人却以身试“药”。在执教北洋水师学堂时，严复染上毒瘾。李鸿章为此严厉告诫道：“汝如此人才，吃烟岂不可惜？此后当体吾意，想出法子革去。”但直到死，他也没有戒掉鸦片瘾。

最为可悲的是，就在这位海军学堂校长醉心于科举之时，也就是他第四次参加科举考试的次年，中日甲午战争爆发了，北洋舰队全军覆没。

就是这位学习西学出身的严复，此后为袁世凯称帝奔走、鼓吹。1912年，袁世凯宣布“中华民国以孝悌忠信礼义廉耻为人道之大经”，孔教再度成为“国教”。1913年9月13日，北京举行“癸丑仲秋丁祭”的祭孔活动，严复在国子监公开演讲，演讲题目是“‘民可使由之不可使知之’讲义”，公然宣讲和建立现代国家不符的理论。他还在中央教育会发表“读经当积极提倡”的演说，突出强调四书五经的重要性，为袁世凯“尊孔读经”殚精竭虑。当年8月，严复又和梁启超、夏曾佑等人联名上书国会，要求在宪法中将孔教明确定为国教。

国事艰难，科举考试最终也和政治扯上了关系。1895年春，乙未科进士在北京考完会试，等待发榜。就在此时，《马关条约》割让台湾及辽东、赔款二亿两白银的消息传来，在北京应试的举人群情激愤，台湾籍举人更是痛哭流涕。4月22日，康有为、梁启超写成一万八千字的“上今上皇帝书”，十八省举人响应，一千二百多人参与署名。5月2日，由康、梁二人带领，十八省举人与数千市民在“都察院”门前请官员代奏朝廷。

这时，科举已经遭到中国学子的质疑。1895年，吴稚晖和康有为、梁启超在北京相约，认为科举无益，不参加乙未科考试。结果吴自己没去考试，但康、梁都去了，吴因此退出了康党。在这场考还是不考的投机中，梁启超本来和康有为是有不同意见的，但暂时不想和他反目。谭嗣同此后看出了康、梁之间的分别。他在北京认识了吴德潇、吴铁樵父子，相见恨晚。吴铁樵后来告诉汪康年，谭嗣同认为“康徒唯此人（梁启超）可与也”，依据是梁启超“颇以康为不然，而不肯出其口，此其佳处”。

所有的考试制度都没有涵盖女子。清朝贵族裕庚原来在沙市居住，后来去了汉口。他将自己的女儿德龄送进了教会学校，其他人都反对，说他太激进，把自己的孩子“出卖”给外国人。从此裕庚得了一个“叛徒”的称号，但他没有丝毫犹豫。

清廷为了笼络贵族和大臣，公开采取了一些照顾其子弟的考试制度，恩科就是其中一种。按恩科的规定，现任京官三品以上及翰詹科道，外任官员布政使、按察使以上，武官提督、总兵以上，他们的子孙、同胞兄弟，以及同胞兄弟之子，如要参加乡试都称为“官生”，其卷子另外编为“官卷”。“官生”的录取属于“提前批”，每二十名“官生”取中一名。这比其他人考取举人要容易得多了。

对皇帝而言，不存在通过考试获得前途的问题。但是，历朝历代，对于储君的教育异常严格，即便是现任皇帝，如果尚未成人，也一定要应付各种课程。宣统皇帝爱新觉罗·溥仪的经历折射出晚清皇族和贵族的状态。

1917年7月，一位有胆识的作家写了《复辟潮》这出戏剧。其中的一个桥段是这样的：张勋对溥仪说，若成功不必再念书，定能取消所有功课。还说，自古有马上天子，焉有读书天子？这样的记述可能是执意诋毁满洲皇帝的人所作。但溥仪本人对传统的教育方式确实厌倦了。

德龄公主后来回忆，贵族子弟只想玩，而不想学任何东西。这一点上，溥仪比他们要好。然而，有些老师是在他退位之后才姗姗来迟的。

20世纪初，为了满足溥仪有朝一日东山再起、重新执政的需要，徐世昌等人为其挑选了一位教授欧洲宪政知识和英语的老师。

1918年8月2日，经李鸿章次子李经迈推荐，徐世昌总统和英国使馆交涉，庄士敦（Reginald Fleming Johnston）成为溥仪的“帝师”。民国八年（1919年）2月，庄士敦处理好威海事宜赴京，正式开始“帝师”生涯。这一年溥仪刚好十四岁，而庄士敦已四十五岁，他被溥仪称为“苏格兰老夫子”。庄士敦是中国几千年帝王史上第一位也是最后一位具有“帝师”头衔的外国人，英国政府在其离开威海前，授予他“高级英帝国勋爵士”勋章。溥仪赐他头品顶戴，“御书房行走”等职。

1934年，庄士敦写成了《紫禁城的黄昏》一书，记述了清朝盘踞紫禁城两百多年后的黄昏时期，尤其是从民国成立到1924年溥仪出宫这段时间没落的真实情形，引起世界轰动。庄士敦在书中写道：“谨以此书献给溥仪皇帝陛下，最真诚地希望溥仪皇帝陛下及其在长城内外的人民，经过这个黄昏和长夜之后，正在迎来一个新的更为幸福的时代曙光。”1935年，庄士敦最后一次来中国，并于长春造访了溥仪。溥仪准备留下他来在伪“满洲国”工作，庄士敦拒绝了。

二战之后的东京大审判，检察方以庄士敦的这本书作为证据，控诉溥仪在“满洲国”期间的叛国行为。溥仪辩解说，这只是庄士敦为了自己的书好卖，随意编撰而已。

清代对科举考试书籍的痴迷，最终也让他们在革命论战中遭到意外打击。章太炎嘲弄康有为讲的“光绪皇帝享有天命”完全是狗屁。这位博闻强识的学者说，要什么样的“天命”，他都能随意考证、编纂出来。为了打击对方，他马上编了一则清朝即将完蛋的“符命”。当时学子都很熟悉的《中庸》开头一句话为“天命之谓性”，结尾一句话是“上天之载，无声无臭”，也就是“天命”二字开始，以带有“载”字的一句告终。章太炎此论对照清朝历史，清初努尔哈赤的建国年号是“天命”，当时执政的光绪皇帝名“载湉”，正应着清朝国运到光绪为止。

中国历史上朝代更替无不以各种符命、童谣为征兆，章太炎这一搞，人心更是离散不少。四书五经还算是有点儿谱的，而学子们学的古史根本就是胡诌。历史学家顾颉刚就曾这样说，中国古史是糊涂账，两千多年随口编造。如舜在孔子时代仅是无为而治的代表，到了后来就成了家齐而后国治的明君。

1905年9月2日，晚清重臣张之洞、袁世凯、端方等六人会衔上奏，要求废除科举，兴办现代学校。面对众多位高权重的大臣的意见，清廷谕令从1906年起废除科举制度，停止所有乡、会试，科举制终于灭亡了。

东亚的其他国家保留了一些中国传统教育制度的精髓。在黑泽明（Akira Kurosawa，日本导演）的小学时代，日本小学生的毕业歌是："高山仰止，吾师之恩"；五年级学生唱的歌："上班诸生，切磋与共，如我之姊，如我之兄"，这些都是过去中国少年的必修课。

清帝国的倾颓，和考试制度无法让精英得到升迁的机会不无关系。明末的驿站问题没有解决好，出了一个李自成。洪秀全屡试不第，干脆自己打天下，直接造成了晚清大乱。孙中山从来没有走过科举道路，但有不少民国历史学家认可他给李鸿章上书的历史。只是这些历史没有提到这样一种可能，如果孙中山像严复那样，不管是读书还是投靠达官成功，被授予一官半爵，岂不是和日后的事情无关？用一句讽刺当代教育的话来形容过去的这段历史，也是恰当的——如果比尔·盖茨念完了大学，恐怕世界会是另外一副样子。

科举与书法

"彭玉麟书法极好，但不能写正楷，不能写自己的名字，所以七试不中。于是不得不投衡州协标营充司书，月支饷以养家。衡州知府高人鉴，偶于客坐见其文字，极为称赏，并招其入署读书，旋补附学生员。"对此传说，外人宁愿相信他有考试恐惧症。从彭玉麟流传后世的对联书法作品来看，他并非不能书写正楷。

不少收藏家看中了馆阁体书法特殊的历史价值和文化价值。清代科举盛行，读书人忙于应付考试，花费大量时间练习写白折子、大卷子。他们所写正楷往往笔锋严格、法度古板，被称为"馆阁体"，也叫"翰林字"。当时，欧体和赵体是读书人最喜欢临摹的。从解放初到"文革"前，古玩店和旧书店经营的一些"翰林字"售价只有二十元，同样的作品，现在已经卖到上万元甚至更高。

相同的故事也发生在另外一个清代人物身上。清道光朝时期，科举尤其看重书法。据说龚自珍因书法不佳，妨碍了进身。龚二十八岁中举人，之后一连考了六次，直到三十八岁才中进士。殿试的时候还是因为“楷法不中式”，勉强得了个赐同进士出身。和彭玉麟不一样，龚自珍在《自觉跋某帖后》里明确发牢骚：“余不好学书，不得志于今之宦海，蹉跎一生。”在他看来，“专以临帖为事”太难了。有时候，他也提笔描摹，准备好好练字，不过写不了几行就不耐烦，“胸中有不忍负此一日之意”，干脆搁笔。

尤其是在皇帝亲自阅卷的殿试中，书法的好坏万分重要。一个官本位意识浓厚的国家，上有所好，下必行之。从科举制度开始，字一直被认为是一个人的脸面，写一手好字是士子的基本素质。

书法是古代学府中的主要项目之一，科举铨选人才以“身、言、书、判”为标准，“楷书遒美”不可缺少。同时，官方还配备了书法教育机构，如唐代设立京师弘文馆，虞世南、欧阳询、褚遂良等书法家纷纷登台讲授书法。各代在这方面都有所因袭，这也使士庶学风大振。及至明代，盛行帖学更为注重楷法，到了清代不过承其遗绪，更加讲究工整而已。有了广泛的群众基础，书法由此成为一门普及艺术。在全民学书风潮的影响下，历代书家高手如云，诸如褚遂良、欧阳询、颜真卿、董其昌、刘墉、翁方纲等，无一不卓然成家，对后世影响深远。

大书法家通常都有过人的腕力甚至臂力，历史上颜真卿在这方面被传说为力士。上文提到的赵匡胤让两名殿试者手搏，估计是双方不但一样快，书法水准也差不多。于是宋太祖由书法想到腕力，直接让他们手搏了。

《辞海》中的“馆阁体”条目是这样的：“书体名。明清科举取士，考卷的字，要求写得乌黑、光洁、方正，大小一律。至清代中期，要求更严，使书法艺术趋于僵化。明代此种楷书叫‘台阁体’，清代则叫‘馆阁体’。”

康有为在《广艺舟双楫》中透露了对这种拘束精神的书写方式的看法：“马医之子，苟能工书，虽目不通古今，可起徒步积资取尚、侍，耆老可大学士。昔之以书取司空功，而诧为异闻者，今皆是也。苟不工书，虽有孔、墨之才，曾、史之德，不能阶清显，况敢问卿相！是故得者若升天，失者若坠地，失坠之由，皆以楷法荣辱之所关，岂不重哉？此真学者所宜绝学捐书自竭以致精也。”

极具讽刺性的是，大奸臣里总有杰出的书法家。蔡京的书法一度让米芾自愧不如，秦桧也因字闻名。在写“标准字”上堪称大家的严嵩（《明史·严嵩传》：善小楷，有书名），在历史上也是祸乱朝纲的大奸相。

字如其人，人如其字?

第十五章

中日恩仇数百年

日本人向中国学习了两百多年后，又转向西方，逐渐成为亚洲最为西化的国家。19世纪日本曾经有过攘夷的情况，但一旦开始“脱亚入欧”运动后，在《世纪之交的日本》那幅木刻画所表现的亚洲战争场面里，日本人都魁梧高大，皮肤白皙。

美国学者戴蒙德（Jared Diamond）认为，不同的民族遵循不同的发展道路，原因在于民族生存环境的差异，而不是民族自身在生物学上的差异。他关注气候，认为农耕文明之所以在亚欧大陆达到最高水平，因为亚欧大陆是个“横向”的大陆，而非洲和美洲都是“纵向”的。因此，一种粮食作物被驯化后，可以很快在亚欧大陆上传播开来。

戴蒙德的“自然条件决定历史进程”的理论如今相当流行。他的《枪炮、病菌与钢铁：人类社会的命运》获得了1998年普利策奖和英国科普图书奖。

在一定程度上，这也可以解释中国人没有远涉重洋去朴次茅斯，而英格兰人总是驾船四处游走。但是，这个理论无法解释日本人和中国人对外界事物的不同反应。或许，日本根本不属于亚欧大陆。

1853年，美军舰队由佩里（Matthew Calbraith Perry）率领来到横须贺（YOKOSUKA，位于日本神奈川县南东部三浦半岛的城市中部东岸，北邻横滨，扼东京湾口，为首都东京的门户），用坚船利炮逼迫日本人打开国门。后来，日本人却把侵略者佩里当成一个恩人来纪念。他们认为，如果没有佩里，日本可能继续闭关自守，沦为殖民地。思想家福泽谕吉在其所著《文明论概略》中说：“如果想使日本文明进步，就必须以欧洲文明为目标，确定它为一切议论的标准，以这个标准来衡量事物的利害得失。”福泽谕吉在报纸上发表《脱亚论》文章，主张日本“所奉行的主义，惟在脱亚二字。我日本之国土虽居于亚细亚之东部，然其国民精神却已脱离亚细亚之固陋，而转向西洋文明”。他还呼吁说：“我国不可狐疑，与其坐等邻邦之进，退而与之共同复兴东亚，不如脱离其行伍，而与西洋各文明国家共进退。”

到现在为止，福泽谕吉仍然是一万日元钞票上的头像。

历史的吊诡之处在于，没有很好的农业基础、没有足够食物的国家，不得不依赖进口，向外索取或者交换，最终竟然大半都获得成功，而且其成功极其辉煌，远非重视国内粮食产量的国家所能比。英国、荷兰、日本以及瑞士等国都是这方面的典型例子。

1743年，乔治·安森来到广州，他走后，中国官员的想法是，这些人不过是“过路的神仙”，事实上此后外国人经常不请自到。凡提及辛亥革命和晚清历史，就难免提到中国和日本这对东亚兄弟，如何在历史的长途赛跑中互为师友，造就了后来的复杂关系。

菅原道真是中日历史上最为重要的人物之一，他以个人的力量中断了日本的遣唐使制度。

623年，遣隋留学僧惠齐、惠日等人留学中国多年后回到日本。他们向天皇报告说，大唐是法律制度最完备的国家，应该派使节赴唐学习，以增加日本国的竞争力。630年，舒明天皇派出了第一位遣唐使。从630年至895年，日本朝廷一共发布任命遣唐使共十九次。其中，任命后因故终止三次，实际成行十六次。这十六次中，其中一次仅抵达朝鲜半岛的百济国，还有两次是作为送回唐朝专使的“送唐客使”（陪同唐使前往中国），另有一次是因入唐日使久居未归，特派使团前往迎接的“迎入唐使”。因此，名副其实的遣唐使仅十二次。

菅原道真在日本的影响很大。现在在日本，凡是考试的人都喜欢去北野天满宫朝拜，上书“请菅公保佑”，云云。天满宫在日本共有一万三千多家，菅原道真对日本的影响大到什么程度，可见一斑。894年，菅原道真被任命为遣唐使，但他以大唐处于内乱时期为由，建议取消遣唐使制度。从7世纪开始从未中断的这一制度，因菅原道真“怕死”，真的被取消了。

遣唐使制度之所以被废止，除唐政局动荡以外，还因经过两百多年的引进移植唐代文化，日本已基本上完成自我进步，并在此基础上萌生了具有日本特色的本国文化，因此对中国文化学习的需求已不那么迫切。何况，每次遣唐活动耗费巨大，路途艰辛也让使臣心存畏惧。唐朝赴日贸易不断增加，客观上可以弥补以前靠遣唐使捎带唐货的需求。在这些因素的共同作用下，894年，宇多天皇接受了菅原道真的奏请，第二年正式宣布停派遣唐使。从那时起，日本开启了国风文化时代，平假名和片假名开始盛行。

在学习的过程中，日本并没有放弃对中国教师地位的挑战。

龙朔三年（663年），天智天皇以援助朝鲜半岛的百济为名，命人率日军精锐两万七千余人向新罗发起进攻。日军进展顺利，夺取了沙鼻歧、奴江二城，切断了唐军与新罗的联系。

九月初八，庐原君臣率水军万余人渡海而来，准备在白江口登陆。唐军大将刘仁轨领兵率先到达白江口。二十七日，日本水军也从海上抵达白江口，两军遭遇。当时唐朝水军为七千余人，战船一百七十艘；日本水军万余，战船一千多艘（从这些数据可看出，唐水军舰船比日军舰船更大）。二十八日，日本诸将和百济王与唐朝水军初战，被击败。但日军仍盲目地高估自己的实力，错误地认为"我等争先，彼应自退"（《日本书纪》卷二十七《天命开别天皇》），于是未加整顿部署，不观天气变化，便"率日本乱伍中军之卒，进打大唐坚阵之军"。这场主动进攻给日军带来了灾难性后果，战船被毁四百多艘。百济再次得以平定，只有迟受信据守任存城不降。

白江口海战是中国古代战争史上一次大规模的海战，陆上日本军队闻讯大惊。"相谓之曰：'州柔（即周留）降矣，事无奈何。百济之名绝于今日，丘墓之所，岂可复往？'"天智天皇深恐唐军进攻本土，自664年开始在日本国内耗费巨资修筑了四道防线，以备唐军渡海入侵。

后来抗战中，学者傅斯年对罗家伦说，生了孩子要取名仁轨。有人追问，他说："中国第一个在朝鲜取得对日作战胜利的人，就是唐朝的大将刘仁轨啊。"

值得玩味的是，日本"去中国化"刚好一千年后，便在甲午战争中击败了中国。

中日矛盾在19世纪70年代再次抬头。清光绪元年（1875年）五月，日本政府借口琉球船民在台湾避风为高山族人所杀（当时日本已将琉球视为宗藩体系属国），命中将西乡从道担任台湾事务都督，带领三千六百人登陆台南，企图全面控制台湾。作为应对，清廷委派沈葆桢为钦差、办理台湾等处海防兼理各国事务大臣。

1875年6月14日，"安澜"、"伏波"、"飞云"、"万年清"和"济安"

各舰船在闽海集结成队。沈葆桢率领法国船政监督日意格、布政司潘霖、帮办斯恭塞格等随员出发，三天即抵达台湾。潘霖、日意格直接和西乡从道谈判。与此同时，沈葆桢本人加强防御工事，协调海陆军队积极备战，光是利用舰船运兵，很快就有超过一万军士渡海到达台湾。这样，清廷驻台陆海军总兵力明显超过了日军。

在实力上占优后，沈葆桢才施展自己的外交手段。他与日本司令官西乡从道相见时说，中日两国海军尚在萌芽状态，如果贸然开战，西方列强会看清双方底蕴，对彼此都是损失。他建议说，不如各自撤军，“二十年之后再见高下。”西乡从道“大为感动”（其实是不打无必胜之仗），于是罢兵北归。此后二十年，沈葆桢为筹措海军军费绞尽脑汁，而慈禧太后却挪用北洋军费修筑颐和园，南洋军费也被左宗棠移去治理河工。二十年后甲午一战，清兵果然大败。

1875年日军从台湾撤军，占尽了便宜。柳原前光、大久保利通当时相继抵北京谈判，清廷被讹诈五十万两白银。加上考虑到沈葆桢所说不无道理，日军这才撤兵台湾。通过这次交手，清政府的底牌已经被日本看得一清二楚。

西乡家族见证了日本发展为强国的过程。西乡从道之兄西乡隆盛被称为“倒幕元勋”，也是“维新三杰”之首，任陆军大将。在台湾事件后两年，西乡隆盛因不满政府发动叛乱。明治天皇下诏斥之为“贼”，命令全国之兵讨伐西乡。前后历时八月，西乡隆盛兵败剖腹自杀，史称“西南战争”。

这场战争惨烈异常，在日本，无论官方还是民间均将其视为“叛乱”，至今未变。然而，对于叛军首领西乡隆盛，日本人则多敬其私德，认为他仅是与天皇政见不合的英雄人物。西南之役硝烟未散，政府军决战主将谷干城就前往西乡墓前赋诗凭吊，昔日对手胜海舟为之立诗碑。著名启蒙思想家福泽谕吉更是撰文评论：若以绝对服从政府权威为衡量标准，则因“倒幕”建立的现政权亦属非法。五年后，西乡隆盛之子长大成人，明治天皇亲自出资送其到德国留学。八年后，宫内省次官提议，明治天皇带头，一共两万五千人响应，集资为西乡隆盛建铜像于东京上野公园，至今犹在。

如果说7世纪的唐朝的确给日本提供了师法之楷模的话，中国自始至终都没有视日本为老师。

日本人向中国学习了两百多年后，又转向西方，逐渐成为亚洲最为西化的国家。19世纪日本曾经有过攘夷的情况，但一旦开始“脱亚入欧”运动后，在《世纪之交的日本》那幅木刻画所表现的亚洲战争场面里，日本人都魁梧高大，皮肤白皙。

在辛亥革命之前和中国的竞争中，日本产生了影响民族性格形成的理论基础：武士道精神。1716年，山本常朝和田代阵基的《叶隐闻书》，奠定了武士道的基础。

山本常朝出生时，父亲已经七十岁了，他是由自己的大侄子带大的。这名怪才的理论，使日本人综合学习多元文化后，终于产生质变，形成了独立的民族性格。以前，日本人视和中国攀亲为荣誉，如桓武朝的大将军坂上田村麻吕，在《群书类从》里就这样介绍："大将军坂上田村麻吕者，出自汉高祖皇帝。"

甲午战争中，清朝人的迂腐无能给日本留下了深刻印象。

1894年，中日甲午战争爆发，年已花甲的吴大澂奏请出关抗战。这位金石学家、古文字学家堪称爱国者，他曾在吉林边疆防御沙俄入侵，反对葡萄牙强占澳门和香山七村时，明确站在保卫国家利益的立场上。

光绪帝赞扬他"奋勇可嘉，著照所请"。吴大澂得令出征后，便公开发出如下的战斗檄文：

为出示晓谕事：本大臣奉命统率湘军五十余营，练习三月之久，现由山海关拔队东征。正、二两月中，必当与日本兵营决一胜负。本大臣讲求枪炮，素有准头。十五、六两年所练兵勇，均以精枪快炮为前队。堂堂之阵，正正之旗，能进不能退，能胜不能败。湘军子弟，忠义奋发，合数万人为一心。日本以久顿之兵，师老而劳，岂能当此生力军乎？惟本大臣以仁义之师，行忠信之德，素不嗜杀人为贵。念尔日本臣民，各有父母妻子，岂愿以血肉之躯，当吾枪炮之火？迫于将令，远涉重洋，暴怀在外。值此冰天雪地之中，饥寒亦所不免。生死在呼吸之间，昼夜无休息祗候，父母悲痛而不知，妻子号泣而不闻。战胜则将之功，战败则兵之祸。拼千万人之性命，以博大岛圭介之喜快。今日本之贤大夫，未必以黩武穷兵为得计。本大臣欲救两国人民之命，自当开诚布公，剀切晓谕：两军交战之时，凡尔日本兵官逃生无路，但见本大臣所设投诚免死牌，即交出枪刀，跪伏牌下。本大臣专派仁慈廉干人员收尔入营，一日两餐，与中国人民一律看待，亦不派做苦工。事平之后，即遣轮船送尔归国。本大臣出此告示，天地鬼神所共鉴，决不食言，致伤阴德。若竟迷而不悟，拼死拒敌，试选精兵利器与本大臣接战三次，胜负不难立见。迨至该兵三战三北之时，本大臣自有七纵七擒之法。请鉴前车，毋贻后悔，特示。

立志效仿武侯七擒七纵，现实情况又如何呢？1895年3月初，日军接连攻陷牛庄、营口和田庄台，湘军损折大半。3月17日，清廷以吴大澂“言大无实”，撤去其帮办军务，又令他赴京听候处罚。3月28日，在廷臣朝议之后，清廷又改了主意，命湖南巡抚吴大澂“著即赴湖南本任，毋庸来京”。

3月29日，吴大澂写奏折谢恩，对自己的书生意气感到沮丧，“伏念臣一介书生，未经战阵，徒以倭寇猖狂，迫于忠愤，不自量力，愿效驰驱。枪械尚未到齐，训练亦无成效，冀分宵旰之忧勤，罔计军情之利钝，谋之不善，咎实难辞。圣训谆谆，恩旨尚嘉其勇往；私衷惴惴，臣心实昧于机宜。在朝廷，曲于矜全，仍畀以封圻之重任，而夙夜弥深惕厉，更当图报称于将来。一息尚存，敢望补过尽忠之义；四夷未靖，犹切卧薪尝胆之忱”。

近代史上的一大特色，简直让人忍俊不禁：清政府和革命志士都把日本看做靠山。而实际情况是，日本政府从来都没有打算做任何将中国拉回复兴轨道的事。草田男有诗曰：“回首柳暗花明引泣，但慨初生牛犊无惧。”在中国人看来，这句诗甚至有点儿狗屁不通，日本从近代开始就一直因中国缺乏“无惧”，而产生了民族优越感。

日本人笃信的武士道精神就是看透死亡。于生死两难之际，要当机立断，首先选择死，没有更多道理可言。山本常朝提道：“很多人说，无目标的死，没有任何意义。但在生死两难时，人哪里知道是否能按照原先的目标去死？以目标来考量生死，就会以死了不值来解脱自己，从此变得怕死。”

他进一步解释说：“报仇很简单，就是以迅雷不及掩耳的速度冲上去，杀了对手就可以了。如想着万一不能战胜对手，此念一出，就会以对手人多势众来为自己辩解，甚至不了了之。真正的报仇，即便对手上千，只要有见一个杀一个的决心，报仇也可以实现。”

在师法中国的过程中，日本并未全盘中国化，而是仅仅吸取了自己需要的部分，对中国文化中被其判定为“糟粕”的部分，一概拒绝。日本人一直认为，只有强者才能获得上天的护佑，北条时宗坚持不回复蒙古国书，成为日本最伟大的历史篇章。1274年和1281年，日本两次靠台风保佑，在蒙古骑兵在亚欧大陆肆虐之时，得以幸存。

反观清廷，在甲午战争中和日军的对抗又体现了什么呢？

一、朝鲜战场

1894年9月15日，日军对中国驻军所在的平壤发起总攻。双方交战仅仅一天，日军就攻进了平壤，缴获大量武器弹药和物资。战局的发展体现了坚忍的重要性。本来，日军对左宝贵部实力估计不足，伤亡多于清军。在攻下牡丹台和元武门后，日军已经弹尽粮绝，无力再进一步。此时，中方前线指挥叶志超却被左宝贵战死的消息吓破了胆。他在当天下午四点派出一名朝鲜人，准备以平安道监司的名义投降。日军虽未接受，但当天停止了前进。在叶志超看来是日军同意了自己的投降要求，实际上日军这时也是强弩之末，迫不得已休战。

当晚叶志超不顾众将反对，率军轻装撤退，结果被调度得法的日军趁势劫杀，死伤两千人，被俘数百，远远超过白天和日军正面对抗时的损失。叶志超的举动引起了朝鲜军队的忿恨，他在撤离时，还曾遭遇朝鲜友军的袭击。

最让日本人趾高气扬的是，他们在清军丢下的遗留品中，发现了卫汝贵妻子写给他的家书："君起家戎行，致位统帅，家既饶于财，宜自颐养。且春秋高，望善自为计，勿当前敌。"

这可能是军事史上最荒谬的书信之一。一位将领的妻子处心积虑劝告丈夫保重身体，不要杀敌，首要目的是保全自己回来享清福。日本政府迅速将这封家书大肆宣扬。日军毫无顾忌地追赶清军，直至后者退入中国境内的九连城，此地已经距离平壤五百多里。至此，北洋陆军拱手将朝鲜全境相让。

二、海战

1894年9月17日下午，黄海大战。"济远"舰管带方伯谦的做法更加离谱。此前他从丰岛战役中逃生，显然日军的实力让他产生了畏敌情绪。见到"致远"舰沉没，方伯谦称本舰受伤，慌不择路逃窜，居然将友舰"扬威"号撞成重伤，以致后者被日舰轻松击沉。"广甲"舰管带吴敬荣也随之逃跑，中途搁浅，吴敬荣弃船逃生，几天后日军击沉了这艘被弃的"广甲"舰。"广甲"舰排水量一千两百余吨，在北洋舰队参加海战的舰艇中排名倒数第二。当时，日方参加海战的舰艇总吨位、射速、人数均超过清军，但日军舰队中排水量最小的"赤城"仅有六百余吨，被安排在战斗阵列左侧。海战开始后，“赤城”被吨位巨大的“定远”、“镇远”（排水量均为七千余吨，是其十倍）轰得体无完肤，但并未出现主动逃跑的现象。这次海战，日方舰艇没有被击沉一艘。

事后，总理衙门收到了李鸿章的电文。“（济远）管带方伯谦即先逃走，实属临阵退缩。应请旨将该副将即行正法，以肃军纪。”“广甲”管带吴敬荣被革职，叶志超被定斩监候（死缓），卫汝贵因没有阻止叶志超撤兵以及落有家书被斩首。

三、辽东战场

11月9日，金州沦陷。之前，九连城几乎一触即溃。在听说金州沦陷后，旅顺的“隐帅”（形容其实际上是旅顺的控制者）龚照玙立刻决定逃跑。龚照玙出身富足，和李鸿章是合肥同乡，由监生捐纳府，加捐同知，保知府，再捐道员，仕途顺利。1890年，他保二品顶戴，成为总管旅顺船坞的官员。

从龚照玙逃跑的时间来看，他甚至成功预计了金州的陷落。11月6日，龚照玙乘坐“广济”急速出逃至烟台。在这一年，北洋水师的舰船多次成为将官出逃的私人交通工具，军心大乱。

龚照玙最初得到的处罚只是留职查看，后因山东巡抚实在看不过，继续弹劾，清廷才命兵部以“失守要隘”的罪名判处其死刑。结果，处死之前他再度被免死。历史上没有记载，但显然其同乡李鸿章起到了作用。

旅顺失守后，日军野蛮屠城，死者两万余人，惨不忍睹。

吴大澂当时的心态也代表了普通中国人的心态：在交手后，终于意识到日本的强大。很快，中国青年就像当年日本的遣唐使一样，留学日本，希望从“同文同种”的日本人那里学到真本事。

进入21世纪，一名在日本居住的中国人写下一本书，书中提到他很佩服在日本新宿街头拉客的中国人，怎么能在街头的芸芸众生中找到同胞，而不是那些不值得浪费时间的日本人（其实，单凭眼神和走路之快慢就可以）。而且他困惑，到了冬天，日本中小学的女生都穿着长不过膝的短裙，在寒风中瑟瑟发抖。他为此曾询问过很多日本人，百思不得其解。偶有人回答他：“因为别人都这样。”而倘若问晚清的中国人，他们就知道这是斯巴达式培养，而且放在中国，叫做“若要小儿安，常带三分饥与寒”。

日本人对中国文化的精髓有过深入吸收，比如必要的礼教。黑泽明回忆自己的父亲异常严格，母亲上鱼放错了位置，就会呵斥：“浑蛋，这是打算让我剖腹自尽吗？！”给剖腹者上的鱼，鱼背向着人；而一般进食，鱼腹向人。

宋教仁幼年丧父，家庭贫苦但刻苦好学。他曾经在日本游学，十年没有回国。那时，他的母亲年过七旬，经常写信让他回来，并责怪他“知有国而不知有家，知有亲爱同胞而不知有生身之母”。宋教仁得到母亲书信后，往往捧书涕泣，长夜不眠，但迫于学业不能动辄回国。宋教仁任农林总长后，有一次去见袁世凯，袁见他西服又脏又破，问已经穿了几年。宋回答说：“留学日本时买的，已穿十年了。”袁感叹之余，赠以银摺扣让他购置新衣。宋教仁婉辞不受，解释说：“贫者士之常，今骤然富贵，哪能忘其本？衣服虽褴褛，但尚可蔽体，没必要太华丽。”

不管任何国家，都有无法“感化”的侨民。章太炎在日本避难三年多，其间衣服被褥从来没洗过！众所周知，他在国内就是著名的“邋遢大王”。逗留上海期间，章太炎的妻子王氏不在身边，无人浆洗衣裳。于是他就干脆不洗衣服，一身衣服“油光可鉴”。更令人难以接受的是，章太炎有鼻息肉（其死因分析，可能即为鼻息癌变），长年呼吸不畅，鼻涕频出。这位兄台率性而为，经常用衣袖公然擦拭，旁人惊讶不已。

初渡东瀛，章太炎还闹过一个笑话。中国人随时随地吐痰，他更不例外。日本房屋都铺着木板，吃饭睡觉都在地上，所以被整理得很干净。章太炎对此全然不顾。他在屋内随心所欲，经常四处吐痰，吓坏无数日本人，也让陪同的中国人尴尬不已。

日军和中国交手的历史，也是日本国际化的历史。1900年，八国联军进军北京时，俄国记者扬契维斯基（Янчевецкий）在他的《北京陷落纪实》中写道：“……在第十一天就攻打了北京。北京是由两个忠实的盟军，俄军和日军，用血汗攻克下来的。在枪林弹雨中，我们与日本人，第一次体验着战争的情谊。”

攻城的第一天，日本攻打齐化门受挫，不得不通过俄军攻克的城门，再通过中国人放弃的哈德门，再沿着城墙去齐化门。

四年之后，日军和俄军在旅顺展开了大战，中国人以复杂的心态见证了他们“战争的情谊”。乃木希典的儿子保典亦在二〇三高地死亡，这是日军有史以来伤亡最大的一次。

日军在日俄战争中得到了中国人的同情，因为这场战斗首先是由于俄国对占领东三省过于急切的心态造成的，第一时间激起了中国人的反对情绪。只不过，当时的中国人没有意识到，东三省不过是两条狗争夺的一块骨头。

1903年春，俄国进军东三省，向清廷提出七项新要求。在日本留学的中国人哗然，各省同乡会纷纷开会研究对策。钮永建当时在东京突发奇想，准备组织拒俄义勇队。然而，留学生会馆干事章宗祥、曹汝霖（火烧赵家楼的主角们）等人，认为学生空谈误国，决无所成。而且动辄组织武装力量，容易引起清廷疑忌，拒绝了大家的要求。

最终，五百名各省学子在神田锦辉馆召开大会，宣布“拒俄义勇队”成立。蒯寿枢、钮永建、叶澜、林长民、王璟芳等人上台演说，豪气干云，掌声如雷。学生们推举陆军士官学生蓝天蔚为队长，每日按军队规章操练，准备赶赴疆场。这些人还致电北洋大臣袁世凯，请他出面向俄国申明东三省主权，否则“与之决绝”。学生军对袁世凯承诺，如果开战，愿意以袁世凯部队属下的身份参战。

不出所料，清廷果然疑虑此事可能为革命党控制，最终授意袁世凯不作任何答复。在朝廷层面或平民眼中，都认为日军是可以解救东三省的力量。清政府因此与日方有默契，暗中协助日方作战。当时在北洋督练公所参谋处的上尉吴佩孚，就曾奉命为日本人搜集俄军情报。

不知道当时的清政府为何认为日本人会为清廷流血，从逻辑上说，国事艰难之时，最多不过是希望二虎相争，看看是否能坐收渔利而已。

话分两头，当时留日青年们异常敏感，随时都可能被牵动起爱国神经。1903年3月，日本在大阪召开博览会，遍邀中国各省官商赴会，留学生秦毓鎏、侯保三、秦平甫等去参观。该博览会中设有人类学馆，让学生们惊骇的是，馆中居然雇用了几名中国人，表演中国的腐败旧俗（小足妇人、吸鸦片烟，等），以此代表中国全体国民，并且还是作为“野蛮人种”中的一种。在中国人的抗议声中，清廷驻神户领事蔡勋与大阪官吏交涉，要求取消这样的“表演”。最初，主办方之间互相推诿，并不真心解决。留学生会馆写信给贝子载振，请求中断中日商业、文化等外交。日本政府担心因此伤害两国商业往来，最终令大阪府撤去这类展览。

辛亥前在日本活动的中国革命志士，亡命天涯，多用日本姓名，以防止日人歧视。陈少白留日较久，最初用了一个名字，叫服部次郎。丁酉（1897年，清光绪二十三年），孙中山从欧洲回到日本，亦取名“中山樵”，这个名字用了好多年，之后改为“高野长雄”。当时，日本维新志士中有个医士叫做高野长英，孙中山的日友平山周对这些掌故都很清楚。平山周是黑龙会的骨干，之前被派到中国考察会党的历史。虽然当时没有黄飞鸿电影，但黑龙会的很多会规，后来也沾染了天地会的模式。这并不奇怪，日本人对中国古代的东西总是有特别的感情。如“剑使青龙偃月刀，书读春秋左氏传”，在21世纪初还是很多日本青年憧憬的生活。

孙中山改名是因为“中山”二字多为世人所知，故易新名以便秘密通信。甲辰（1904年）以前通函署名多用“中山”，甲辰以后则改用“高野”。梁启超亦取名“吉田晋”，因为他很倾慕日本汉学名士吉田松阴。

日俄战争（包括海上的对马海战）的意义不仅仅在于一个新兴的亚洲国家击败了衰败的欧洲强国，也不仅仅在于推动了1917年俄国革命。其最终意义在于将日本引入了歧途，在东乡平八郎和乃木希典的光环下，日本人认为他们战无不胜，从而走上了一条不归路。

第十六章

吃不饱，就要革命

中国人清贫的生活给传教士们留下了深刻的印象。平常年景，中国能够以每天两美分的标准为成年人提供足够分量的食物。很少浪费食物，猫、狗依靠剩饭生活下来。史密斯说，当时，像美国这样的国家，每天浪费的物品，足以让六千万亚洲人过上比较富足的生活。

从19世纪开始，西方传教士陆续进入中国，并给整个西方世界提供了微距的中国研究报告。

对一个西方人来说，“没有面包，就要流血”的革命口号是很自然的，但他们很难理解，为什么中国那些无家可归的群氓、饥饿的灾民，却不团结起来向地方官寻求救助。经过反复询问，在大荒年为何不反抗，得到的回答令他们失望：饿死，比在叛乱中被杀好多了。

骚乱

“没有面包，就要流血。”在同一时期的美国，也是如此。

1787年北美的独立者在起草宪法时，将“言论自由”和“集会自由”放在第一重要的位置。工人、穿长裙的女性、反战者、公职人员、同性恋甚至3K党成员，都有权行使这一权利。但在19世纪的美国，早期的游行示威往往演变成骚乱。

1837年1月，面粉价格飞快攀升到了十五美元一桶，一块面包的价格也上涨了一美分。那时，美国经济非常不景气，人们挣扎在饥饿寒冷的边缘，多涨的一美分最终让人无法忍受。纽约市民聚集在一起，打出了“面包！肉！

房租！它们的价格必须要降！”的标语。这场集会后来演变为著名的“面包骚乱”，成千上万的暴徒洗劫了商店和仓库，街道上纷纷洒洒，四处都是面粉和小麦。在警察彻底恢复秩序之前，一共有三十四人死亡。

1831年，一个名叫纳特·特纳的奴隶自称在梦里听到了“最后的将是第一个”的召唤，他开始组织示威游行。有超过一百名奴隶加入特纳的队伍。黄昏时分，这些人开始攻击、滥杀白人。整个事件中，一共有二十四名儿童、十八名妇女和十三名成年男性被害。他们还野蛮地殴打拒绝加入的黑人。此后，军队驱散民众，逮捕了特纳“队伍”的所有人，以及四十名同情并提供了帮助的人，这些人最后都被判处绞刑。

1863年，林肯总统签署了美国第一部法律草案。其中有条款规定：允许支付三百美元或雇用他人来顶罪。对当时的平民阶层而言，三百美元是一个天文数字。该法案等于是承认一小撮人获得豁免权，最终导致了一场“草案骚乱”。值得一提的是，闹事者没有谴责法律的起草者，而是直指林肯的《解放奴隶宣言》。他们将内战讥讽为一场仅仅针对“奴隶制度”的战争，没有其他任何意义。出于报复，白人袭击了被解放的北方黑人，他们动用私刑杀死了成百上千的人。这场骚乱持续了四天，仅仅在纽约就死亡了一千人。

1877年，铁路大罢工，美国二十六个州的七十万名工人为了争取更高工资加入罢工。巴尔的摩民兵向一群已经暴跳如雷的罢工者开枪，十一人死亡，四十人受伤。钢铁大亨安德鲁·卡内基（Andrew Carnegie）的顾问托马斯·斯科特（Scott Thomas）叫嚣，“用来复枪来喂饱他们（这些罢工者）”。最终，作战部组建了国民警卫队，用来应对未来可能发生的社会混乱，而不再允许大亨们组建“民兵”对付劳工。

法国大革命发生的那一天，巴黎面包的价格达到顶点。这一现象在当代也不罕见。

2010年9月份，为平息骚乱，莫桑比克政府表示将收回面包涨价的计划。该国在2010年9月7日召开了内阁会议，会后，计划发展部长阿尤巴·库埃伦西亚（Aiuba Cuereneia）表示，政府将收回6日起生效的面包价格上涨20%的“法律”。库埃伦西亚同时表示，政府还暂停了为高级政府官员涨工资。在这之前，莫桑比克首都马普托大批民众走上街头示威游行，抗议食品、水电和生活必需品涨价，示威游行后来演变为暴力骚乱，造成十三人死亡。

美国传教士史密斯二十七岁时和妻子一起来华，最早在天津传教，后到山东，久居恩县（现山东省平原县恩城）的庞家庄。在中国居住二十二年后，他写作了一本《中国人德行》（*Chinese Characteristics*）。请注意，过去西方人称中国人为Chinaman，虽然听来像瓷器一般不经摔打，但后缀还是“-man”。“-ese”这个后缀在英语中意为“微小的”、“小的”、“不重要的”，甚至是“低等的”、“劣等的”、“微不足道的”、“弱小的”、“怪异的”、“带有疾病的”。无怪乎学者陈传席曾发表学说：中国人习惯翻译对方为“英吉利”、“美利坚”、“法兰西”等褒义词语，而放手让对方以这种难登大雅的小词界定中国人，实在有些划不来。过去，中国人称呼诸国为身毒、匈奴、龟兹的年代，我们还在享受“英吉利”和“美利坚”的待遇。

中国人清贫的生活给传教士们留下了深刻的印象。平常年景，中国能够以每天两美分的标准为成年人提供足够分量的食物。很少浪费食物，猫、狗依靠剩饭生活下来。史密斯说，当时，像美国这样的国家，每天浪费的物品，足以让六千万亚洲人过上比较富足的生活。很多中国人家中，主人饕餮一番之后，仆人和他们的孩子蜂拥而上，把残羹冷炙横扫一空，连残茶也重新倒回茶壶里，再喝一下。

燃料的使用也让外国人不理解。在中国，燃料是匮乏和珍贵的。大多数城市和农村的界限并不清楚，以至于在这些家庭中，庄稼的茎叶、根都是很好的燃料，即便一过火就没有的东西也不能浪费。“秋天和冬天的大地上，中国人连一根草都不放过。”为了节俭，中国人让老外们瞠目结舌。B.C.亨利在他的《十字架与龙》（《*The Cross and The Dragon*》）一书中说，三个轿夫抬着他走了二十三英里，耗费五个小时，然后又抬着空轿子走回广州去吃饭。仅仅是为了节省五分钱。一个老妇人痛苦地移动脚步，沿着墙壁走到她的亲戚家里去了，这样是为了死在离祖坟更近的地方，好节省抬棺材的钱。

燃料的历史就是世界发展的历史。今天人们争论海湾战争的缘由时，“燃料论”仍然是重要的观点。二战期间，德军排水量五万吨的超级战列舰“蒂尔皮茨”号一天耗费的燃料达八千一百吨。由于当时燃料紧张，希特勒又担心战舰受损，因而“蒂尔皮茨”号大多数时间都待在军港里。然而，英国人并不知道这些。多年来，他们一直以敬畏的心态注视着“蒂尔皮茨”号，如同神话中的农民观望一条打瞌睡的巨龙。“蒂尔皮茨”号的威慑力如此之大，以至影响到英国本土舰队的部署。1941年12月，皇家海军为了防备“蒂尔皮茨”号，让航母“维多利亚”号留在英国港口，而放手让战列舰“威尔士亲王”号和“反击”号独自前往马来西亚。结果两舰遭到日本俯冲战斗机的袭击，双双沉没。

在德军控制下的阿姆斯特丹，为了寻找足够的燃料煮熟土豆，人们开始撬铁路的枕木，拆防空洞里的横梁，甚至挖出城市广场下路基里的小煤块。1944年，一位荷兰记者写道：“一大早或太阳落山之后，你能看到受人尊敬的先生们爬进公园和花园，爬过小路，游过运河，打量着一切可燃的材料。”

但对清朝末期在中国生活的外国人来说，他们看到的只是这个民族生活的贫苦。很少有人想到，这可能成为一次革命的原动力。他们中不少人都无可奈何地认为，清朝政府就是一个立方体，如果推倒了，不过是另外一面着地。

西方人认为，影响民众最基本生活的因素，势必引发革命。比如，他们笃信冰雹和干旱是引发法国大革命的导火索。1788年7月13日，周长达四十厘米的冰雹持续落进农田。英国驻法国特派大使的报告中详细提到了这些天象。雹灾后的第一年，面包的价格飞涨。1789年7月14日，攻占巴士底狱的那天，面包的价格最高。法国人找到了一种新的方式来浇灌他们的庄家，《马赛曲》中唱道：“……前进，前进，用肮脏的血，做肥田的粪料。”

法国历史学家勒费弗尔（Georges Lefebvre）这样介绍：

1787年，土耳其打击俄国和奥地利的战争，以及俄国军队后撤，在波兰留下的混乱，减少了对东欧和地中海东部地区的出口，同样造成了法国工业的萧条。总之，所有的国际贸易都受到了损害，因为1788年西欧到处都收成不好。因此，当生活费用急剧上涨时，失业到处蔓延。工人的工资也得不到增加。在最好的时候，增加工资亦十分难得。据估计，1726至1741年间和1785至1789年间，物价上涨了65%，而工资仅仅增加了22%。1789年，一名巴黎工人平均每天赚三十至四十苏，为了维持生存，每磅面包的花费不少于二苏。7月的上半月，面包价格比这个数字上涨了两倍。在外省，面包的价格更高，每磅达八苏。市政府因为担心巴黎发生骚乱，毫不犹豫地以远低于市价的价格在这里出售从国外进口的谷物。自路易十四去世以来，面包价格从未如此之贵。

谁能怀疑这种苦境与当时人们的暴动热情之间的联系呢？1789年4月28日，一场可怕的暴乱被子弹镇压了下去。这不过是法国大革命的前奏。

法国大革命成功后，领导者清楚地知道，人们对食物的渴求是无法抵制的。但革命后建立的政权，仍然和民众摩擦不断。从1852年开始改建巴黎的市长欧斯曼（Georges Haussmann），把巴黎的老城区道路改得又直又宽。除了考虑城市景观的要求，还为镇压市民起义提供便利：开进部队很方便，且便于炮击。欧斯曼本人曾说："炮弹不知道右转弯。"

年轻的历史学家卡迪（Alexandre Cady）认为，欧斯曼的改建破坏了社会的结构，把小工业者、商贩和小业主全都赶到没有公共设施的郊区去了。

在当时的中国，城市规划的概念几乎不存在。在最为主要的街道上，无须政府下令，当街的商家会各扫门前雪，保持治安和卫生上的整洁。此外，几乎是自由发展。

尤利西斯·格兰特将军（Grant，Ulysses Simpson，曾任美国第十八任总统）环球旅行归来，有人问及旅途中最深刻的事情，他回答说自己所瞩目的最奇特事情是——一个中国小贩通过自己的努力，将一个犹太人逐出了竞争范围。

格兰特没有透露，这是他在何地看到的情况。大多数外国人通过自己的观察，深知绝大多数中国人只会考虑吃饭问题，实际到令人毛骨悚然的地步，而不愿对官僚说三道四。

法国入华遣使会会士赫克（Evariste Régis Huc）回忆说，1851年道光帝驾崩时，他在一家客栈饮茶。这时，他想发起一场小小的政治争论，看看人们究竟如何看待道光帝的三个儿子。结果人们听到这话题后，没有任何反应，继续抽烟喝茶。一个德高望重的人走过来，像父亲一样说，大臣拿钱做这事情，我们何苦劳神呢，然后说，茶凉了，烟也要添了。这种"肉食者谋之，又何间焉"的态度，震惊了西方人。

但是，假如一个外国人在中国待的时间足够长，涉足的地界更多，能了解的中国就会更全面。中国人的不满和抵抗，最先针对的不是本国政府，而是传教士。

1907年9月，光绪帝发布上谕说，"现值时势多艰，人心浮动"，"近年各省时有匪徒啸聚……事起一隅，动关全局"。一个月之后，皇帝又像一台留声机一样重复回放了一遍，新的上谕又说："现在人心不靖，乱党滋多。"这里说的"乱党"、"匪徒"，除了革命党以外，还包括起来自发开展抵抗的民众。

在此之前，光绪对连续不断发生的教案感到"遗憾"。他说："近年来各省焚毁教堂，戕害教士，仍复在所不免。"1905年，广东廉州（今广西合浦）美国人办的教堂被民众焚毁，五名教士被害。这一年，建立在巴塘（今属四川甘孜藏族自治州）的法国教堂又被攻陷了。此后两年里，江西南昌、饶州（鄱阳）、南康，河南西平，福建漳浦，四川开县等地，民众都聚集起来围攻教堂。民众认为传教士是对自己最大的威胁，饶州的民众以"洪莲会"的名义，进行各种仇视洋教的活动。这些人集合起来，跨省进入安徽徽州（今歙县）境内活动。河南西平有一大帮人树起反对洋教的旗帜，开进嵖岈山。洋人没有找到，但朝廷对此很紧张。此时，河南、湖北两省得到了清廷授意，对这股民众武装进行伏击，杀死了几百人。

革命党认为，袭击教堂和传教士这些活动会带来报复，并危及中国的主权。陈天华《警世钟》中说："野蛮排外的办法，全没有规矩宗旨，忽然聚集数千百人，焚毁几座教堂，杀几个教士教民，以及游历的洋员，通商的洋商，就算能事尽了。"不但如此，陈天华主张民众向西方学习，"学习外人的长处"，但必须保卫国家的主权，也并不排斥必要时的战争。他详细解释说："在两军阵前，有进无退，巴不得把他杀尽。洋兵以外的洋人，一概不伤他。洋兵若是降了擒了，也不杀害。"陈天华称自己是"文明排外"，这虽然不是个清晰概念，但表现了资产阶级革命派想把反帝国主义斗争提到有一定规则的高层面。当时国家统治权掌握在清廷手中，革命派认为，首先应该集中力量反对满族统治，不要"野蛮排外"。

慈禧向八国同时开战带来的后果是惨痛的。中国的有识之士迅速认识到，不顾国际规则的对抗，不但会让中国游离于文明世界之外，更会给这个国家带来巨大灾难。1757年，英国军队和孟加拉军队展开了普拉西战役，最初的导火线就是令人毛骨悚然的挑战国际规则：孟加拉领主西拉杰根本不了解或者根本就是轻视欧洲作战规则。他麾下的部队打着停战旗号靠近英国军队，然后一拥而上，俘虏了一百四十五名英国士兵，把他们关在只能关三个人的牢房里。在这个后来被称为"加尔各答黑洞"的囚室里，一百二十一位英国战俘被活活窒息、热死。此后，克莱武率领三千英军击败了西拉杰的五万军队。这场战斗给英国人在孟加拉带来了无尽的好处：英国控制下的东印度公司成为印度二十四个大区的地主，在加尔各答附近得到两千四百平方公里的土地。英国任命哈斯廷斯为英国驻印度总督，常驻孟加拉穆尔希达巴德皇宫。

严复对这种民众“野蛮排外”的举措，心态较为复杂。他认为“教案”的发生，外国人应该负一定责任，“教中人皆有激变自取之道”；同时，他又承认中国民众的野蛮，“吾国小民之失教而愚顽”。由于清廷比孟加拉领主西拉杰更理性，“教案”发生后对传教士保护得力，处理较为妥当，“教案”并没有演变成大乱子。严复从这些“教案”中看出了“黑暗中渐露光明之意”，他建议当时动辄聚众畅谈的爱国演说家们，不要提倡任何形式的“排外”，而要更多学习西方教育，让中国人成为文明人种，并立于先进民族之列。不过他也强调，像陈天华提倡的那种“文明排外”也是应该杜绝的。

1907年以后，全国范围内单纯打击外国教会的斗争大大减少了。在各地群众自发的斗争中，形式发生了变化：一是饥民聚集起来抢米抗漕，另一种是反抗清廷的“新政”。由于生活已陷于绝境，人们不得不为谋求最低的生存条件而斗争。杭嘉湖地区本来是富庶之乡，但在宣统元年（1909年）遭受天灾后，当地农民要求免征漕粮，政府方面拒绝了请求，处理不当，因而引起了暴动。浙江巡抚奏报，十一月间，乌程、归安二县（今吴兴县）和德清、桐乡等县的农民“胆敢鸣锣聚众抗漕，入城毁仓闹署，焚船夺械，拒伤官兵，实属形同倡乱”。一年后，抢米风潮又席卷湖北、奉天、安徽、江苏等省，最厉害的当数湖南长沙。

1909年，宣统登基。洞庭湖滨各县水灾非常严重，“每日饿殍死亡相继，卧病呻吟，几于比比皆是”。本来，湖南是重要的粮食产地，粮食运销外省，也是当地重要的贸易。发生灾荒后，外国商人仍然想把手头的粮食运出湖南省。这些人贿赂了湖南巡抚岑春煊，不但继续运粮出省，还通过长沙的一些洋行订立了经北京外务部批准的合同，继续深入湖南的产米地区进行收购。一方面是洞庭湖各县的水灾，另一方面是大量粮食经过湘江陆续运走，因此长沙一带粮价猛涨，由平常每升二三十文飞涨到七十文。

饿殍遍地，长沙四乡农民不得不“吃排家饭”（也就是吃地主大户，强行要求对方提供食物），饥饿的灾民拥入省城，以求得基本生存。1910年三月初，粮价继续攀升，涨到八十文一升，民怨沸腾。眼看形势就要失控，岑春煊的第一反应不是开仓放赈，而是派官员分赴城郊弹压群众。愤怒的群众包围了这些人，叫骂声不绝。

三月初四，进城的农民、城里的手工业工人和其他流民都聚集到巡抚衙门前。泥水匠发挥了工作特长，带头拆毁了衙门前的辕门、照壁，并且试图冲进内堂。眼看就要出大事，岑春煊下令担任保安工作的巡防营开枪，当场打死百姓十四人，打伤四十多人，暂时保证自己的巡抚衙门不至于“失守”，但饥民们仍然在市区内继续抗议。他们将城厢内外的碓坊、堆栈中的粮食全部洗劫，并且第二天又重新出现在巡抚衙门，点燃了衙门的木结构房屋。这时，官兵又开枪打死打伤二十多人。在极大的愤怒中，外国商船和洋行肯定无法逃过劫难。老百姓都知道，洋商勾结官方运米出境，是造成这次米荒的主要原因。偏巧停泊在湘江的外国兵舰的炮口对准城内，这让湖南的饥民们气不打一处来。一气之下，这些人各自分头去捣毁外国人的财产。英商怡和洋行、太古洋行，美商美孚洋行，德商瑞记洋行，日商三井、东信等洋行的办事机构和码头、趸船、堆栈等设施全被袭击，法、英、美等国的教会房产也难逃厄运。由于镇压不力，岑春煊不得不宣布下台，由原任布政使的庄赓良继任巡抚。庄赓良上任后，首先整顿了本省军队，清廷从湖北调去两营巡防军队支援，并进行了严厉的镇压。对“吃排家饭”的饥民，“格杀勿论”，“就地正法”。在这次长沙事变中，英国派出兵舰两艘、美国派出一艘、日本派出四艘行至湘江，配合清政府。

当时，湖南同盟会成员并没有参与这次群众性的自发斗争。新军四十九标管带陈强和排长陈作新都是同盟会会员，在巡抚衙门被群众围攻时，他们的部队刚好奉命开到长沙警戒。陈作新一度主张趁机起义，陈强非但没敢响应，反而借故把陈作新撤职，以保证自己手下不出问题。

从辛亥首义核心成员刘公的经历来看，他和下层劳动人民的反抗斗争没有什么联系。刘公（1881—1920）原名湘，字耀宗、仲文，又名炳标，后改名公，是湖北襄阳人。1902年，刘公东渡日本求学，肄业于东亚同文书院。在留日期间，刘公积极联络同志，宣传民族革命，极力资助陈天华的《警世钟》、《猛回头》等革命刊物翻印，使数万册此类书籍流回国内。

这位戴着金丝眼镜、留着帅气小胡子的志士，出身于襄阳的一个世家。1910年秋，刘公携带十八星旗、革命文告和重要书籍回国，与杨玉如等人在武汉创办《雄风报》。后来由于为革命奔走积劳成疾，不得不返回故里疗养。养病期间，刘公在鄂北、豫南一带继续进行革命活动，吸收同志入会，鼓励青年从军。其实，他当时离开武昌，生病不是主要原因，而是1910年7月湖广总督瑞澂大力搜捕共进会成员，使得他不得不离开省城。第二年5月风声稍息，刘公带了一万两银子，再度潜回武昌。

这一万两银子是刘公从家中“骗”来的。1911年3月，武汉革命形势迅速发展，共进会同人期待刘公来武汉主持会务，尤需在经济上予以支持。刘公对家中说：“顷蒙驻日武官说项，捐得一实缺道台，分发河南，可以走马上任，急需白银八千两。”他的叔叔刘子麟非常支持侄子去河南当道台，倡议款项由族下各房分摊。有一说是，他在家中只弄到了五千两银票。至于一万的数目，是武昌首义成功之后，他对采访自己的外国记者透露的。

在武汉三镇活动的主要是共进会和文学社。共进会算是同盟会的外围团体，1907年在日本东京成立，其宗旨和同盟会差不多，只是把“平均地权”改为“平均人权”，表现对人的更多关注。孙武、居正是湖北的主要负责人。文学社这名字听起来颇为风花雪月，但却是由青年军人组成的，本名“振武学社”，但怕名字过于招摇，改成了“文学社”。9月24日，共进会和文学社召开大会，制定起义方案，初步决定刘公为总理，蒋翊武为军事总指挥，孙武为军政部长，重大事务由三人商议裁定。按照共进会的想法，总理即起义的大都督，后因起事形势变化，无法按预定计划实现。10月9日下午，刘公与孙武前往汉口俄租界宝善里十四号机关部点验党员名册完毕，孙武借机试验炸弹，不幸受伤。刘公赶紧让李春萱将孙武送往同仁医院医治，自己则隐蔽于汉口汉兴里友人处。由于这次爆炸，武汉总、分机关被破坏殆尽，刘公的妻子李淑卿、弟弟刘同等人都被俄租界捕房捕去。彭楚藩、刘复基、杨宏胜三人遇害，革命党人人自危。于是，甲午战争后变卖家产自费留学从日本归来的张振武出面，召集同志于汉口法租界召开会议，经过一番谈论，决定仍照原计划起事，并派人至武昌，告知工程炮队各营起义时间，约定口令为“同心协力”。

和彭、刘、杨三人不同，刘公的弟弟刘同没有被立即处死，巡捕房想从他口中问出刘公的下落。在事变之前，起事者的准备超出了巡捕房的想象。革命者仔细调查了各个省藩库库存的情况。刘公的妻子李淑卿召集了女子暗杀者，准备向总督投掷炸弹。原来准备在12月约好八个省共同发动起义。此时，由于意外爆炸，兵变有泄露的可能，其势已如箭在弦。工兵队和地雷队的士兵到各个新军兵营，通知新兵们必须参加兵变，如果后者不同意，得到的只是殴打，以及泄露后可能来自政府的严厉惩罚。张彪任第八镇统制并兼统巡防营，见大事不妙，带着辎重营一部分人和另外二百五十名士兵一道逃跑了，剩余的人都参加了兵变。

按照刘公的说法，当时武昌城中只有三千七百人，大部分湖北部队被调到襄阳或跟随端方去了四川。打下武昌后，他们发现藩库库存白银六百万两，其他衙门有四百万两。刘公预计，这场兵变会很快结束，不会有长期的全国性战争，“因为满人会因看到实力差距而放弃”。

中国大多数历史书都记载了黎元洪被逼成为领袖的情节。刘公是这样回忆的：“派士兵去把他押来，他拒绝担任领导，还说了好多理由。最后我命令几个士兵将刀放在他的脖颈上，如果拒绝就立刻将他杀死，这样他才被迫就职，并同意用他的名义发表宣言。”

兵变之日，黎元洪的第一反应是要逃避。但在湖北官为协统时，他曾写一副春联：“大泽龙方蛰，中原鹿正肥。”豪情跃然笔端。在这种天性的驱使下，湖北黄陂人黎元洪很快就进入了角色。

1917年，在那场只有十二天的复辟中，黎元洪逃进了日本武官住所。他在民国政界举手投足堪称楷模。黎退任总统后，继任者冯国璋拟定每月以银币三千圆为退任总统津贴，派人咨询黎元洪的意见。黎表示拒绝，解释说：“总统任期五年，使退职者均有津贴，徒重加人民负担。余尸位一年，无功德于民，断不敢开此先例。”

“黎黄陂是德有余而才不足”，严复如此评价黎元洪。未知，严复眼中有才又有德者是谁？

第十七章

清末皇室，依旧豪奢

那彦图的府邸，光鲜自不待言。仅仅他一人的冬衣，在清代被视为最珍贵的貂皮外褂，就有五十三件之多。全家不到三十口人，雇用的管家、听差、女仆、使女、马夫却超过三百人。打杂帮厨的不算，光高级厨师就有八个。仅吸食鸦片一项，府中每年就要支付白银一万二千元。

沈秉坤，字幼岚，湖南长沙县人。1907年在四川省任成绵龙茂道道台，后四年又连续任甘肃按察使、云南布政使，官至云贵总督和广西巡抚。武昌起义后宣布广西独立，被推为广西都督。

1912年，孙中山、黄兴入京，两人和袁世凯的关系仅仅维持在表面的一团和气。此时孙已将中华革命党改组为中国国民党，为了显示双方合作的诚意，袁世凯准备选择一个国民党人担任总理。他心里非常清楚，绝对不能把这个重要的位置交给对方干将，否则自己无从谈及操纵内阁。想来想去，袁世凯便想到了沈秉坤。沈秉坤和黄兴同为湖南人，两人关系很亲密，他经常称呼年仅三十八岁的黄兴为“克老”。辛亥首义之后，沈秉坤被推为广西都督，但副都督陆荣廷政治技巧炉火纯青，加上地利人和，沈秉坤受他排挤，只好带兵以援鄂为名离开桂林。国民党成立，沈被选为参议。袁提议沈秉坤组阁，完全是敷衍国民党。沈秉坤在国民党内资历尚浅，威望也不高，陆徵祥辞职后遗留下的只是一个空头总理，其他各部总长原封未动，沈即便出任也只是光杆总理。国民党内部认为，与其背这个挂名国民党的政党内阁，还不如干脆暂时搁下这个话题，等待机会。因此国民党决定：“在正式国会召集前，国民党不拟组织政党内阁。内阁以维持过渡性为宜。”

已经五十岁的沈秉坤称三十八岁的黄兴为“克老”，一方面是对强悍后生的尊敬，一方面是他熟知清末的官场掌故，与人交往不敢有丝毫大意。清代晚期，贵族对家天下的不珍惜，假公济私，生活放纵，沈秉坤就是亲历者之一。

沈秉坤一度想通过庆亲王奕劻得以升迁，但屡次求见都被拒绝。一位御史对沈说："奕劻之门不难进，但必须通过巨贿方可。"沈这才大悟，把两万银券亲手交给庆亲王府邸的门人，并说："此是小意思，聊为王爷果饵之需。"门人果然飞快入报，顷刻间奕劻马上出迎于中门，沈且喜且惊。离开的时候，奕劻又亲自送他出门，沈秉坤极为震动，对人说："金钱魔力若是其巨耶？"几日后，沈即得升迁。

康熙时期，因为征讨准噶尔需要大量军费，不得已开始卖官，作为开辟政府财源的一种形式。此后，卖官之风逐渐发展，不可收拾。史料提供了光绪二十六年一些官衔的价码："京官里郎中二千零七十三两，主事一千七百二十八两；地方官里道员四千七百二十三两，知府三千八百三十两，同知一千四百七十四两，知县九百九十九两，县丞二百一十两。"关于"一两银子值多少人民币"，目前还有争议，但大致认为：清朝中晚期一两银子价值人民币一百五十至三百五十元左右。换算下来，价格不菲。康熙朝卖官，收入都归国有，而这时宗室贵族已将这当成了发财的捷径。

卖官不算是晚清政府发明的生财之道。至少在清中期之前，"卖官者"会相应考虑很多细节，官位也仅限"闲职"。并且朝廷在操作此项时，均有一定规章制度，不会任由亲贵自行"贩卖"。作为直系宗室，出生于1838年的爱新觉罗·奕劻，居然被两万两银票打动得"出迎中门"，若祖先有灵，会气得在坟墓里打滚。

光绪十年，奕劻任总理各国事务大臣、封庆郡王；光绪十七年，他又担任总理海军事务大臣；光绪二十年，上谕晋封庆亲王；光绪三十年，奕劻入军机处；宣统三年，任内阁总理大臣……堪称位极人臣，权倾朝野。

但他在国家权力机构中有何作用呢？请看一次中外政治交锋时奕劻的表现。1900年6月5日，奕劻和英国公使窦纳乐举行了一次会晤。窦纳乐记载了当时的情况："庆亲王和我会晤时，迅速作了例行的回答，表示遗憾，而在前一天的会晤时显然没有这样。但是，当责难他处理镇压义和拳不当的时候，他回答的语气，据我看来，意味着他即便同意，也曾在高级官员中极力陈述同样的看法，但毫无效果。这给我留下了深刻印象，所以我回到使馆之后，便致电舰队司令，询问他是否能够再拨给七十五名士兵。"

和庆亲王会晤的结果，就是让窦纳乐确认了长期以来他所担心的事情：庆亲王虽然形式上是总理衙门的主宰和发言人，但已不再有效地代表中国统治势力。

在慈禧的强权统治下，奕劻的“不管事”并不令人吃惊。他对于公事的圆滑，对于私利的执著，在其极高爵位的映衬下，已成为晚清一景。1904年，御史蒋式揭发说：“臣风闻上年十一月，庆亲王奕劻将私产一百二十万送往东交民巷英商汇丰银行收存。奕劻自简任军机大臣以来，细大不捐，门庭如市，是以其父子起居饮食、车马衣服异常挥霍，尚能储蓄巨款。”但这份奏折如泥牛入海，并无应答。

1917年，奕劻去世，谥号为“密”。在清代亲王谥号中，这是最差的一个字。《谥法》中提到：“追补前过”曰“密”。据溥仪《我的前半生》所述，当时已经“下野”的清廷在为奕劻拟谥号时，第一次被溥仪退了回去，第二次溥仪父亲又拟定谥号为“献”。溥仪又坚决不同意，非要给“谬”、“丑”、“幽”、“厉”等恶谥，搞得南书房翰林们搔首不已，最后商议了一个“密”字，又半哄半骗地告诉尚且年幼的溥仪说，这已经是顶级的“恶谥”，溥仪方才同意。

人事安排不当，直接造成了清廷庚子年（1900年）和八国开战。这一年6月10日，内阁明发了一道上谕：“端郡王载漪，著管理总理各国事务衙门，礼部尚书启秀、工部右侍郎溥兴、内阁学士兼礼部侍郎衔那桐，均著在总理各国事务衙门大臣上行走。”佚名的《庸扰录》在评论这新入署的四个人时说：“四人皆系不明外事，专袒义和团匪者。识者忧之。”对此，英国公使窦纳乐给索尔兹伯理写信，对清廷的安排表示极度不满：“6月10日，官报宣布任命大阿哥的父亲端王和三位满族官员在总理衙门任职，所有情报都表明端王是宫廷设立义和拳神坛的主要支持者……”

窦纳乐所说的“大阿哥”就是溥儁。1900年1月，慈禧立溥儁为皇储，后者是支持义和拳的端郡王载漪的儿子。在列强的联合干预下，慈禧坚持了十个月，不得不废除溥儁皇储的资格。而在发出上面提到的人事安排之前四天，慈禧召集众大臣密议对付义和团的策略，经过激烈争论，这四人的主“抚”派逐渐占了上风，而这意味着即将和洋人开战。

内阁学士兼侍郎那桐，和慈禧一样是叶赫那拉氏，隶属内务府满洲镶黄旗，是晚清“旗下三才子”之一。那桐对外部世界一无所知，一味要和洋人开战。在日常生活中，那桐的做派令人称奇，即便在市井小民看来也过于出格。

某次，庆亲王奕劻在家中为福晋祝寿办堂会，著名戏曲演员谭鑫培应邀前去献艺。庆亲王出门迎接（前番因有人巨贿出门迎接，今番又因为演员到来出门迎接，全无亲王之尊），他和谭鑫培商量："今天能不能请您给我唱个双出（指既有文戏又有武戏）？"因为是熟人，谭鑫培也开玩笑说："行。但得有大臣给我磕个头。"庆亲王面有难色。孰料那桐双膝跪地，无比虔诚地说："请谭老板赏脸。"这下把谭鑫培几乎吓倒，自然唱了"双出"。在谭鑫培上台演出时，在下面的那桐不顾四周惊奇的眼光，站起来朝台上作揖，以示仰慕。

晚清王公贵族嗜戏成癖，肃亲王善耆亦未能免俗，他曾与名伶杨小朵合演《翠屏山》，善耆自饰石秀，杨小朵饰潘巧云。据传，一次演到"巧云峻词斥逐石秀"时，石秀抗辩不屈，巧云加了一句台词，厉声呵斥："即令你是王爷，也非逐你出去不可！"闻听此语，满座皆惊，而杨小朵谈笑自若，善耆也不以为忤。

醇亲王之子载涛、载洋兄弟都爱好戏曲。载涛平时最喜翻唱《盗御马》，经常召集家人串演。有一次母亲病重，载洋前来探视。载涛马上拉住载洋说："正准备演《黄鹤楼》，二哥你来演周瑜正好。"载洋认真地回复说："你又不是不知，我从未学过武生。"其母听到这番对话，拍床怒骂："我都要病死了，你们还在娱乐，真死不瞑目矣！"

那桐为母贺寿，召三弦名手王正如弹风流焰口。王正如建议："此不祥之词，怎能为太夫人贺寿？"那桐反而很不高兴："那只是你的想法而已。"王正如出门后对人说："那中堂实为不孝之人，母寿而乐闻不祥之声。"放焰口本是一种佛事活动。庄严之事务一旦戏谑起来，喜剧效果非常。焰口音乐性很强，颇具特色。在传统曲艺中，单弦、三弦、相声一度都存在大量风流焰口。所谓风流焰口，指的是不讲究、乱唱，内容多有淫秽、戏谑成分。

即便在后世，风流焰口也受到世俗批评。20世纪20年代，京城的一家报纸曾报道："京城风俗，每遇人死时，便请僧道，施放焰口，往往丧家故意叫和尚演唱种种伤风败俗的淫词，殊属不成事体。现为整顿市俗起见，特通令各区署界内各户，以后如有这种事情，就要严厉禁止。"

1911年后，那桐发辫长垂，以示不忘故国。人问何以不剪掉？回答说："物有本末，事有终始，可以人而有头无尾乎？"过去的浪荡公子，如今的前朝遗老那桐，试图以这种方式"忏悔"。1912年，孙中山赴京时，曾三次到那桐的私邸

"那家花园"。清皇室成员设宴欢迎孙中山、黄兴，也在此府邸中。此时，那桐已经移居天津，算是"眼不见为净"。

法国大革命前，著名的外交家塔列朗说，如果没有在1789年之前活过，就压根儿不算活过。他以享乐和说俏皮话闻名。1789年，眼看着自己优哉游哉的生活远去，他不得不哀叹"失去了天堂啊"。

在没有失去中国这边的"天堂"之前，晚清贵族确实也像塔列朗一样醉生梦死。

以上文的那桐为例，清史说他"性豪侈，酷嗜声色狗马"，又特别讲究吃，"非嘉肴不入口，每食必具燕窝、鱼翅二簋，啖之立尽"。那桐的厨师每月买菜都需六七百两银子。

蒙王那彦图和那桐一样，对美食颇有心得，每顿饭都得吃得水陆杂陈、珍馐交错。他从老丈人奕劻那儿学会了做"香白酒"，在自己的王府如法炮制，长年饮用。那彦图特别钟爱"卫水银鱼"。卫水指今天的天津附近水域，那里盛产一种小银鱼，肉质极嫩，曾作为贡品进入朝廷。清人曾有"草桥荸荠大于杯，卫水银鱼白似玉"的诗句。每年春天，直隶总督为了讨好慈禧的红人那彦图，总要派专人捕捉"卫水银鱼"送到那王府。那彦图的大厨将之洗净，用鸡蛋炒好。这种小鱼非常珍贵，一般百姓根本吃不到。清帝逊位后，那彦图在饮食上不肯放松要求，时任黑龙江督军的吴俊升还时常派人到京，给那王府送黑熊掌和松花江鱼。

那彦图名义上是奕劻的女婿，但这只是政治婚姻，一直都不和谐。据说嫁给那彦图的这位庆王爷之女，是奕劻与一女仆所生。按照清制宗人府规定，此女不得入宗籍。奕劻情急之下，让福晋（正夫人）把腹部用布棉垫起，假装怀孕，同时把这个女仆关在东厢房内，不让人看到。后产一女，对外说是福晋所生，算是奕劻的大格格。大格格嫁给那彦图后，这段内幕才被那彦图闻知，因此夫妻之间经常口角不断，冷嘲热讽。

那彦图的府邸，光鲜自不待言。仅仅他一人的冬衣，在清代被视为最珍贵的貂皮外褂，就有五十三件之多。全家不到三十口人，雇用的管家、听差、女仆、使女、马夫却超过三百人。打杂帮厨的不算，光高级厨师就有八个。仅吸食鸦片一项，府中每年就要支付白银一万二千元。而那彦图的收入即使按王爷食双俸的最高标准，也年仅四千两白银、俸米两千担。其他收入均来自地租、房租，以及用不正当手段从各衙门贪污。

1907年，任军机大臣的世续则在居室和服装上有奢侈爱好。“家有会客厅五楹，高大异常厦，隔扇以巨玻璃为之，栋梁皆红木，雕刻花草工致绝伦。”世续颇为内敛，是清政府中可以和西方国家正常交往的官员。1900年，八国联军入京时，慈禧吓得西逃。世续留在北京联络联军，保护内宫和坛庙。两宫回銮后，赏黄马褂，转吏部兼都统。

世续喜欢奢侈的生活，在政治见解上却并不糊涂。光绪皇帝和慈禧太后死后，世续认为国事艰危，应该让年龄稍长的皇室成员当皇帝。他的建议未被采纳。宣统改元，他借病告假。1911年，仍兼总管内务府大臣。辛亥革命起事，他赞成顺应形势让宣统逊位，并奉隆裕太后之命与南方民军磋商优待条件，清廷授其太保之衔。1917年，张勋复辟的那场闹剧，世续竭力劝阻，甚至带好了棺材，准备不时之需。

1850年，年仅七岁的世铎就开始世袭礼亲王爵位，此后长期统管宗人府，任军机大臣十余年，基本上没有参与任何实际的工作，碌碌无为。他的子侄辈中，不乏前往欧美游历后归国者。世铎和他们聊天时问道：“洋鬼子国亦下雪否？”诸子侄皆掩口而笑，又很认真地回答说：“中外同一天地，风霜雨雪也是一样的。”世铎听后，默然不语。

许多清朝贵族迷恋于打麻将。“当其盛时，上自宫廷阀阅，下至肩舆负贩之流，罔不乐从，凡舟车狭巷，辄闻铮铮然声相答也。庆吊事余，暇必为之，而狭斜胡同曲院中，无昼夜沉湎于此。”“司员衙散辄相聚开赌，以此为日行常课。肃亲王善耆、贝子载振皆以叉麻雀自豪。孝钦晚年，宫中无事，亦颇好此戏。”胡思敬议论士大夫的癖好，曾说：“其四品以下京官奔走夤缘求进者，终日闭车幰中，好吊死问生、宴宾客，其鄙陋者好麻雀牌。”

因贵族毫无“贵族气质”，一般人也敢于搞点儿小动作对付他们。徐世昌督东北仅两年，治下面貌焕然一新。清廷亲贵载涛从欧洲归来，经过沈阳，“见马路、电灯、军警无不备具，街市焕然一新，乃宿公署，俨然欧式”。后来，徐世昌召集群僚在督署宴请赴沈阳查办要政的载振，珍馐罗列。载振大快朵颐后，心有不甘地问：“哪里找的好厨师？”徐回答说：“今颇（张锡銮）之庖人做的。”今颇接话说：“明天还可以精制一席。”载振忙不迭说好。结果次日再吃同样的宴席，居然比不上前一天的。今颇大惑不解，后来才知道厨师并未得到奖赏，干脆把原料剔其精华，东拼西凑，搞得滋味全失。

君主时代最鲜明的特色，就是极端地蔑视一切非贵族分子。在统治阶级的眼里，市民、工人、农民甚至不能算人，无非是“玩意儿（creatures）”。符腾堡公爵卡尔·欧根（Karl Eugen）说：“君主就像上帝，他有权作恶或者行善。”动不动，他就可以说那句话，自己的每一个举动没有特别的原因，只是“因为朕要这样”。

但他们究竟有什么能力呢？

按照清廷的制度，外省入旗驻防将军非满蒙大员不得充任。咸丰十一年（1861年）七月，完颜崇实任成都将军，协办四川军务。第二年，石达开兵败大渡河，被清军押解到成都，关押在四川督署衙门。6月27日，四川总督骆秉章在大堂上对石达开进行会审，崇实和省司道一级的官员参与了这次审判。按照法度，成都将军位在总督之上，于是骆秉章让崇实先行问话。但情况却是石达开“昂头怒目”，声如洪钟，崇实“气沮语塞”，“音低，不知做何语”，被驳得说不出话来。骆秉章只好亲自出马为他解围，呵斥石达开。此事一时传为笑谈。

督鄂的瑞澂几乎目不识丁。某次，布政使杨俊卿交来一份惩戒某县官的公文，呈请瑞澂批阅。瑞澂看了对杨说：“我知道他不称职，然公文中‘蒲险输闹’作何解？”杨忍俊不禁，知道和他多说无益，默默而退，后笑对幕僚说：“瑞制军读‘荡检逾闲’（行为放荡，不守礼法）为‘蒲险输闹’，犹自诩其能。嘻，丑矣！”刘义庆的《世说新语·识鉴》中说：“观其蒲博，不必得则不为。”估计是瑞澂看了这一段，以为是打牌输了钱要乱来的意思。

有这样的地方长官和贵族，无怪乎清帝国在一夕之间崩塌。1911年10月，在武昌城中留下的三千七百名忠于朝廷的士兵，没有抵抗住起义者的攻势。四十天后，黎元洪欣喜地对《大陆报》记者丁格尔挥舞着拳头，“十八个省中已有十三个省支持共和国！”

1894年战争结束后，满洲贵族裕庚是少有的清醒者。他说，不超过十到十五年，中国就会爆发一场革命，这场革命将结束清王朝的统治。如果清政府能立即进行改革的话，也许还行。否则，到那时，他们只好结束自己的统治。

裕庚曾在法国等国家担任外交官，是汉军正白旗人，“初参两广总督英翰幕事。官太仆寺少卿，出使日本、法国大臣”。他就是慈禧的女官德龄的父亲，德龄因这一职务而被称为“德龄公主”，她在接受西方记者采访时曾说：“八十年前，满人还可以，然后退化了，不想去知道任何事情，非常自负，无法和其他人交流。”

德龄透露，贵族的毛病之一是只想玩乐，不想学习。有人和前摄政王载沣谈论改革的话题，他回答说：“我们的祖先从没有那样做过，我不明白我们为什么要那样做。”

载振参加英皇爱德华七世加冕礼返程，路过巴黎前去看望德龄。据德龄回忆说：“当时他满脑子都是改革，希望中国和西方一样。”但四个月后，德龄回到中国，发现载振和原来一样了。和其他的皇子一样，他总说：“我们不得不生活在这样的国家，不得不以那样的方式生活，不得不感到满足。”

德龄对朝廷的解析有时候纯粹是从女性视角出发：“只要中国还要纳妾，就不会进步。”她向外国记者剖析皇帝的血统，“近四十年左右，血统混杂得很厉害，因为他们都在纳妾。”因为意识到满族姑娘都没有文化，德龄一度认为，她们都不适合做皇后。“（皇后和嫔妃）从不教导皇帝爱他的国家，负有责任，他必须公正地对待每一个人。”

当时，后宫嫔妃的进步之一，是她们开始抽香烟，而不是水烟。

1900年前后，京城服装质地洋化，剪裁款式也趋洋、趋新。光绪年间，京城出现了专门剪裁西式服装的专业人士，被称为“洋裁缝”。之前的同治、道光年间，受上海服饰之风影响，京城流行紧身衣服，民谚称之为“狭袖蜂腰学楚宫”，这种风格的源头就是西式服装。社会在细微之处渐渐改变，街头巷尾茶食铺中的纸烟、“荷兰水”（机制汽水）和罐头糖果，都显示了外来者的影响。留意风俗的人发现，“近年北京人于西学西艺虽不知讲求，而染洋习者正复不少”。“昔日抽烟用木杆白铜锅，抽关东大叶，今则换用纸烟”。好酒之徒从原来首推柳泉居的黄酒，到“今则非三星、白兰地、啤酒不用矣”。

载涛是宣统帝溥仪之叔，1908年任清朝训练禁卫军大臣，次年奉命管理军咨处事务，1911年任军咨大臣。武昌首义之后，朝廷对清帝是否退位争执不休。隆裕太后问载涛对战局有何展望，他叩头说“不知道”，理由是“奴才只练过兵，没有打过仗”。

当时，陆军大臣荫昌指挥不力，清廷慌了手脚，不得不答应徐世昌和袁世凯共商的六项“出山”条件，授袁世凯为钦差大臣，各路军皆归其节制，南下镇压革命。徐、袁重新联手，袁开始唱主角，二人珠联璧合，天衣无缝。计划最初要先排挤掉唯一的绊脚石：摄政王兼陆海军大元帅载涛。袁略施小计，以总理大臣的名义直接下令要他率兵上前线，载涛便吓得打病退报告。清廷此时认为唯一放心得下的便是徐世昌，随即加封其为太傅太保，要其鞠躬尽瘁，效忠清廷。这时，徐世昌逐渐由君主专政转向君主立宪、民主共和，对革命党人的策略也由剿而抚、由抚而和。此时，他审时度势，压根儿不愿与革命党人对阵，主张采用和平方式赶清帝下台。

1912年1月，袁世凯接纳了梁士诒的建议，准备化身为袁祟焕后人，积极筹备做皇帝的工作，一应“制度”都交给了政事堂礼制馆去办理。此时，载涛希望在总统府谋得一差事。曾在中国海关要职工作多年的英国人濮兰德（John Otway Percy Bland）在《中国、日本、朝鲜》一书中写道：“人们把黄龙旗仔细地折好，藏起来，以便哪天皇上真的复辟成功，再重放异彩。”载涛只是想找到一份工作而已，并不关心老板是谁。中华人民共和国成立后，1951年，他被任命为解放军炮兵司令部马政局顾问，后任总后勤部民政局顾问等职。

王公贵族的派头，有时候让朝中官员也受不了。1901年，慈禧太后回銮，虽然被八国联军逼得西逃，但她回到北京时，仍然带着那种先天的傲慢。

莫理循回忆说：“皇城西北角的一座庙宇，慈禧衣着华丽，带着满族的头饰，牙齿脱落，苍老。面对城墙上十多个国家、穿各种稀奇古怪服装的人，她面不改色，显得神态自如，真令人感到钦佩。”

这种笔调，传神地描述了一个“土人”国王对外部事件的反应。再延伸下去，就像罗马燃烧时，皇帝尼禄（Nero Claudius Drusus Germanicus）将自己扮成一个小丑，高唱歌曲“特洛伊陷落”。

慈禧逝去后，清廷唯一的主心骨没有了。据说，清帝的退位和隆裕太后密切相关，恭王溥伟在《让国御前会议日记》中写道：当时载泽、肃亲王善耆、蒙王那彦图都主张和革命军死战，但三人有关死战的建议在隆裕太后那里都被打了回来。隆裕说：“胜了便好，若败了，连优待条件都没有了。”

此时的隆裕太后，辩论起来一语中的，让“铁血派”顿时气短。徐凌霄和其兄徐一士联手撰述的《国闻周报》十卷五十期中说，奕劻力主严惩湖广总督瑞澂，认为他作为封疆大吏有守土之责，但他作战不力，随即逃跑到上海。结果隆裕太后认为无所谓，并大度地说：“庚子那一年，我们不是也逃了吗？”

清廷的瞻前顾后，使徐世昌游刃有余。关键时刻，他先让段祺瑞领衔，北洋将领四十六人联名致电，要求清廷“立定共和政体”，否则“以兵随之”。在革命军和北洋军人的联合摇动之下，1912年2月12日，清廷别无选择，由张謇主笔，下达溥仪退位诏书：

“……今全国人民心理，多倾向共和，南中各省既倡议于前，北方诸将亦主张于后，人心所向，天命可知。予亦何忍因一姓之尊荣，拂兆民之好恶。是用外观大势，内审舆情，特率皇帝将统治权归诸全国，定为共和立宪国体。近慰海内厌乱望治之心，远协古圣天下为公之义。袁世凯前经资政院选举为总理大臣，当兹新旧代谢之际，宜有南北统一之方，即由袁世凯以全权组织临时共和政府，与民军协商统一办法。……”

这一诏书标志着大清王朝寿终正寝，行文十分得体，给垮台的清廷留足了面子。据说，诏书的最后一句是徐世昌夹带的“私货”，肯定了清廷灭亡之后，中国便是袁世凯的天下。徐世昌手法之高、谋略之远，前清贵族与之相比，判若云泥。

此时的溥伟，避居在被德国侵占的青岛。第一次世界大战爆发后，日军占领青岛。他妄图借助日本势力复辟清室，不停地对公众狂叫：“有我溥伟在，大清帝国就不会灭亡。”

更疯狂的权贵

宋朝的张璪出使契丹。当时他年老体衰，但还是坚决要求去，此举让外人一度很不理解。但熟悉他的人深知，按当时的成例，奉命出使外地的人死在路上，本朝和北朝都会加倍赏赐。张璪很想得到这笔财物，于是在路上每天坚持吃不加热的食物，求死之心一览无余。如果当时乘坐的是直飞契丹的航班，张璪有可能购买十万份保险然后自爆。然而他命硬，出使途中还是没有死成。

贵族病了，王朝就病了。像张璪这样“对自己要狠一点儿”的男人，其实还不算最疯狂的。他盘算的不过是个人财物，以性命许之，基本上算是对社会无害的类型。但有些人就不同了。

东汉末年的崔烈向汉灵帝进贡钱五百万，得到了司徒一职。及至他向灵帝辞谢的时候，后者感叹：“我后悔没有更吝啬一些，你这样有钱，其实可以开价一千万。”

崔烈在贡献这些钱财之前，不过是廷尉。那他得了司徒之位后，做了什么工作呢？《资治通鉴》说，“时凉州兵乱不解，征发天下役赋无已”，崔烈认为应该放弃凉州。召集公卿百官议之，议郎傅燮厉言曰：“斩司徒，天下乃安！”换言之，他的日常工作就是不停地建议放弃这里，放弃那里。但就是这样一个崔烈，还想登临九五至尊。崔烈的儿子崔钧，当时很有名。崔烈问他：“如果我当了皇帝，天下人会说什么吗？”后者说：“很好。只是大家会嫌您带了一股铜臭。”

至于把家天下当成水果一样不停往外卖的汉灵帝刘宏，可以算是卖官大师了。昏庸荒淫的灵帝除了沉湎于酒色外，一味宠幸宦官，尊张让等人为“十常侍”，并常说“张常侍乃我父、赵常侍乃我母”。这种性别不分的言行，直接葬送了刘氏集团。刘宏的谥号为“灵”，“灵”字在谥法中解释为：“乱而不损曰灵”。这个解释，相当于说，毒气对人健康没有危害。

十六国前燕的重臣慕容评，带兵驻扎在潞川，抵抗前来攻击的前秦丞相王猛。慕容评很有经济头脑，他把兵营附近的山泉都集中管理，把水卖给了自己的军队。送丝绢一匹，可换水十石。积累的金钱、丝帛堆得像小山一样。历史上对他是否卖盒饭给兵士并没有记载，但一个连水都要卖钱的将军，也绝对不会提供太多的免费东西，以致他麾下的兵士怨恨不已，等到与王猛的军队对阵，大家就都散了。

据说，东汉耿恭带兵攻击匈奴。兵入绝境，无水。耿恭下令掘井十五丈，仍然不见水。于是他本人跪下来恭敬叩拜，终于涌出了泉水。这段历史慕容评估计没有看见，如果读到了，应作批注：这水，似可卖得更贵一些。

第十八章

复辟，是谁在作祟

张勋复辟，是民国初年的一场大戏。最后张勋虽然兵败，但并未受罚。据说，这是因为众多民国要人暗中参与支持，一位驻中国的外国领事言之凿凿："八十二位有影响的中国人参加了这场复辟。"

1917年，一位有胆识的作家写了《复辟潮》这出戏，对皇帝和张勋都比较宽容，但对盟友则大加鞭挞。

民国书籍中曾说到张勋见溥仪。溥仪说，师傅要求我学习，已经没有时间忙（复辟）这些了。张勋说，若成功不必再念书。溥仪高兴地问，如复辟能成功，定能取消所有功课？张勋再答，自古有马上天子，焉有读书天子？

我们仿佛看到了一部周星驰电影。每一个末代皇帝都有同样版本的故事。回头去看看夏桀、商纣的记载，觉得只是换了个主角，情节大同小异。1644年春节，南京的南明政权举行了首都沦陷后的第一次茶话会，南明弘光帝朱由崧表情悲戚。大家都以为他是忧国，结果他说，我认为现在宫中梨园子弟的水平太低了。

有什么比疯子更可怕呢？一个疯了的皇帝。由于皇权的天威，一旦皇室出了问题，大家的日子就不好过了。再往前，辽穆宗更令人发指，"荒耽于酒，畋猎无厌"，"赏罚无章，朝政不视"。他不近女色，还要求别人也不近。他杀人无数，以杀人为乐，还要求臣下多提意见，让人哭笑不得。

这样的帝王，下场当然不会好。在他统治期间，契丹贵族夺权活动频繁，社会秩序极不稳定。应历十九年（969年），近侍小哥在行宫杀掉了这名狂暴的皇帝。

清帝逊位，获得的待遇超过了历史上更换朝代时前朝君主待遇的平均水平。这究竟是和爱新觉罗家族自身的威望有关，还是因为世界已经进入了较为文明的阶段？

民国政府元年2月5日，对清帝逊位后的优待条件进行了详细条文解释。因清帝赞成共和国体，提出以下优待条件，共有三项内容：第一项《关于大清皇帝辞位之后优待之条件》，共八款：（1）清帝尊号仍存不废，中华民国以待各外国君主之礼相待；（2）清帝岁用四百万两，由民国政府拨发；（3）清帝暂居宫禁，日后移居颐和园，侍卫人等照常留用；（4）清帝宗庙、陵寝永远奉祀，民国政府酌设立卫兵保护；（5）光绪陵寝如制妥修，民国政府支付实用经费；（6）宫内各执事人员可照常留用，唯不得再招阉人；（7）清帝私产由民国政府特别保护；（8）原禁卫军归民国陆军部编制，额数、俸饷仍如其旧。第二项《关于清皇族待遇之条件》，共四条：（1）王公世爵、概仍其旧；（2）皇族具有与国民同等的权利；（3）皇族私产一体保护；（4）皇族免服兵役之义务。第三项《关于满蒙回藏各族待遇之条件》，共七条：（1）与汉人平等；（2）保护其私有财产；（3）王公世爵，概仍其旧；（4）民国政府为生计过艰的王公代筹生计；（5）先筹八旗生计，在未筹定前，其俸饷仍旧支放；（6）从前营业、居住等限制一律蠲除，各州县听其自由入籍；（7）听其自由信仰原有宗教。

1644年，满族人定都北京，建立全国性政权，直至最后崩塌，总共二百六十七年。这个帝国消失的前夕，不止一人说过，这次革命的发生，是因为满人对汉人不公平而导致的。

第一个不公平，即入关之后的强制服饰。中国人，尤其是汉族，自古以来就非常重视衣冠服饰。《孝经》有言："身体发肤，受之父母，不敢毁伤，孝之始也。"汉人成年之后不可剃发，男女都把头发绾成发髻盘在头顶。而满族的发型与汉人迥异，满族男子把前额头发剃光，后脑头发编成一条长辫垂下。汉人服装以交领、右衽、无扣等为主要特色，满装的主要特点是立领、对襟、盘扣。

入关之前，满族统治者已在其辖地推行"剃发易服"政策，对东北的汉人一律强制改变发式，更换服装，投降的明朝将士为表明臣服，也必须剃发易服。明崇祯十七年（1644年），满洲统治者因担心引起汉人的不满和反抗，对统一全国不利，一度公开废除"剃发令"。但好景不长，1645年清兵进军江南后，汉臣孙之獬受到其他汉臣的排挤，无处发泄，恼羞成怒之下，向摄政王多尔衮提出恢复"剃发令"，规定清军所到之处，无论官民限十日内尽行剃头，削发垂辫，不从者斩。其执行口号便是著名的"留头不留发，留发不留头"。1645年发生的"嘉定三屠"即与"剃发易服"有关。此起彼伏的斗争历经几十年，最终结果是满族统治者取得胜利，汉族人剃发结辫，改穿满族衣冠。那些坚持不愿改换衣冠者，要么坐以待毙，要么逃到海外，要么遁入空门带发修行。

“剃发易服”堪称清初主要的社会矛盾之一，明末清初的著名文学家陈名夏曾说过：“免剃头复衣冠，天下即可太平。”然而不久，他就因此被满门抄斩。在如此强硬的推行措施下，汉人逐渐淡忘了本民族服饰，习惯了满族发式和服装。到辛亥革命推翻清帝国，号召民众剪去辫子时，仍然有许多人出于“习惯”，不愿意剪发。

世界历史上因为剃发引起大战，非清朝特例。法国国王路易七世遵照教会的要求将全身剃光，他的妻子阿基坦的埃莉诺（Eleanor）很快离开了他，并带走了她的嫁妆中成片的土地权，还把这些东西给了后来的丈夫、英国后来的国王亨利二世。这样就给了英国当局在法国很好的落脚点，引发了长达数百年的流血战争。作家查尔斯·马凯（C. Mackay）在他的《惊人的幻觉和大众的疯狂》中说：“由此而论，剃头引发了百年战争。”

在满族人看来，满头长发是令人愤怒的，代表了汉人的挑衅。依照美国国会议员1970年作的详尽调查，“自从基督时代以来，男性在百分之九十的时间里都是长发”。一位来自马萨诸塞州的短发代表说，西方世界转向短发和剃胡须的习惯，是在普鲁士大胜法国之后开始的。美洲所有的英雄都留长发。在整个18世纪，所有的英国士兵每周都发一磅面粉，以便给假发扑粉。而清朝的士兵，只有“半头”的长发。

头发

人类有很多显而易见又极容易改变的部位，头发便是其中之一。毛发从身休里长出，其生长表现出人类的生命力。头发可以从身体脱离，但这种生长状态是很难被遏制的。

在最原始的神秘主义思想中，人类融入了这些身体部位的象征意义，还将这些部位列入阶级社会等级划分的标准之一。这些部位的特点，甚至成为人类衡量忠贞程度的标尺。作为万物之灵，人类将这些身体特征升华为各种隐喻。清代的剃头令是非常细致的，直到乾隆年间，还对蓄发演戏的优伶发出上谕，郑重声明剃头是严肃的政治问题，不允许丝毫通融，否则“枷责示惩”（《清高宗实录》卷），至于由此造成戏台上的古今人物一律拖着大辫子上场的奇观，皇帝就不予考虑了。

毛发从哪里来，有何历史？按照自然筛选论，如果人类转移到更恶劣、更寒冷的气候条件下居住，身上应该重新进化出毛发。然而事实并非如此，这是自然筛选论无法解释的。鉴于这些原因，英国博物学家拉塞尔·华莱士（Russel Wallace）得出结论：人类的皮肤不长毛，不是由于自然选择造成的。最终，他将原因归结于人脑的复杂性。

达尔文（Robert Darwin）指出，人类作为古老的哺乳动物，在四肢与躯干的连接处，长有浓密的毛发。以男性为例，他们至少有胸毛和胡须。而我们的祖先进化为直立行走的两足类生物之前，他们身体所有地方都还长着用来遮挡阳光的毛发。不过，达尔文马上想到了，人体中有一个部位和这种毛发进化论背道而驰，那就是头顶。头顶是一个不同寻常的例外，他本应是暴露最多的身体部位之一，却被浓密的头发覆盖了。满洲人为了狩猎方便，剃去前额的头发，则是一个人文选择。

头发经常出现在宗教事务、艺术作品和日常生活中，成为一种重要的宗教象征符号。披散的长发在一些基督教圣像画中被当成忏悔的表现。在洗礼仪式上，希腊东正教牧师会剪下婴儿头上不同位置的三缕头发，象征将十字架赠与这个婴儿。20世纪50年代，卡斯特罗（Fidel Castro）反抗巴蒂斯塔（Fulgencio Batista）的独裁统治，他和游击队员发誓，不推翻独裁统治，就绝不剪发，也不刮胡子。

历史学家认为，东方人至今残存的有关头发魔力的观点，很多是从公元前5世纪一本叫做《祛邪典》的书里得来的。书中记载了拜火教的礼拜仪式。该教至高无上的神奥马兹德（Ormuzd，光明之神），讲述如何正确施法：剪下的指甲和头发至少离信徒十步远，离火二十步远，离水三十步远，离圣枝（祷告时教士手中的捆绑枝杈）五十步远。

托马斯·布朗（Thomas Brown）爵士曾说：“我承认圣经故事的寓意超过了预言诗，很难找到一个故事能与参孙（Samson，古代以色列的大力士）的故事相媲美。”

参孙，和苏美尔英雄吉尔伽美什（Gilgamesh）和赫拉克勒斯（Herakles）一样，具有“蕴涵太阳能量”的头发。英皇钦定版本的《圣经》第六章第五节这样描述参孙的头发："在他许愿远离俗世的日子里，不能用剃刀剃头，要任由头发生长。我要圣洁，直到他离开俗世重归耶稣的期限满了。"

但参孙除了没有剪发之外，违背了其他所有的誓约。大利拉（Delilah）在电影中询问："你真的相信伟大的神是通过你的头发赋予你力量的吗？"她很快将参孙灌醉，并把他剃成了平头。酒醒后的参孙无力反抗等待他的非利士士兵，于是说："把你的标枪扔过来吧，神的庇佑已经离我而去了。"但他没有被杀，而是被烙瞎了双眼。根据《圣经》的种族逻辑，罪孽深重的参孙用自杀向上帝赎回了双眼。这真是一个影响极为深远的头发的故事。

历史上有几种发型是戏剧性的。尽管这几种发型再度出现时，已经不再被视为圣贤的标志，但现在还是有不少人认为，狂野的长发是政治统一的标志和种族的骄傲。作家胡里奥·科塔萨尔（Julio Cortázar）说："发型，是一种形而上主义的行为表现。"

某些细节足以说明，满族人对中原的统治有时也体现出温婉，绝非动辄"三屠"。夏完淳是清初反抗满族统治的义士，但其作品在历次文字狱中都得以流传下来。这些诗文，曾编为《玉樊堂集》、《内史集》、《南冠草》、《续幸存录》等。清乾隆五十五年（1790年），吴省兰将其合编为《夏内史集》，其中已经遗落了一些资料。嘉庆十二年（1807年），王昶、庄师洛编刻为较完整的《夏节愍全集》，一共十四卷。这也是1959年中华书局上海编辑重加校订的那个版本，当时被编印为《夏完淳集》，是大家今日看到的较完备的通行版本。

满族统治者给普通中国人带来的其他"不公平"，和当时中国逐渐进入半殖民地半封建社会息息相关。对此，普通民众心怀怨恨，动辄怒骂。1908年，光绪和慈禧死去时，吴稚晖写道："满族走狗，一只雄的，一只雌的，只不过是一群拼凑谎言的奴才。"在同一篇文章里，他把同治皇帝称为"一头小猪"。

清末时曾任上海道台、两广总督的袁海观，曾遇到这样的一件事情：一乞丐来到袁海观门前乞食，拿着一个精瓷的小碗。袁一看便是古物，便问他卖不卖。乞丐说"以此乞食，不愿售"。袁海观不甘心，又再问："多给钱卖不卖？"乞丐回答："除乞食外不知更有其他事业，要那么多钱有何用处？"袁氏听到这番话，有点儿惊异，继续问其姓氏籍贯。乞丐泰然自若："大地，逆旅也；万物，刍狗也，哪有什么姓氏籍贯？"说完，扬长而去。

从万物如刍狗，到满族统治者被吴稚晖视为刍狗、小猪，清廷的地位在20世纪初走到了末路。清朝历史中，顺治、康熙时期的"文字狱"还只是个别现象，到雍正时期则成为一种普遍的"制度"。在文字狱浪潮中表现得最为疯狂的人物则是乾隆皇帝，他统治时期共发生一百三十多起案件。及至清代中晚期，不再发生"文字狱"。随着时代的变迁，越来越多的人投身报界，"开发民智"。

《革命逸史》中提到，清朝同治初年，太平天国气势颇盛时，香港已有报纸出版。《中外新报》是英文《孖剌报》的一种副刊，后来的《循环日报》创刊于同治十三年（1874年），大肆报道法国入侵越南的新闻，当时成为热点。《华字日报》也是英文《德臣报》的副刊，算是第三家出炉的新报纸。而这三家中，只有《循环日报》一家纯属中国资本。

1884年中法战争后，广州《广报》诞生。版式和港报很像，均为正体直排。至于刊登的内容，主要是"上谕"、"宫门抄"，等等，新闻记事喜欢用四字题目放在其上，记载很简单，排版也很粗陋。

这份《广报》出版数年，本来给大众带来了一些必要了解的新闻，但因其刊登了某大员被弹劾一事，突然被广州官府查禁。还好报馆职员及时逃走，不然将面临牢狱之灾。《广报》被封后，官绅士子中流行一种"京抄"，借以传递消息。后来《中西报》在广州沙面发行，该报不想蹈《广报》之覆辙，开业不久就搬迁到沙面租界，在外国人的势力下，后乔迁至朝天街。劳亦渔、武子韬、陶檀庵等名家都在这份报纸上写文章，报纸很畅销。1895年，孙中山、杨衢云等计划在广州起义，其时为《中西报》最风行的时代。

1903年正月，洪全福、梁慕光等在广州发难，行事不密，计划完全失败。《岭海报》在政府立场上发表文章，指出革命排满实为大逆不道，结果香港《中国日报》发文批驳，双方笔战逾月。《岭海报》执笔者为胡汉民长兄胡衍鹗，《中国日报》执笔为陈诗仲、黄世仲，两报交锋，也算是革命、扶满两派势力的第一次笔战。之后，香港《世界公益报》、《广东报》、《商报》、《有所谓报》等先后出版。除《商报》属保皇党机关外，其他三报均为革命人士郑贯公组织，阐扬民族主义，对革命的热情不亚于《中国日报》。一时间，革命派报纸发展迅速，声势大涨。

广州和香港一箭之地，办报纸的境遇却有很大不同。1906年，两广总督岑春煊强收粤汉铁路，广东的地方士绅在黎国廉带领下奋起抗争，岑派兵把黎国廉抓了起来，关在监狱里。广州各报噤若寒蝉，只剩下香港各报摇旗呐喊，批评岑春煊攘夺路权。新出版的《维新报》、《东方报》、《少年报》、《日新报》同一论调，大肆攻击岑春煊违背民意。岑后来干脆下令禁止港报入口，耳根清净。

1907至1908年间，湘、皖、滇、赣、粤、桂各省革命军陆续举事，全国震动。1910年前后，广州又增加了多家新报纸，其论调仍是鼓吹革命，仇视清廷。邓悲观主持《国民报》，潘达微、邓慕韩创办《平民报》，陈耿夫、李孟哲出版了《人权报》，卢谔生刊行《军国民报》，陈炯明扶持《可报》……香港、汕头等地出炉的新报纸，也多与革命党人有关。这些报纸对于辛亥三月二十九黄花岗之役及孚琦、李准、凤山之被刺记载周详，非但不同情死于暴力的满洲官员，反而对革命党人赞扬备至。武昌首义后，清军将领张鸣岐、龙济光、李准本来还准备负隅顽抗，此时各地报纸纷纷谣传“京陷帝崩”，广州全境欢声雷动。张鸣岐知人心已失，无可挽救，便仓皇出走，龙、李只好投降。时人评论，广州得以不流血而获光复，报纸的力量不可小视。

但要说广州“不流血”而获光复，其实与事实不符。辛亥年三月二十九黄花岗之役，孙中山感叹“吾党菁华，付之一炬”。推翻一个全国性政权，发起由下至上的革命，革命者怎可能“不流血”？说白了，这就是一场不对等的比赛，最终的结果是革命者经年累月的流血，换来了王室最终希望自己不流血，和平走下宝座。

爱新觉罗家族因和平方式交出权杖的行为获得了优待，促成这一切的原因，除了时代的进步外，还有一点不可忽视：很多民国要人，对未来的时局都有自己的判断，清王室的存在也许可以用来作为某种工具。后来历史的发展，刚好印证了这一点。

1912年9月11日，贵族绍彝写信给绍英，说：“皇族昨晚请孙中山电询甚为平安，慰甚。孙中山往抵醇邸（醇亲王载沣府邸），世相彼此当有周旋之意，前嫌亦可化解矣。”潘怡所著《记溥任先生》一文中，记述了孙中山同载沣的部分聊天内容，现抄录如下：

孙中山说：“1901年载沣出使德国时，曾以御弟的身份向人家赔礼道歉，处在十分尴尬和被动的地位，却能做到不卑不亢，国外评论不错，是十分难得的。”之后，孙中山先生高度赞扬载沣在辛亥革命时自动退位，承认共和，避免了国内一场大血战，历史罕见，是明智之举。这是有益于革命、有政治远见的爱国行动。孙中山先生与载沣的会晤在融洽的气氛中进行了一个小时。孙中山在告别载沣时，还特意将自己的一幅照片赠送给载沣，照片上写有孙先生的亲笔题字：“醇亲王惠存，孙文赠。”

当时政界，其他人对清王室“余部”的态度始终不可捉摸。但是，都和当时的政治需要有关。

徐世昌在光绪三十二年（1906年）便官居东三省总督，他在逼迫清帝退位中起到了不可估量的作用。徐世昌一方面坚持反清，一方面又觉得普天之下，王权的余威至少在自己的时代是挥之不去的。于是，后来身处大总统位置的他，处处以太保（宣统三年十月，清廷特授世续、徐世昌为太保，叮嘱这两位老臣“尽心卫护圣躬”）自居。

徐世昌保护了爱新觉罗・溥仪的生命，在政界一直以调停者身份闻名。1918年10月，徐世昌经皖系操纵的安福国会选举为总统，下令对南方停战。次年2月召开南北议和会议，谈来谈去，也没有一个结果。1919年，五四运动爆发，在舆论的压力下，徐世昌被迫免去曹汝霖、章宗祥、陆宗舆的职务，以缓和民众的情绪。为了阻止新文化运动高涨，徐世昌极力鼓吹尊孔读经。在北洋军阀各派系的斗争中，徐世昌惯以元老身份和居间调和者的角色因势操纵。1922年第一次直奉战争后，直系控制了北京政府，曹锟、吴佩孚逼迫徐世昌下台。此时，他还在继续高唱“在孔子生日给全国放假”。

张勋复辟，是民国初年的一场大戏。最后张勋虽然兵败，但并未受罚。据说，这是因为众多民国要人暗中参与支持，一位驻中国的外国领事言之凿凿：“八十二位有影响的中国人参加了这场复辟。”

复辟主角张勋，字绍轩，江西奉新人，生于1854年（咸丰四年）。1895年（光绪二十一年），张勋投靠袁世凯，任管带，后历任副将、总兵。1911年，张勋终于升为江南提督，率巡防营驻南京。据说，他入京进见袁世凯时，袁将其召入居仁堂共论大政。张于国计民生侃侃而谈，袁击节叹曰：“血性男儿，血性男儿！”

武昌首义时，革命军和清军在长江沿岸对峙。张勋在南京，为了确保后方无虞，杀死同情革命的民众数千人，继续抵抗革命军。他战败后退至徐州一带，不过其部队并未遭到毁灭性打击。清帝退位以后，张勋将手下部队改称武卫前军，禁止士兵剪辫子，以示效忠清王朝，时称“辫子兵”。1913年，袁世凯和孙中山再度决裂，张勋在进攻革命军的战斗中勇打前锋，重新杀回了南京，这也是他后来被袁世凯调任长江巡阅使的主要功绩。袁世凯死后，北洋系在徐州成立北洋七省同盟，不久张勋任安徽督军，一直图谋为清室复辟。

“圣人”康有为也参与了复辟。别人问他为何要加入，他解释：“我本来就是保皇党首领，保皇即保清，主张复辟，再正常不过了。”

康有为和张勋这两位“文武圣人”双双“眼瞎”，此时的复辟不但不是人心所向，最多只是众多军阀借机分配政治利益而急需的“噱头”而已。可以这样说，张勋复辟失败，但背后最有权势的八十二人并没有随着张勋的身败名裂而消亡，而是在反对复辟的闹剧中获得了更大利益。最终，这些人为利益再分配而大打出手，便是后来连绵不断的军阀混战。

但没有任何因素能够阻止张勋的复辟如期进行。1917年6月30日夜到7月1日凌晨，张勋进宫要求复辟，这种忠勇连溥仪也不敢贸然接纳。7月1日凌晨3时，十二岁的溥仪在瑾、瑜两太妃和太保世续、师傅陈宝琛等人护导下，来到养心殿召见张勋等人。张勋直截了当，奏请复位。溥仪按照陈宝琛的指点谦让说：“我年龄太小，无才无德，当不了如此大任。”张勋立即赞颂：“皇上睿圣，天下皆知，过去圣祖（康熙）也是冲龄践祚嘛。”溥仪回答说：“既然如此，我就勉为其难。”

淮军将领阮忠枢曾说，张勋虽近于粗率，却不失好汉。如此评论，是复辟集团的真实写照。张勋压根儿没有想到，这出由他挑起来的戏，根本没有一呼百应，但他在那几天里乐于享受难得的荣光。张勋给自己印了个名刺，长约九寸，宽约四寸，上面印有“前两江总督兼南洋通商大臣、前江苏都督、前长江巡阅使兼安徽督军、现直隶总督兼北洋通商大臣、钦命御前议政大臣、晋封忠勇亲王张勋”等字样，官衔五行并列，字数繁杂，见到的人无不捧腹。

在复辟中被“提携”的“陆军部尚书”雷震春，原先是第七镇统制。复辟“成功”之日，雷震春身穿崭新朝服，乘坐现代交通工具摩托车去宫中谢恩。到宫门后，车尚未停稳，雷震春不考虑惯性，便迫不及待地从车斗中站起，结果摔出四五尺远，额头碰出了血。护兵急忙上前扶他，问其痛否？雷震春回答：“心乐则不觉痛。”这次见面，溥仪赏其“紫禁城骑马”（仿佛是对其乘坐摩托车的劝诫）。雷震春人生所有的精彩镜头都和交通工具有关，后来讨逆军攻进北京，他化装成“骆驼祥子”，拉人力车从正阳门出逃，被人认出抓住。民国报纸画漫画讽之曰：“不在紫禁城骑马，却来正阳门拉车。”

段祺瑞派段芝贵、曹锟为东、西路司令前去讨伐张勋，后者对雷震春等人说：“各位不要惊慌，在我看来，这两路兵指日便可荡平。”几天后，战事就证明他的军队应该撤退了。离开北京之前，张勋请清朝皇室给予黄金万两以酬其劳。按照当时的价格，黄金万两约合银元四十余万元，而溥仪即位不过十二天，意思是每当皇帝一天，要给护驾的张勋三万多银元。对这个数字，张勋解释说，自从辛亥革命后，他在五年多内先后孝敬清廷不下五十万元，这种危急时刻，请求回报黄金万两以帮助他逃命，也不算过分。结果瑾太妃说：“如今复辟势将消灭，民国每年优待的四百万岁费，都要断送于你之手，我们又向谁去讨呢？”张勋听后，默然而退。

综合考虑张勋的表现，清朝皇室对他还是心存感激的。1923年，张勋病死，废帝溥仪哭灵，谥号“忠武”。在中国历史上，得到过这个谥号的人不少。毫无疑问，张勋的“忠武”最为贬值。

在复辟中，黎元洪躲进了东交民巷日本武官家中。十二天后，张勋躲进了东交民巷的荷兰使馆。那时的东交民巷，可谓是政治戏剧的更衣室。

1924年，冯玉祥有意驱逐溥仪出宫，但并不想亲自执行这一任务。那个时代，一般人对皇帝尚有敬畏之心。最通俗的“厚黑学”读本《三国演义》中提到：曹髦不满司马昭横行跋扈，于是调动宫中可用之人，要杀司马昭。司马昭手下贾充带着成济和数千铁甲禁兵前来，禁兵看到曹髦，皆不敢动。成济乃绰戟在手，问贾充：“当杀还是当绑？”贾充道：“司马公有令，只要死的。”于是成济上前一戟杀死了曹髦。

后来，司马昭要对弑君作一个交待，便问当时的尚书仆射陈泰如何处置。陈泰说：“独斩贾充，少可以谢天下耳。”司马昭沉吟良久问道：“可不可以杀个不要紧的人物？”于是将“凶手”成济判了剐刑，灭其三族。

1954年，驱逐溥仪出宫的鹿钟麟被任命为国防委员会委员。他最后一次露面是在某次座谈会上，与特赦后的溥仪、辛亥革命在武昌打响第一枪的老同盟会会员熊秉坤三人合影。当时，中国新闻社刊发了这张照片，很多老北京人方知他仍在世。1966年1月，鹿氏逝世，享年八十三岁。

第十九章

琉球，去留三百年

进入19世纪70年代，日本已经成为东亚最强大的国家，这些遮掩也没有意义了。1872年，日本宣布琉球王国属于日本的“内藩”，琉球群岛是日本的领土，不承认中国自1372年起对琉球的宗主国地位，正式占据琉球。

琉球，按照现在的介绍方式，是这样一个地方：位于中国东南方，日本列岛最南端，由琉球、宫古、八重山三个群岛为中心的六十多个岛屿组成，面积两千二百六十五平方公里，属日本冲绳县。

据说，隋炀帝令羽骑尉朱宽访求异俗，始至此国地界。在惊涛骇浪中望之，盘旋蜿蜒，若虬浮水中，故因以名琉虬也。虬是龙的一种，东汉人王逸《楚辞章句》："有角曰龙，无角曰虬。"谓之"琉虬"，确实非常形象。然而可能因为古代中国都将龙作为帝王象征，加上一直在翻译他国名字时喜欢用贬义字词（这一点和现代有所不同），所以《隋书》将它改为同音的"琉求"。《元史》又写作"瑠求"，有的书中又称"留仇"，总之都是这个地方。

也许人们认为，琉球不过是弹丸之地，不足以成为历史正章。但原先的琉球王国，或地理概念的"琉球弧"、"琉球文化圈"，远比现在冲绳范围要大。"琉球弧"的岛屿，从南到北散布于一千公里海面，覆盖的面积甚至比日本本州还大。从冲绳最西端的岛屿与那国岛，晴天肉眼可以望见台湾；最南端的岛屿波照间岛，纬度比台北还低。

作为独立国家时的琉球，在五百多年里都承认中国是其宗主国，并于1372年加入中国的"宗藩体系"。历史上，中国对藩属国的朝贡采用的是厚往薄来的不对等贸易优惠政策，来朝贡的藩属国往往能获得数倍乃至十几倍的"赏赐"，因此琉球在厚利吸引下积极从事朝贡贸易，以至琉球屡请增多贡使员额、加多进贡番次，

“以其国富，一岁常再贡三贡！天朝虽厌其繁，不能却也”！《明史》中记载亚洲诸国在该阶段的朝贡次数，日本十九次，朝鲜三十次，爪哇三十七次，安南八十九次，琉球朝贡次数高达一百七十一次，接近其他各国朝贡次数的总和。

这种敛财的方式，客观上也是为明朝所不齿的。之前的五代十国时期，高从诲在后唐闵帝应顺初年奉为南平王。当时，刘龑在广州建立了南汉政权，王审知在闽地建立了闽国，王建在成都建立了蜀国，都自称为“帝”。高从诲为了得到他们的赏赐，对以上每一个国家都自称臣下，像满街叫爷爷的乞丐。因此各国很看不起他，称其为“高无赖”。

琉球从对中国若即若离到彻底去中国化，和这个国家这样的外交方式是有关系的。

有史料称，原先的琉球常闹饥荒，当地人以苏铁果实为食，所以又叫苏铁地狱。1604年，有人从福州将番薯苗带回琉球种植，亦以此为主食，人民死亡大减。

这个国家一度像葡萄牙、荷兰一样，以航海贸易作为国家生存之本。

铸造于1458年的“万国津梁钟”，原本悬挂在琉球王国首里城正殿门前，今天保存在冲绳“县立博物馆”中。其中一段铭文很完备地说明了琉球人的抱负：

琉球国者，南海胜地也。钟三韩之秀，以大明为辅车，以日域为唇齿，在此二中间涌出之蓬莱岛也。以舟楫为万国津梁，异产至宝，充满十方刹，地灵人物，远扇和夏仁风。

1875年，日本政府派遣内务大臣松田道之来到琉球。他带来了日本政府的最新命令：琉球使用日本年号，立刻停止向清廷朝贡。今后，清廷方面若有登基大典，琉球亦不得自由派遣使者。琉球方面，国王更迭不许接受来自中国方面的册封。琉球在中国福州设立的“琉球馆”贸易由日本领事馆代理。一句话，琉球今后不能作为一个国家和清廷来往，和中国彻底中断关系。

1875年松田道之颁布的命令，实际上是一年前《北京专条》的必然延伸。大久保利通认为：“今通过与清朝之谈判，彼承认我征藩地为义举，并出银两抚恤难民，虽似足以表明琉球属于我国版图之实迹，但仍难说两国分界业已判然。”为了彻底了断琉球问题，大久保利通期望明治政府全面断绝琉球和中国的关系，在那霸设立正式镇台分营。

1871年，明治政府废藩置县，第二年宣布废除琉球“王国”称号，改置琉球藩，改琉球国王尚泰为藩王。这一系列举动完成了日本作为现代国家的体制。琉球被设成海外省，不能再有独立国家的一切权利。

1875年，日本针对琉球的果敢，和过去三百多年来的“优柔寡断”相比较，实际上是东亚两强——中国和日本强弱变化的直观写照。

大航海时代开始后，葡萄牙人对东南亚的控制使琉球舰队的航海贸易寸步难行。16世纪，荷兰、西班牙、葡萄牙等国舰队进入东南亚，他们的产品通过琉球中转卖到朝鲜、日本，获得了丰厚利润。16世纪末至17世纪，随着西方国家与中国建立直接贸易联系，以及萨摩藩入侵，琉球的转口贸易地位趋于衰落，每况愈下。琉球财政日益窘迫，有时甚至出现无钱接待册封使而向萨摩藩借贷的情况。

日本对琉球的觊觎，在日本战国乱世中已经体现。天正十年（1582年），武藏守龟井兹矩向丰臣秀吉请求：“公若能诛杀光秀，则日本六十余州将归十掌中。我在国内无所希求，请赐给琉球。”

1609年，日本终于对琉球展开了军事行动。九州岛南部的萨摩藩派出大将桦山久高率兵三千入侵琉球。挑起战争的借口有四个：琉球国不肯制聘于江户幕府，江户方面曾通过萨摩藩送还漂流船民，但琉球方面未派遣使者致谢。还有，江户幕府方面期望在修复日本和明朝的关系方面，琉球能做一些工作，琉球居然没有积极配合。此外，琉球在丰臣秀吉侵朝时，拒绝给日军输送兵粮。

战事迅速呈现出对琉球不利的趋势。萨摩藩先占领了喜介、德之岛、冲永良部等岛屿之后，在冲绳北登陆，攻陷今归仁城。守城的山北监守向克祉战死。4月1日，萨摩军队从海陆两路攻向那霸和首里，琉球王尚宁派遣三司官谢名和丰见城守卫那霸。结果，萨摩军队先摆出直取首里姿态，谢名和丰见城急忙回师救援首里，不料萨摩军转攻那霸成功。尚宁只好以自己的兄弟尚宏和三司官为人质，向萨摩求和。4月4日，尚宁本人被押解到名户。4月5日，萨摩军队进入首里。他们对琉球的“收割”开始了。据《琉球渡海日记》称，光是把琉球的奇珍异宝打包就用了十几天。

萨摩藩在自己的治下，采用外城制、门割制等独特的兵农分离制，很大程度上保留了中世纪末期的藩国体系。这种封建体制，加上火山地带、台风等恶劣的自然条件，使其生产力停滞，瓦解封建制的力量得不到发展。此时，萨摩藩占领了琉球，将其并入藩内理所当然。但事实是，直到1875年，琉球仍然一直以一个独立国家的名义存在。这究竟是怎么回事？

先看看被囚的琉球君臣获得的意外之喜吧。1610年5月，江户幕府的最高执政官本多正纯给萨摩藩主岛津家久写信，要求他和琉球王尚宁以及一干被俘君臣一起到江户。至于接待的规格，本多正纯要求按照朝鲜使节来访时的制度。

江户时代，朝鲜使团访问日本，受到的接待规格极高，幕府每次都要花费百万两银子以上。对已经被灭掉的国家君主采用这一制度，本多正纯葫芦里卖的什么药？不管怎样，1610年6月18日，尚宁在骏府城拜见了德川家康。28日，在江户城拜见德川忠秀。9月3日，忠秀在设宴招待岛津家久和尚宁时表示，琉球今后要上贡萨摩藩，但琉球世代仍为中山王之国。也就是说，尚宁的家族仍可世袭罔替。不但如此，尚宁还将不日被放回国，保证这一制度的施行。这不由得让坐了一年多牢的尚宁欢喜得手舞足蹈。

实际上，江户幕府要求萨摩藩把吞进口的琉球又吐出来，这和东亚的格局息息相关。

1592年，统一了日本的丰臣秀吉在“显佳名于三国”的妄想下出兵侵略朝鲜。应朝鲜要求，明朝出兵援助。经过七年战争，日军不得不承认失败，退出朝鲜。这次交手让十八年后的江户仍然记忆深刻。出兵琉球的大将桦山久高在出征朝鲜时，作为岛津义弘的副将参加了露梁海战，虽大破李舜臣所率的龟甲船（对照日本历史和中国历史，对“龟甲船”战史似有很大矛盾之处），但对明军仍然很忌惮。由于琉球是大明“宗藩体系”，如果处理不好，将重开和大明的战事。另外，1600年关原之战，岛津军一千六百多人自杀式突围，尽管最后突出重围的不过八十骑而已，但萨摩军的气势让德川家康一直很担心，他也不愿意萨摩彻底吞下琉球，壮大其藩国力量。

这种担心并非没有必要。此后的明治政界长期存在萨摩派和长州派两大政治派系的分野。明治十四年（1881年）政变时，萨摩派首脑大隈重信一度被放逐，明治十八年（1885年）内阁政体确立后，很快进入萨派和长派轮流组阁、重新分掌政权的时期。20世纪初，继藩阀政治后上台的政党势力中，桂太郎和西园寺公望轮流坐庄。一方是萨派的承续，另一方则是长派的后任，大同小异。萨摩派与长州派之分，如晚清的清流与浊流。

为避免和中国开战，在放回尚宁君臣之时，岛津氏要求对方签下文书，承认

"琉球自来就是萨州岛津氏之附庸"。此后萨摩藩如琉球的跗骨之蛆，琉球名义上还在明清的宗藩体系，实际上专供萨摩藩"吸血"。

琉球人作为生意人的确精明。从1633年开始，琉球人感受到了大明王朝的困顿。于是，琉球使者携带的国书只是盖有印章的空白纸，具体献给谁要看谁当政。1644年，明朝灭亡，两年之后，出使南明政权的琉球使者被清军捕获，次年这位使者在北京拜谒了顺治。1649年，顺治帝派诏谕使前往琉球，萨摩藩不得不紧急请示江户，如果清朝政府要求琉球人剃发，更易服装，如何对应？

江户方面回答，如果清朝政府要求琉球怎样，那就怎样。在这个指示下，为了掩盖琉球已经被吞并的现实，萨摩藩还做了详细的工作，规定驻琉球的官员不许干涉琉球的内政，一年只能在到港、年头和归航这三次可以见琉球国王。显然，面对一个强大的清王朝，江户和萨摩藩在尽量避免摩擦。

开始，清廷方面对此浑然不觉。1663年，清廷册封尚质为中山国王。在清朝的宗藩体系内，琉球仅次于朝鲜，排名第二。江户和萨摩藩进一步发现了产生摩擦危机的可能，于是加强了伪装。萨摩藩常驻琉球的官员，自称为"度佳喇"人，并说"度佳喇"是琉球诸岛之一。1683年清廷册封尚贞时，这些"度佳喇"人还参与了册封全过程。但册封正使汪辑在《使琉球杂录》中说，这些自称来自琉球属地的人名字都带有"右"字，"形容狞劣"，和琉球人大不相同。

其实这些人就是日本人。在被清廷识破后，"度佳喇"人干脆消失了。1719年，清朝册封使再度来到琉球时，日本船躲进了冲绳的运天港。为了掩盖和琉球的关系，应对清朝质询，萨摩藩出台了一系列"化装指南"，其中包括：如果琉球运载货物的船只漂离航线到了中国，就自称是琉球巡见官雇用"度佳喇"岛船只出使的；如船上装满了前往萨摩藩的纺织品，则称是雇用"度佳喇"岛的商船；若装的是银两，就说是卖了货物正在返回琉球。

1757年，清廷实行海禁。1762年，萨摩藩出台了《唐漂着船心得》，四年后又追加一个《对唐人对答心得》，仔细到了极点。他们规定，如果船只漂流到了清朝，就要把标有任何日本字样的货物扔进海里。

进入19世纪70年代，日本已经成为东亚最强大的国家，这些遮掩也没有意义了。1872年，日本宣布琉球王国属于日本的"内藩"，琉球群岛是日本的领土，不承认中国自1372年起对琉球的宗主国地位，正式占据琉球。

面对亡国之痛，琉球人民一面以“不合作运动”抵制日本统治，一面数次派使节前往北京，“泣请援球……救鄙国倾覆之危……”琉球的陈情通事林世功为了打动清政府，不惜壮烈自杀，以死谏请求中国出兵援助。然而清政府异常软弱，一方面由于《台事专条》给了日本人并吞琉球的口实，加之对自身国力缺乏信心，始终不敢下决心与日本抗争；另一方面，出于长期宗藩关系形成的对琉球的保护义务，清政府同日本进行了交涉。但是以这种虚与委蛇的态度面对日本“（琉球）系我国内政，宜得自主，不容外国干涉也”的强硬立场和吞并琉球的既成事实，效果可想而知。

可以这样说，在日本弱小不敢和清朝开战之时，清朝满足于守住自己的宗藩体系，而在19世纪后半叶殖民主义抬头的时代，落后就意味着一无所有。

主持清朝外交事务的李鸿章请求访问亚洲的美国总统格兰特调停琉球争端。“调停”的结果是，日本提出了对中国极其不利的“二分琉球”方案，准备以琉球南部“周围不过三百里”的贫瘠不能自立的宫古—八重山群岛的十六岛划归中国为诱饵，换取中国承认日本占有琉球主体部分的中部十一岛和北部九岛，并且要求修改《中日修好条规》，给予日本商民和西方列强一样的在华片面最惠国待遇。李鸿章和总理衙门商量以后，提出了新建议：三分琉球。内容大概如下：接近日本方向的奄美大岛为日本领土，琉球本岛及其附近岛屿作为一个独立的琉球王国存在，而南部的先岛群岛则作为中国的领土。此时，中俄由于伊犁问题关系剑拔弩张，清政府深恐日俄联合使得自己两面受敌，因而决定让步。

1880年10月，中日议定了《球约专条》及《加约》，接受了日本“分岛改约”的方案。清政府对内自欺欺人地表示，日本交还南部各岛，可以重立琉球国免其绝祀，而且还可以防止日俄联合，“此举既已存球，并已防俄，未始非计”。随后，曾纪泽在彼得堡的谈判取得了晚清历史上罕见的一次外交成功，初步解除了两面受敌的窘境。1880年11月11日，李鸿章在奏章中主张拖延，于是清廷决定废除上述协议。十五年后，中国在甲午战争中失败，被迫割让台湾，琉球的归属就更不在话下了，全部划归日本。

1879年4月初，日本内务大臣松田道之率领日军熊本镇台“冲绳分遣队”官兵三百余人进入琉球，同行的还有警官一百六十余人。他们在首里拘禁了末代琉球王尚泰，并将其强行移居到东京。日本政府旋即改琉球为冲绳县，任命锅岛直彬为冲绳县令。

1898年，琉球人被要求服兵役。1901年，尚泰去世。1916年，全冲绳教师大会要求禁止在学校说琉球语。

国际法的输入

国际法，指适用于主权国家之间以及其他具有国际人格的实体之间的法律规则的总体。国际法又称国际公法，以区别于国际私法，后者处理的是不同国家的国内法之间的差异。

有一种说法是：1648年，马丁·马提尼神甫曾将国际法先驱者之一、西班牙人苏阿瑞兹（Suarez）的拉丁文著作《法律与作为立法者的上帝》译为中文。然而，迄今为止，没有人看到过这本书当时的译本。

此后几十年间，清廷在与荷兰的交往中，对方曾经向清朝官员说起过国际法。1689年，以译员身份参加清朝代表团的两名耶稣会士——张诚和徐日升，曾经以国际法知识影响过中俄尼布楚谈判。但这些零星的接触，不足以成为国际法输入中国的开端。

1858年，美国传教士丁韪良作为美国公使列维廉的翻译参加了《天津条约》的谈判。在签约现场，双方发生了外交礼节上的冲突。耆英建议列维廉预先排练一下“接旨仪式”，主要内容是让对方跪下接受国书。美国佬拒绝了。列维廉说：“我只在上帝面前下跪！”对此，耆英说：“皇上就是上帝！”

在当时的一些西方国家人士中，有些人刻意不让中国人学习国际法。法国临时代办克士可士吉得知有人欲将国际法知识介绍给清政府时，扬言要“杀掉对方”。

《万国公法》一书，可视为晚清国际法系统输入的开始。这本书的原名是《国际法原理》（*Elements of International Law*），美国法学家惠顿（H.Wheaton）著，初版于1836年，是当时最新、最流行的国际法著作。1862年，丁韪良客居上海，动手翻译此书。丁韪良曾经系统地学习中国儒家经典，对汉语方言、音韵、训诂等均有涉猎。因此，他成为翻译此书的最好人选。第二年，美国驻华公使蒲安臣建议总理衙门加派四人协助其工作，加快了翻译工作，此书于1864年4月中旬译成。当年，丁韪良在北京开办的教会学堂崇实馆率先刊印，此后又呈请总署大臣作序，于第二年再次印发。

《万国公法》即将出版之际，董恂欣然作序："是书亦大有裨于中华，用储之以备筹边之一助云尔。"他写下了"今九州外之国林立矣，不有法以维之，其何以国"，实际上表明了清朝对国际法的认同。海关总税务司赫德大力支持这本书的出版，他认为"这本书会被总理衙门接受的"，并承诺从征收的海关关税中提取白银五百两予以资助。

这比鸦片战争时期，林则徐"择其要者学习一二"更系统了。之前，林则徐曾经在广东接触到瑞士法学家瓦特尔（Vattel）的著名国际法著作《万国法》（*Le Droit des Gens*），并通过广州行商转请美国传教士伯驾节译了其中有关"战争，以及相应的敌对措施，如封锁、禁运等"部分内容。

《万国公法》的出现，体现了西方列强试图以国际法说教中国，从而使清朝与欧美列强建立起为他们所认可的国际关系，把中国纳入世界体系的政治意愿。要求中国接受国际法，按照西方的规范行事，实际上就是要求中国承认列强强加于己的不平等国际关系。但是，和那些不愿意将这种文明体系下的国际法律教给清廷的人士相比，英美两国的做法更有益于中国的"现代化"。1894年7月16日，日本和英国在伦敦签署了"友好条约"，这一条约使日本基本处于和英国平等的地位。日本外交人士为之作出了二十三年的努力，终于成功。

近代，日本向国外派驻长驻使节的历史时期与中国非常接近。日本于明治三年（1870年）开始向海外派遣第一批驻外使节，清政府在稍后的光绪元年（1875年）派出第一批驻外使臣，晚清完结与明治时代结束的时间也基本一致。

但是，日本驻外公使的任用、升黜及其监督，和清廷的做法有很大不同。明治初年，外务卿（后来称外务大臣）对使臣的影响逐渐扩大。明治十八年十二月二十二日实行内阁制度后，颁布各省新的官制，外务省的权限相应扩大了。在使臣的任命上，明治二十六年，外务省进行官制改革，除了承续先前非代理公使饬任和代理公使奏任的差别之外，另外颁布《外交官领事官及书记生任用令》。代理公使的任用纳入外务省考试制度的范围，只是"特命全权公使、弁理公使的任用不受本令规程的限制"（参阅外务省百年史编纂委员会编纂《外务省の百年》）。在明治二十七年（1894年）修改条约交涉获得初步成功之前，明治政府外交的中心任务是修改不平等条约，外务大臣定期更替，但是这一中心任务始终不变。驻外公使作为国家外交任务的执行者，在其任职期间，实际上是对主持外交的外务大臣负责。明治二十七年（1894年），与主要国家的修约交涉次第成功之后，政府外交的重心转向开战外交，当时的外务大臣大隈重信对驻外公使训示之后，驻英国、法国、德国、意大利、美国、俄国、奥地利等国的公使都发表了积极对外扩张的主张。日本驻外公使始终是日本政府外交政策的忠实执行者。他们从一开始就在职业化轨道上正常发展。这种职业化，首先体现在对国际法的驾驭能力上。

当时的中国要实现和　日本齐头并进，首先要学会国际法，这方面的学习，体现了近代中国对国际社会的认识过程和态度变化过程。而诸如朝鲜、琉球等宗藩体系相继倒掉时，不是中国对国际法不知晓，而是国家实力还未达到“有文事者,必须以武略济之”的地步。

第二十章

杨翠喜案，清廷的国家形象片

中国报人认为，宪政之所以称为宪政，是和封建人治决裂的。杨翠喜案，就是对伪立宪的清政府一次重大打击。“褒贬时政，抨击现实”的《京报》，从一开始就抛出了重量级炸弹：段芝贵用肉弹、银弹买官。

《醒俗画报》是清末民初的一份石印画报。1907年3月23日，温世霖和吴芷洲在天津启文阅报社创办了这份画报，第一任主笔为陆辛农。该画报旨在“唤醒国民，校正陋俗”，另外“录事概用图说，以期人人易知易解”。内容大多是记录当时中国的社会文化风俗，并对时人认为“不良”的传统风俗加以指责，偶尔批评政治和官场黑暗。画报以图为主，在图旁加说明和评论的文字。据估计，发行量最高时也不过一千多份。

1907年（光绪三十三年）春，杨翠喜一案曝光，此后天津流传有《升官图》和《贵妃娘娘新醉酒》两幅政治讽刺画，抨击此事。尤其是客籍津门的江苏武进画家张城所绘《升官图》，图中间太师椅上坐着一位着时装的跷腿美女，手持一面画有黑龙江省地图的纸折扇，右下角为一位便冠长辫的官员跪于美女脚下，看着美女手指处的另一顶用纤足踢给他的戴有花翎的官帽。整个画面除题图《升官图》和愁父（张城之笔名）作的署名外，无文字说明，但人们一看便知底细。当时《醒俗画报》主笔陆辛农见到这图，准备制版刊出，但社长吴芷洲慑于压力，将此画版撤下未印，陆愤而辞职。差不多三十年之后，《升官图》才刊于1936年10月14日的天津《语美画刊》上，还附有陆辛农近六百字的题记，详述其原委。

何为杨翠喜案？

杨翠喜是当时天津著名的歌伎。据说本姓陈，小名二妞儿，原籍直隶北通州，幼年因家贫被卖给杨姓乐户，取名翠喜。对于杨翠喜的身世，有多种说法，但无争议的是：杨翠喜从师习艺，十四五岁出落得“丰容盛鬋，圆姿如月”。她生就一副好嗓子，“善度淫靡冶荡之曲”，最初在“协盛园”登场献艺，《梵王宫》、《红梅阁》都是她的拿手戏，因此名动天津。

1906年，农工商部尚书载振去东北盛京视察政务。当时，清朝有意将龙兴之地——关外改设行省。

清朝初年，在东北设置了盛京将军、宁古塔（吉林）将军和黑龙江将军，三将军的辖区在管理方式、行政制度及土地占有形式方面有别于中原地区。

在清代，边疆少数民族地区通常都以“军府制”治理。所谓“军府制”，一般是设驻防将军一员，主要由满洲亲贵担任，总辖地方军政事务，不理民政，地方民政事务由当地民族上层人士自行治理。这是从乾隆年间确定下来的制度，到了晚清已是“日久弊生”，矛盾重重了。湘军统帅刘锦棠曾收复新疆，对这种制度异常了解，“旧制……荡然无存，万难再图规复”。

1644年，多尔衮严令禁止汉人进入满洲“龙兴之地”垦殖，这也就是“禁关令”。虽然清朝于1692年开始向东北地区派遣八旗及汉军移民，但清初满洲人倾族入关后，东北人口更加稀少。清朝统治者视东北为“祖宗肇迹兴王之所”，借口保护“参山珠河之利”，长期对东北实行封禁政策。

也就是说，当时除了拿到“移民签证”，一般的汉人是不允许自由去往关外的。为了严格执行“禁关令”，从顺治年间开始，清廷不惜代价在东北境内分段修筑了一千多公里名为“柳条边”的篱笆墙，也称柳条边墙。至康熙中期，这座篱笆墙才得以完成。从山海关经开原、新宾至凤城南的柳条边为“老边”，自开原东北到今吉林市北的为“新边”。边墙以东的满洲严禁越界垦殖，边墙以西则作为清朝的同盟者蒙古贵族的驻牧地。

如此封禁造成了东北人口稀薄，最终为俄国对中国东北的蚕食创造了有利条件。晚清边疆危机日甚，清朝才意识到问题严重，被迫开放禁令，采取“移民实边”政策。1861年至1880年陆续开放了吉林围场、阿勒楚喀围场、大凌河牧场等官地和旗地。光绪八年（1882年），首先在吉林招垦，设立珲春招垦总局，此后又开放了黑龙江地区的土地开垦。

1906年，清廷议定裁撤盛京、宁古塔、黑龙江三将军，改置奉天、吉林、黑龙江三省，设巡抚，并设东三省总督。这是新辟的“特区”，所以不少官僚很看重，段芝贵就是其中最为热心者。段芝贵，字香岩，1869年出生于安徽合肥，和段祺瑞同族。从天津北洋武备学堂毕业后留校任教习，后任职于淮军。1895年，投身于新建陆军，历任督队稽查先锋官、步队左翼第二营统带、督操营务处提调兼讲武堂教习，赏道员衔。1902年后，历任直隶军政司参谋处总办、天津南段警察局总办。1905年2月，任第三镇统制官，后任督练处总参谋兼督办天津巡警工程捐募事宜。

同年，载振过天津，直隶总督让部下段芝贵接待。段趁此机会，将杨翠喜进献给这位皇族，后又给其父奕劻送了十万金的寿礼。搞定了这对父子后，1907年春，段芝贵果然由天津北段的一个小小地方官员，一跃擢升为黑龙江省的首任巡抚。

在封建时代，虽然有一套较为完整的升迁系统，但具体到实施上，都是以当时掌握权力的权贵意向为准。《朝野佥载》里说，唐高祖的儿子、滕王李元婴做隆州刺史时屡有犯法，州内官员裴聿劝止他。李元婴大怒，用竹板子打了他一通。后来，裴聿送公文时把挨打的事情告诉了高祖，后者就问："你被打了几板子？"裴聿说："一共八板。"皇帝下令升了裴聿八级。裴聿回到隆州后一个劲儿叹息："我真是命薄啊。若是说挨了九板，就可以进入五品了。"

按照这样的原则，段芝贵的巡抚梦很快就要实现了。此时，但事情的发展超出了控制。

1907年3月18日，汪康年在北京出版了他名下的第五份报纸——《京报》。《京报》为日刊，为吸引读者、方便读者阅读，汪康年大胆创新，不用普通报纸的篇幅，而采用小页张，以利于读者浏览。办报资金一部分来自政府官员，但仅是私人身份的赞助。《京报》坚持不受任何外来势力干扰。

汪康年在《发刊献言》中明确揭示了办报目的："处今之时，合同志，结团体，力纠政府之过失，以弭目前之祸。"由此看出，汪康年直言不讳，《京报》理应承担起社会监督的责任，褒贬时政，抨击现实。所以，问世后的《京报》，面对日益高涨的立宪运动，刊发了一系列议论，阐明立宪的益处和方法步骤，为当时代表进步的立宪运动摇旗呐喊。

汪康年一生创办的六份报刊都没有官方的拨款，一直坚持"商款商办、民间办报"的方针。他认为，这样能最大限度避免因为经济的不独立带来的言论不自由。他参与创办的第一份报纸《时务报》的创办经费除了强学会的余款，其他全部来自捐款。而捐款不算股份，这就避免了某些人以报谋利的想法。汪康年特别看重报社的经济背景。1901年，英敛之为即将开办的《大公报》寻主笔，汪康年本有意加盟，但他听说《大公报》有洋资股份，愤而放弃。1908年，《中外日报》揭发江苏新兵捉赌枪毙平民及南京军政警政之腐败，激怒了两江总督端方，苏松太道蔡乃煌兴师问罪，他想与报馆约法三章：一、承认先前所登论说实系错误；二、此后报中不得有讥评南北洋之说；三、报中记事如有损及南北洋之处，必须事先将稿子交给他看。结果，汪康年对此回答："此腕可断，此稿不能照缮也。"骨头之硬，令人敬佩。

当然，大环境助长了汪康年的气势。清朝最后十年，是中国由专制向民主转型的关键时期。面对外力的压迫和国内要求变革的形势，清朝在1901—1911年期间，对社会各方面进行了一系列改革。在清末新政中，最重要的是日俄战争后的政治改革，即1905—1911年间的预备立宪。

1904—1905年，在中国领土上爆发了日俄战争，结果君主立宪制的日本战胜了农奴制的俄国。国内外舆论普遍认为日胜俄败，是立宪战胜专制的铁证。战争初期，西方报纸就指出"此战非俄日之战也，乃立宪、专制两治术之战也"。国内报纸也强调了这一特点，认为日本作为小国能击败强大的俄国，完全是因为"立宪能战胜于专制"。于是，"日本以立宪而胜，俄国以专制而败"。

当时，实行宪政、加快进行政治体制改革，成为许多高级官员和社会贤达的强烈呼声。

自然，中国报人认为，宪政之所以称为宪政，是和封建人治决裂的。杨翠喜案，就是对伪立宪的清政府一次重大打击。"褒贬时政，抨击现实"的《京报》，从一开始就抛出了重量级炸弹：段芝贵用肉弹、银弹买官。

《京报》的发行量并不大，但此事的烈度立刻搅动了一场党争。后世对汪康年从何处得知杨翠喜一事内幕并不可考，不排除有人主动提供消息的可能。

首先，让我们来看看此事较量的几方阵容：袁世凯、奕劻、载振、段芝贵显然是一方。袁世凯之所以在清末斗争中立于不败之地，和他对奕劻的进贡以及后者提供的帮助息息相关，他们一直保持着稳定的关系。段芝贵奉袁世凯之命接待载振，袁世凯对他送人送钱的行为不可能不知道。如果袁世凯从奕劻处了解了内情，而又不想放这位部下单飞的话，段芝贵肯定是当不了这个巡抚的。加上清廷最后议定的东三省总督是徐世昌，他也是袁世凯的至交，所以在东三省的预定安排中，袁的势力是很明显的。他也愿意促成段芝贵此行。

另外一方是外务部尚书、军机大臣瞿鸿机和"屠官"岑春煊。光绪三十二年，奕劻以云南片马民乱需要处理为由，将岑调任云贵总督，驱离权力中枢。岑遂称病，拒不就任，停留上海，观望政局。不久，袁世凯在朝政倾轧中失利，自请开去本职以外一应兼差。岑认为时机已到，不再称病，于光绪三十三年5月3日（农历三月廿一），突然从汉口上京觐见慈禧，获授邮传部尚书，得以留京。一时间，岑、瞿声势大盛，有独揽朝政之势。

5月7日，瞿鸿机门生、御史赵启霖奏劾段芝贵“夤缘无耻”，以天津歌伎杨翠喜献于奕劻之子载振，并以十万金为奕劻寿礼，遂得署黑龙江巡抚。奏本十分刚烈，有“今日何日，载振何人”等语。慈禧太后于是诏命醇亲王载沣、大学士孙家鼐彻查。

事前载沣得到了暗示，要顾全皇室的体面。载沣是奕劻侄子，自然暗中庇护。他先通知载振把杨翠喜藏匿起来，并用庆亲王家的一个普通侍女顶替杨翠喜。孙家鼐孤掌难鸣，案件查办处处碰壁，只好听任载沣作假。不久，二人联衔上报说“查无实据”。赵启霖反而以“奏劾不实”被革职。然而，报章每日宣扬，丑闻四播，朝内言官大哗。迫于舆论压力，慈禧撤去段芝贵布政使衔，黑龙江巡抚一职也交给程德全代理。同时，又让载振主动上书辞职，作为给国民的一个交代。

对宗室贵族的清算没有等到秋天。6月17日，奕劻授意翰林院侍读学士恽毓鼎上书，奏参协办大学士、外务部尚书、军机大臣瞿鸿机暗通《京报》报馆，“授意言官，阴结外援，分布党羽，怀私挟诈”，请求朝廷罢其官职。

瞿鸿机被开除回籍，而他的“战友”岑春煊则遭受了一百年后的网友们经常受到的“酷刑”：PS。奕劻让人伪造岑春煊与梁启超等人的合影，称其意为戊戌变法翻案。形势自此急转直下。岑春煊本来是慈禧的红人，1907年4月二度被放为两广总督。途经上海时，岑重施故技，称病不就职，本想慈禧可能让自己回京，不料慈禧旋即下旨将其开缺。至此，党争以奕劻、袁世凯完胜告终。

其实，瞿鸿机和岑春煊失势，与杨翠喜案没有太多关系，而在于触动了慈禧对于戊戌年的敏感神经。尤其是瞿鸿机曾密请赦还康梁，正中叶赫那拉之忌。

这场对局，冯玉祥回忆录《我的生活》中是这样记载的：“清廷末年，袁世凯部下大名鼎鼎的段芝贵花一万两现银，买了女戏子杨翠喜送给庆亲王的儿子振贝子。庆亲王被其子所怂恿，即放段芝贵为黑龙江巡抚。各报纸无不痛加攻击。江春霖、赵炳麟等三位翰林亦连连上奏参劾。”

杨翠喜案，虽然最终结局是瞿鸿机和岑春煊失势，但就其案本身而言，载振主动辞职，朝廷表示“事已实明，毋庸置议，所请本难照准，惟以奕劻再四恳求，姑准开缺，稍事休养，以备膺任，为国效力”，但在朝内受到批评之意，不言自明。段芝贵不得巡抚黑龙江，也算是达到了《京报》爆料的目的。从某种角度来说，这场纷争唯一的赢家，实际上应是清廷本身。

为什么这样说呢？

这场纷争给清朝主动体现自己的改革精神提供了一个机会。王公贵族、达官显贵，谁也不能违背国家法律，擅自处理公务。如果说杨乃武与小白菜一案是中晚期清朝司法的回光返照，杨翠喜案就是叶赫那拉的国家形象片。它传达了一个意思，清政府要力图改变，达到顺应历史潮流的目的。

一年之后的8月，清廷颁布了《钦定宪法大纲》，这是一部君主立宪性质的法律文件。它限制了皇帝的权力，如虽规定皇帝在“议院闭会时，遇有紧急之事，得发代法律之诏令，并得以诏令筹措必需之财用”，但“惟至次年会期，须交议院协赞”。在与《大纲》同时颁布的《议院法要领》中规定“国家之岁入岁出，每年预算，应由议院之协赞”，即经济大权也非皇帝专制。

《大纲》体现了三权分立精神，明确规定：“谨按君主立宪政体，君上有统治国家之大权。凡立法、行政、司法，皆归总揽，而以议院协赞立法，以政府辅弼行政，以法院遵律司法。”以法律形式确定三权分立制度，这在中国历史上具有划时代意义。

清廷在效法西方的过程中，军事学习德国，政治以英国为师。《大纲》规定了法律面前人人平等的原则。前言指出：“夫宪法者，国家之根本法也，为君民所共守，自天子以至于庶人，皆当率循，不容逾越。”正文再次强调：“上自朝廷，下至臣庶，均守钦定宪法，以期永远率循，罔有逾越。”宣布“法律面前人人平等”，是对中国千百年来“刑不上大夫”的传统观念的极大冲击。《大纲》宣布，臣民有言论、著作、出版、集会、结社的自由，以及臣民的人身、财产、居住等权利均受到法律保护。人民的权利得到了法律的承认，这在中国历史上是破天荒的第一次。

外篇
从A到Z

Air shows
飞行表演

也许你只在电影中见识过如下场景：老式双翼飞机飞过紫禁城，复辟大潮下的王室瑟瑟发抖，欲求可靠之处而不能。

鸦片战争后，航空器知识开始传入中国。《初使泰西记》和《海国图志》中，均记载有外国的“天船”（即氢气球）。1885年中法战争时期，法国军队利用气球对清军战线进行侦察。日俄战争在中国的地盘上进行，两国均派有气球队助阵，这引起了清廷的注意。次年，湖广总督张之洞从日本购得探测气球两个，每个直径约四米，长约二十五米，一红一白，下系藤篮，人坐其中，可用望远镜观察地面情况。

1908年2月，中国军队第一支气球队在湖北陆军第八镇成立，工程营管带王永泉兼队长。气球队仅仅装备了一个日本山田式气球，但也算是中国的第一支空中部队了。同年5月和6月，江苏陆军第九镇和直隶陆军第四镇先后建立了气球队，分别以各自工程营管带邓质彝和高凝震为队长，装备也非常简陋，各自拥有一个山田式气球。10月，清军在安徽太湖举行秋操时，陆军第八镇和第九镇均派气球队参加了演习。

1910年8月，清廷军咨府拨款购买了我国历史上第一架军用飞机：法国产的“桑麻式”飞机，并开始在北京南苑训练飞行人才。这一年2月，载涛等人组团考察军事。回国后，载涛感到仅有气球不能解决空中军事问题，决心倡导航空事业。清廷在北京南苑设立航空机关，派留日学习航空的李宝浚、刘佐成试制飞机，并购法国“桑麻式”飞机一架作参观、仿效之用。后来陆续购进法国制造的高德隆（Caudron）教练机，四十马力、五十马力、八十马力的各四架，共计十二架。因为飞机是单座的，学生无法由教官带飞，不适合航校的教育，后来又进口了英国制造的爱费罗（Avro）504K式和维克斯（Vickers）公司的小维梅（Vims）式教练机。南苑航校共培训了四期学生，第一期毕业四十一人，第二期毕业四十二人，第三期毕业四十人，第四期毕业三十五人。

在载涛出国考察的同时，革命者也开始争取自己的空中力量。1910年3月，孙中山抵美国檀香山，他和当地同盟会成员商议，吩咐华侨设立中华飞机公司，自造飞机。5月31日，孙中山致函同盟会会员李绮庵，称“飞船（即飞机）练习一事，为吾党人才中不可缺。其为用自有不可预计之处……兄既有志此道，则宜努力图之”。

9月14日，孙中山写信给萧汉卫：“来函诵悉，承问飞机一事，此事当无碍于各种方面，但以吾党所欲求发难者，尚不敢望此耳。飞机一物，自是大利于行军。推以无尺寸之地之党人，未有用武之地以用此耳。若欲以为发难之用，是犹凶年欲食肉糜之类也。如（朱）卓文兄欲研求之为发难得地后之用，未尝不可也。”

这年11月7日，孙中山从马来西亚槟榔屿致信给《飞机在战争中的用途》一文的作者——美国军事研究家荷马·李，以1904年日俄战争中俄军未利用空中侦察而失败一事为例，补充荷马·李关于飞机作为侦察手段一节中的不足。他在信中说：“至于你对飞机在战争中用途的见解，我已一再拜读，至为赞佩。你的所有论证均极正确，我完全同意你在第一部分的论述，但在第二部分‘作为侦察手段’一节中，你忽略一事：飞机和飞船（可操纵气球）能作极好的摄影，有助于指挥官准确判断敌情。”

日俄战争期间，在中国东北战场上，日军战线蔓延达五十公里以上，俄军的系留气球无法窥斑知豹。假若俄军当时使用可移动气球或飞机进行摄影，即可立即发现漫长战线上，日军的数量比他们预想的要少三分之一。也就是说，俄军可改变战略获得胜机。

1911年1月，飞行家冯如在奥克兰市和孙中山见面。孙高兴地说，“吾国大有人矣”，勉励冯如回国为革命效力。3月，冯如带了一架飞机回到广东。10月，辛亥革命爆发。冯如参加了革命军，被任命为广东革命军陆军飞行队长。当时，飞机队共有两架飞机，一架是冯如从美国带回来的，另一架是他在广州城外燕塘自制的。为了制造这架飞机，他花去了半年时间。

辛亥革命期间，革命军共有四支航空队。除冯如航空队外，还有一支比较著名：华侨革命飞机团。第一批飞机三架于1911年12月30日抵上海，并立即转往南京。第二批飞机三架于1912年1月6日运抵上海，暂存上海江南制造局。另外两支为湖北军政府航空队和上海军政府航空队。

北京的报纸曾转载沪电，称“革命军有一支强大的空军”。据说，袁世凯用革命者有飞机的客观事实逼隆裕太后接受和谈。也就是说，革命军未曾动用飞机参战，仅仅是“表演”就让清廷屈膝了。

Beauty pageants 选美

1922年，大西洋城一个店主偶然心血来潮，促成了公认的首次选美大赛。他招募了一些舞女、海滨散步的美女，甚至一些前来助兴的妓女，被新闻界挖苦为“地道的美国小姐比赛”。这个名称被张贴出来，坚持了八十年，现在迁移到了拉斯维加斯，每年定期举办。现在，全世界每年有三千多个选美比赛，其中两千多个是为二十五岁以下的姑娘举办的。在参加选美的选手中，只有1%的人能够在模特业中有进一步的发展，每年大约有四千三白余人的名字出现在讣告栏里，2%因谋杀或无法解释的原因死去。

其实，中国封建王朝为皇帝后宫选秀的举动，使选美比赛出现的时间大大提前了。哪怕是清代的选秀女制度，也可以让人全面欣赏到纯粹为一国之君服务的选美。当然，和美国选美圈的数据类似，也会有一些成功入选的姑娘因“无法解释”的原因非疯即死。

八旗选秀女每三年一次，由户部主持，选中的秀女成为皇后、妃嫔候选人，或者选配给王公贵族。包衣三旗（即镶黄、正黄、正白旗）秀女，每年挑选一次，由内务府主持。这些人中虽然也有一部分后来升为妃嫔，但绝大部分成为后宫妃嫔的使女。基本上，皇帝的嫔妃都来自八旗。从顺治帝到光绪帝九朝，选秀女八十多次，二百一十四人入葬陵寝，这是选美中的成功者。

最初的海选有多大的规模，目前没有准确数字。一些文献记载，“主考官”一般每天只当两个旗秀女的评委，具体哪两旗，根据每次各旗参选秀女人数的多少进行灵活搭配。通常是五六人一排让人挑选，有时也有三四人一排，甚至一人一排的。假若有被看中者，就留下她的名牌；没有选中的，就撂牌子。然后，留牌子的秀女再定期复选，复选而未留者，也称为撂牌子。这些秀女面临两种命运：赐予皇室王公与宗室，或留于皇宫之中。如果成为后妃的候选人，程序会更为复杂，初次“引阅”之后，屡屡“复看”，有“记名”的，就是被选中留了牌子；有“上记名”的，这是皇帝亲自选中留牌子的。最后，还要经过“留宫住宿”进行考察（考验是否有打鼾、夜尿频繁等毛病）。在留宫住宿的秀女中选定数人，其余的都“撂牌子”。

康熙朝后，后宫位号有了具体规定，一共分八个等级，其中皇后一名、皇贵妃一名、贵妃两名、妃四名、嫔六名，地位比较低的贵人、常在、答应等不限人数。由于人数众多，皇帝无法兼爱，所以宫中大多数女性的生活都是悲剧。据说，传统的“消寒图”就是她们记录无味日子的一种方式：以九个九笔的汉字组成，繁体的“亭前垂柳珍重待春风”，每一笔代表一天，每个字代表一九，从冬至开始，每天填一笔，九个字填满即出九，冬去春来又过了一年。

成为皇后、皇贵妃的“成功者”，其实多数情况下和容貌没什么关系，而是高层宗族和政治斗争的产物。皇权的力量和最后个人的幸福之间的关系难以捉摸。1911年后，再也没有这样公开进行的全国性选美大赛了。

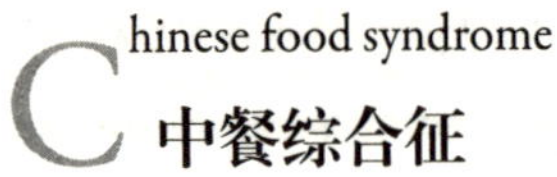

Chinese food syndrome 中餐综合征

1927年3月31日晚上，在原德国驻青岛总督府要员官邸的卧室里，晚清历史上重要的大人物康有为死去了。

这天晚上，康有为去中山路附近的一家粤菜馆“英记酒楼”吃饭，能够在青岛吃到家乡菜，他很满意，饭后意犹未尽，喝了一杯橙汁。然而不久，康有为突然感到腹疼难忍，当天夜晚呕吐不止。第二天清晨5时30分，他被发现在卧室里七窍出血而死，享年七十岁。

对于这次离奇死亡的原因，许多人推测都认为是中毒，但都查无实据。后来索性模糊地宣称，这是食物中毒。康有为当天晚宴的菜单已不可考，但可以肯定的是，鲁菜和粤菜都以制作海产品著称，这顿饭，康或许就是栽在了中餐海鲜的手里。

2003年，一对夫妇在纽约皇后区一家中餐馆吃饭。饭菜味道鲜美，但就在快要吃完的时候，男子开始出汗。据他的夫人说，其表现十分奇怪。男子向后仰倒，碰倒了另外一桌，把炒饭撒得到处都是。然后，他从餐馆跑到了街上，被一辆城市公交车撞倒，毕命。

虽然他的死因被归入了“行人伤亡”之列，但却创造了一个新词：中餐综合征（chinese food syndrome）。医学专家说，这种情况有时候和心脏病有点儿像，会引起胸痛，面部感受到压力，以及全身有烧灼感。这些症状，主要是一种在中餐中极其受欢迎的调味品——味精（MSG）产生的药理学反应。这种化学上的谷氨酸盐转为一种神经传递介质。当这种东西自然存在于人体时，对蛋白质的合成有帮助。但在不具有味精耐受性的人群中，会造成大脑的功能障碍并使神经受损。1995年，美国食品药物管理局的一份报告得出结论，哮喘症患者和不能忍受大量味精的人会有死亡的危险，这一点只有通过不断吃中餐来检验、识别。中餐的倡导者不理解也不支持用餐饮命名一种病症。支持谷氨酸盐的厨师说，不是味精不好，而是你吃的那家馆子东西有问题。味精不再被经常使用，但在“水解大豆蛋白”和天然香料的食品中，仍然会发现这种物质。

最新的研究发现，海鲜含有比较丰富的蛋白质和钙等营养物质，和橙汁同时食用并不恰当。1927年，正是国货味精风头正劲的时期。之前一年，吴蕴初宣布，放弃味精的国内专利，让全国各地大量仿造生产。日本的“味之素”除了在日本关东军占领的我国东北地区外，在中国的其他地区再也难见踪影。

D rowning 溺亡

面对一个满目疮痍的国家，一些人的选择是离开这个世界，建立理想王国太过艰难，他们觉得“虽死犹轻”。

溺亡是最常见的自杀方式。这个过程不需要太长的时间，一名儿童二十秒就可能被淹死，而成年人则需要六十秒（并非窒息时间，是肺部注水时间）。溺亡最显著的特征是体内黏液和水混合时，可能产生白色泡沫，这些泡沫推挤在嘴和喉咙里，堵塞空气的进入。

余世存曾在他的《破碎》一文中这样描述当时的中国人：“像抛洒在东方大陆上的无数种子，生根、发芽，他们在关中大地治河，在北方边陲的群山之巅筑建万里长城，在五岭蛮荒之地开辟草莱。他们跟传统文明的其他国家的人民一样，以自我牺牲的劳作和牛马一样的苦役为上流社会效劳……他们像蚂蚁、像蚜虫、像蜜蜂，机械地活着，悲惨地死去。他们就像生物学上毫无质量可言的生物群，他们只能以数量保种取胜，以供文明不断地盘剥、杀戮。这是我们东土大陆的奇观，自古及今，它都算人类世界最庞大的基因种群，但这个种群却以最卑微的姿态生活。它的个体成员要么加入上流的吃人宴席，要么被吃，要么离群索居，或者成为化外之民，一经化外，它的个体成员就为夷为狄。就是说，它的个体成员从未成为自己，成为文明的人格。这个种群，中国人民，似乎是为了一种奇特的目的而牺牲自己的。”

1905年，日本文部省颁布的《清国留学生取缔规则》，和日本媒体一起指责中国人缺乏团结力，说中国留学生只是“放纵卑劣”的一群人。陈天华作出了自己的选择，他曾谈及自己能为国做的无非两件事，“其一作书报以警世，其二则遇可死之机会而死之”。12月7日，他书写下万余字的《绝命书》，次日在东京大森海湾投海自杀。

陈天华的灵柩于次年3月7日抵达上海，而他的同乡姚宏业为了表示迎接陈天华归来，投黄浦江而殁。姚宏业于1904年赴日留学，设路矿学校，首倡保护路矿主权。1905年加入同盟会，1906年因抗议《清国留学生取缔规则》而回国，在上海与秋瑾、于右任租屋开学，创办中国公学，开民间自办新学之先河。

1906年5月23日，湖南同盟会成员禹之谟等将陈天华、姚宏业二人灵柩运往长沙。民众不顾当局阻挠，于29日将陈、姚葬岳麓山，以彰义烈。

国家形势之危急，甚至连最为严谨、颇具远见的知识分子都承受不起。1907年，杨笃生和于右任等人在上海办《神州日报》，他的文章被人称为“欲天下哭则哭，欲天下歌则歌”。四年后因受黄兴死去等不利消息刺激，留下一纸书信给吴稚晖，说“有生无乐，得死为佳”。1911年8月6日，杨笃生在英国利物浦海口投大西洋而死。主要原因是他听说广州起义失败，遗嘱中，他将历年所积一百英镑捐助革命。

在法医学的一些文件中，提及在所有被淹死的人中，接近50%和饮酒有关。而溺亡似乎成为表明心志之文人的首殁之道。英国浪漫诗人雪莱（Percy Bysshe Shelley）1822年在意大利航行时溺亡；以《奔流入海的河流》而闻名于世的美国诗人萨拉·蒂斯代尔（Sara Teasdale）1933年四十八岁时自溺；多产的作家和女权主义者维吉尼亚·伍尔夫（Virginia Woolf）将自己的口袋塞满石头，然后跳进一条河中自杀。

Embargo 禁运

每当清廷意识到国内和国际危机时，禁运是他们最常用的抵抗方式。

乾隆时代，皖南等处水灾甚重，各地均禁运米粮出皖境。在对外交往中，军器、盐等重要物资，一直是国家专营，其他人不得染指。彼时，到日本进行海外贸易的商人主要分官民两种，官商亦称皇商，多是由内务府指派的商人。这些人享有许多特权（如免税、可以出口禁运品，等），并具有垄断性质。国家预先为其支付资本，他们再四处采办货物，从中赚取丰厚利润。民商亦称额商，他们的特点是要自备资本，“先铜后帑”。按照规定，他们从日本购买的洋铜十分之六必须卖给江浙两省官府，剩下的十分之四才能自由处理。即便如此，仍然获利颇高。

清中晚期，海外贸易逐渐增多，但禁运令还是无处不在：船只的进出口都要经过政府的批准，领取执照。在贸易中，五百石以上的大船不准参加出口贸易，但是可以进口，只是禁运军器。在进口贸易中，大的木材（樟木、樟板）、硝磺（制火药用）、铁货（包括铁锅）数量很大，后来也被禁止了。粮食不许贩运出口，只许携带船上海员所需的数量，为此出海人数也有所限制。经商的人也不是随时随地都可以出海，事前一定要经审批取得许可。清廷在一点上做得很出色：禁止贩运人口，杜绝把人口贩运出口作为奴隶，这显然是针对外国人来中国拐骗人口当奴隶的计划。这一计划受到阻碍后，改为招募华工（即所谓“猪仔”）。卸任的美国总统格兰特和李鸿章会谈时，就提到了这方面的问题。

1759年，清廷颁布《防范夷商规条》。其中规定，外国商人销货后即须回国，禁止在中国过冬；商馆不准交易；公行行商不许拖欠外商债务，使外商有所借口滋事。外商没有雇用中国仆役的权利，其居住地由清廷官方加派兵丁防范。这些条规以后又经增订、改订，搞得越发严格，如禁止外商打听中国行情，外商不许坐轿，禁止外商家眷上岸，等等。1755年，因为往浙江贸易的外船逐渐增多，乾隆决定把定海的税额提高，目的不在于增加收入，而在于限制外商，防止出现另一个澳门。

但是，清中晚期对外贸易的政策帮助了美国。当时，初生的美利坚遭到了英国、西班牙等欧洲国家的贸易禁运，就连独立战争时支持美国的法国，也只勉强向美国开放了西印度群岛的几个海港，只允许六十吨以下的船只出入。这方面，中国慷慨地允许美国船只进入本国海港。

1784年8月底，美国商船“中国皇后”号经过六个多月的航行抵达广州黄埔港。因为美国人说英语，广州官员最初把他们当成了英国人，当后来得知美国是新独立的国家时，不仅没有轻视，反而对其十分友好。他们盛赞这些“花旗国”的商人遵纪守法、态度谦逊。“中国皇后”号生意空前顺利，他们卖出带来的货物后，购买了大量中国货物，其中包括红茶两千四百六十担、绿茶五百六十二担、瓷器九百六十二担，以及大量丝织品、象牙扇、梳妆盒、手工艺品。在“中国皇后”号返回前，广州官吏还特意赠送两匹绸缎给美国政府。1785年5月15日，满载中国货物的“中国皇后”号回到纽约，这趟买卖的利润高达三万多美元。

这次与中国的直接贸易让美国看到了突破禁运的希望。为了推动对华贸易，美国国会发布了对此次航行的通报，各大报纸竞相报道此事，并发表评论，称此行是“一次有远见卓识的、成果丰硕的航行”。在政府推动与巨额利润的刺激下，美国对华贸易从无到有，迅速超过法国、荷兰等国，18世纪90年代以后，已经仅次于英国排在第二位。早期的对华贸易使美国迅速积累了经济建设所需的资金，为其走上世界第一强国的道路奠定了基础。

Fire 火灾

据说在公元前400年，救火水管就已经诞生了——当时是用牛肠子做成的，连接在一个大水桶上，消防员通过猛踩或是坐在水管上提供压力。1673年，两名荷兰人发明了现代水管的雏形，这种水流的力度是淋浴喷头的十二倍。

故宫从明朝永乐十八年（1420年）建成，到清朝溥仪离开（1924年），有记载的火灾大概四五十次，其中大多数来自雷击。有记录的雷击事件约有三十四起，其中不乏造成严重火灾的情况。最严重的一次发生在明嘉靖三十六年（1557年），三大殿因雷击火灾而焚毁，共毁坏三殿、二楼、十五门。晚清时，在乾清门，东、西华门等处，都配有一种专门的工具，称为“机桶”或“激桶”。从文献记载来看，它大约是一种人工操纵的喷水灭火设备，靠人力将水压射出去。

清朝盛世时，紫禁城火灾极少。康熙帝在位六十一年，时间最长，但宫中失火次数最少，这绝非偶然，是他非常注意防火的缘故。对失职引起火灾的人员，康熙规定的惩罚极为严厉。康熙十八年（1679年）太和殿失火，负责防火的六个人均以绞刑处死。雍正在其幼年时就耳闻太和殿失火的惨状，直到他二十岁时重新建此殿，不论对宫中还是官衙、民间的防火都抓得很紧，尤其是紫禁城内，曾谕令“紫禁城内每年冬令禁饬火烛”，并经常告诫“宫中火烛最要小心”，还增加房屋建筑的防火设施，建立和加强了宫内的防火组织。

这一时期，火灾是全世界问题。1871年芝加哥大火，从德科文街的一百三十七号一间机房开始，近一万八千栋房屋被烧毁，三百人死亡，十万人无家可归。同一晚，在威斯康星州的佩什蒂戈，一场大火也烧掉了八百间屋子，一千8百人死亡。这两起火灾，都有人称是“流星”引起的。在这样恐怖的火灾面前，民众谈“火”色变。1902年9月19日，两千人聚集在亚拉巴马州伯明翰的巴普蒂斯特教堂。有人听错了一个词，以为是发生了火灾，于是大家都惊慌失措，夺路而逃，一百一十五人因踩踏丧命。其实，现场自始至终一点儿烟火气都没有。

1888年11月，紫禁城宫中开始安装电灯，这为产生火源提供了另外一个可能。1923年，紫禁城发生一场大火，从敬胜斋烧到延春阁、静怡轩、香云亭、广生楼……整个西花园化为灰烬。大藏经、大金塔、全藏真经、历代珍贵书画、吉云楼和凝辉楼数以千计的大小金佛和金制法器，全部化为乌有。种种迹象表明，建福宫火灾名册上的旷世宝物，其实有许多早在失火前就已消失。即便如此，对起火原因，当时的清政府只给出了看起来像是推卸责任般的推测——“电线走火”。

溥仪自己认为，当时宫人虽未正式下岗，但早就自谋生路，其中的主要“业务”就是偷携皇家器物出宫出售。火灾和偷盗有一定的关系。大火之后十八天，溥仪将太监全数遣走，他的老师庄士敦在《紫禁城的黄昏》里说：“溥仪请京畿卫戍司令王怀庆将军派他的一些亲信部下带军队来保护紫禁城。王怀庆一向和皇室的感情极好，他的军队驻北京城至颐和园一带。同时又召见内务府总管大臣绍英，吩咐他负责处理这件事，叫他召集全部太监在某一宫殿的院落上，宣读‘圣谕’，叫他们即日离开紫禁城。如果太监们表示什么不满意或者意图捣乱秩序，就叫王怀庆派来的军士将其赶出紫禁城。”

Gangsters 帮派

在众多电影的熏陶下，现在大众对帮派的感觉已经从震惊、恐怖转变成浪漫了。

在晚清历史上，帮派确实很浪漫。

众多研究结果表明，孙中山发动的十次起义，除了1910年的广州新军起义外，其余九次起义的基本队伍都是依靠帮派会员（如洪门武装）。冯自由在《革命党与洪门会之关系》中指出，1899年，“三合、哥老两会首领虽有推崇孙总理为总会长之举，然仅属洪门一部之特殊动作，究有泾渭之分”。

洪门是中国历史上的秘密结社系统，清代时迅速在南方诸省传播，主要特点为“歃血为盟、异姓结拜兄弟、反清复明”，在晚清和孙领导的革命有共通之处。值得一提的是，孙中山得到洪棍一职，并非最高头衔。同时，黄兴也在哥老会中有和龙头类似的职务。

青红帮由于参加辛亥革命，推动民国建立，在民国初年成为半公开的权势组织。孙中山由海外返沪就任临时大总统，青帮老大应桂鑫曾组织卫队，护送其到南京。袁世凯次子袁克文在民国初年拜会黄金荣，当场赠对方十枚刻有袁世凯头像的纯金纪念币。这是袁世凯就任大总统典礼前特意让人在英国制造的，存世数量极少。

在张善亭的策划下，袁克文以“大”字辈入帮。青帮按二十四个字排辈分（辈分主要通过字辈来体现，主要特征是同辈份的人中，都有共同的一个字，一般排在三字姓名中间），民国前排到“元、明、兴、礼”，民国后多为“大、通、悟、学”。袁克文有总统公子的身份，帮会当然不敢怠慢，特意祭出“跳方”的形式，即打破规矩，由“大”字辈大弟子代师收徒，相当于“大”字辈收一个新的师弟。据说“大”字辈的帮人上海也就二十多位，杜月笙才排到“悟”字辈，比袁克文低两辈。

这名充满文艺范儿的公子，不肯按帮派规矩让人叫自己“老头子”，而是称“老师”，顿时为黑社会增加了书卷气。袁克文曾担心有人在外面打着他的旗号招摇，于是在报上登了一篇《门人题名》：“不佞年甫三十，略无学问。正求师之年，岂敢妄为人师。乃有好事少年，不鄙愚陋，强以人之患者，加诸不佞，既避之不获，复却之不可，忝然居之，自觉愧悚。而外间不谅，更有不辞自卑，托言列门墙者，殊繁其人。在彼则偶尔戏言，在予则益增颜汗。或且讥予冗滥，诟予妄谬，不尤自恧欤！乃就及门诸生，记其名字，以告知我厚我者焉。”意思是，在外号称自己门徒的，大多是信口雌黄。

Holocaust 大屠杀

清初，满人军队入关若遇抵抗，必“焚其庐舍”，“杀其人，取其物，令士卒各满所欲”，转战烧杀三十七载。有资料说，中国人口从明朝天启三年（1623年）的五千余万人减至顺治十七年（1660年）的不到两千万人，净减三分之二。

对这两个数据有必要保持怀疑，不过，有一点是毋庸置疑的，“扬州十日”、“嘉定三屠”都是在人几乎被杀绝之后才下令“封刀”，仅扬州一城，死者就多达数十万。

清为了建立全国性政权，最初不得不采取种族大屠杀。而在其倾颓之际，大屠杀更是比比皆是。这其中，有国内镇压内部斗争的杀戮，如在广东洪兵起事的高峰期，叶名琛亲自勾决犯人，一天中有时竟然屠杀义军俘虏近千人，而平常则“每天有八百名被捕的叛乱者在刑场被斩首”。“如果一天只有三百到四百人被处决，就认为是很少了”。1855年6月到8月，三个月中就有七万五千人被杀。同时，外国侵略势力也在大清朝的土地上肆无忌惮，杀人如麻。

1894年11月21日，日军攻陷旅顺，对城内进行了四天三夜的抢劫、屠杀和强奸，死难者约两万人，只有埋尸的三十六人幸免于难。《世界》杂志强烈谴责道：“日本是披着文明的皮而有野蛮筋骨的怪兽，今已摘下文明的假面具，而露出了野蛮真面目。”

面对国际舆论，首相伊藤博文指示外相陆奥宗光；“承认错误危险甚多，而且不是好办法，只有完全置之不理，专采取辩护手段。”

半个月前，慈禧刚刚度过了“全国人民”“翘首以待”的六十大寿。彼时，日军已在攻占金州、逼近大连的路上了。

Invulnerable 刀枪不入的

一个义和团成员的"基本素质"就是刀枪不入。

1898年10月下旬，山东冠县梨园屯拳民起义，义和团运动迅速兴起，从山东发展到直隶，并于1900年夏进入北京、天津。义和团的口号虽不统一，但主要是"顺清灭洋"、"扶清灭洋"，并明确表示"一概鬼子全杀尽，大清一统庆升平"，将爱国性与封建性混为一谈。对一切与"洋"有关的人和物，义和团都极端仇视，他们把传教士称为"毛子"，教民称为"二毛子"，"通洋学"、"谙洋语"、"用洋货"等，各色人等依次被称为"三毛子"、"四毛子"……直到"十毛子"，统统在严厉打击之列。至于打击对方需要的能力，教主号称其成员"刀枪不入"，口口相传，声威大震。

1900年春夏，慈禧派军机大臣兼顺天府府尹赵舒翘、都察院左副都御史何乃莹前往涿州打探义和团的虚实，亲身查证义和团"神功"真假。此时，义和团的粉丝刚毅唯恐赵舒翘动摇，也赶往涿州，最后一阵折腾，交出了一个考察报告：这些功夫都是真的。

战败后，清廷上谕把责任完全推给大臣：

"此次开衅，变出非常，推其致祸之由，实非朝廷本意，皆因诸王大臣纵庇拳匪，开衅友邦，以致贻忧宗社……诸王大臣等，无端肇祸，亦亟应分别重谴，加以惩处。……

"追思肇祸之始，实由诸王大臣等昏谬无知，嚣张跋扈，深信邪术，挟制朝廷，于剿办拳匪之谕，抗不遵行，反纵信拳匪，妄行攻战，以致邪焰大张，聚数万匪徒于肘腋之下，势不可遏。复令卤莽将卒，围攻使馆，竟至数月之间，酿成奇祸。社稷阽危，陵庙震惊，地方蹂躏，民生涂炭，朕与皇太后危险情形，不堪言状。至今痛心疾首，悲愤交深。是诸王大臣等，信邪纵匪，上危宗社，下祸黎元，自问当得何罪？"

义和团对一切洋人、洋物的妖魔化，听起来令人发指："（洋人）必取中国人睛配药点之，而西洋人睛罔效，故彼国人死，无取睛事，独中国人入教则有之。……（洋人）能咒水飞符，摄生人魂与奸宿，曰神合。又能取妇女发爪置席底，令其自至。取男童女童生辰粘树上，咒之，摄其魂为耳报神……甚或割女子子宫、小儿肾子，及以术取小儿脑髓心肝！”

一个世纪后，瑞典乐队罗克赛特（Roxette）在歌曲中唱道：“she's so vulnerable，like china in my hands（她是如此脆弱，像我手中的瓷器）。”有两个巧合，“vulnerable”（脆弱的）是“invulnerable”（刀枪不入的）的反义词，而“China”和“china”也仅有首写字母大小写之分。

Jail break 越狱

戊戌年（1898年）和庚子年（1900年），爱新觉罗·载湉的住地瀛台两次差点儿被围。戊戌年，康有为听说变法未遂后，准备动员军队，营救已经处于“软禁”状态的光绪。而在庚子年，对列强宣战后四日，载漪、载勋、载濂、载滢四兄弟率义和团大师兄刀斧手六十余人围住了瀛台，试图将皇帝干掉。这次弑帝的计划虽为慈禧制止，但显示了光绪生不如死的地位。他在御前会议中惨遭端王、庄王的当面羞辱。

公元前399年，古希腊哲学家苏格拉底（Socrates）因受到“不信官方宗教”、“败坏青年”两项指控而被雅典的民众大会判处死刑。苏格拉底的学生柏拉图（Plato）等人因不满法庭的判决而企图策划他越狱，但苏格拉底不愿接受。他坚信，虽然这项裁判本身是一种误判，但任何逃避法律制裁的行为都是更加错误的选择。而戊戌变法失败后，谭嗣同不避汤镬的举动，也被认为是对“越狱”的不齿。

至少，在汪精卫看来，越狱是不现实的。他没有将自己得以复生看成是王朝的覆灭，而是说：“救我命的是肃亲王，我每当回忆这个时候的事，总想到清朝末期的伟大政治家。”（闻少华《汪精卫传》）

过去的五十年中，70%的越狱犯人被抓回，15%在过程中死亡，11%自杀，只有4%成功了。估计迈克尔·斯科菲尔德（Michael Scofield，美剧《越狱》中的男主角）一家就用去了那4%的全部名额，拍成了那部视监狱为菜园的片子。

Kings have long arms
王权及四海，勿与帝王争

这是每个朝代唯一的唱片，放完一遍就重来一次。大意是，普天之下莫非王土，率土之滨莫非王臣。

符腾堡公爵卡尔·欧根说，君主就像上帝，他有权作恶或者行善。国王做任何事情，没有理由，“因为朕要这样”。

自然的历史从善开始，人类的历史从暴力开始。从来都没有一次革命能够根除暴力，而是暴力再分配。洪秀全在试图推翻清朝的过程中，自己享受到了莫大的权力快感。

Legist
法律学家

这个词尤其指代通晓大陆法者。

清末司法改革是以大陆法系的司法制度和理念为模式的。司法官考试，是大陆法系国家保证司法官专业化的重要制度。法国大革命后，法官考试制度的确立有一个试错过程。1790年，出于对革命前司法官员的不信任，规定各级法官皆归民选，而不考虑其专业性。经过一段时间的实践，发现这种选举弊病甚多，最显著的便是法官因陷入政党争夺旋涡，失去了“独立”特性。法国因此确立了每年在巴黎举办一次法官考试的制度，考试分口试和笔试两场。“应试人不但要有法学学位，且须曾任检察官一年以上或曾为律师两年以上。通过考试的法官，一般由司法部派到各地实习。县审判官一旦出现出缺，司法总长就会呈请总统委任考试及格的人去补充。”受法国影响，大陆法系国家以考试选拔法官，这除了标准客观、操作性强的优点之外，还可以防止行政权力对司法独立的干预，因为这种制度设计是一种“非政治程序任命”方式。

从光绪三十二年（1906年）到宣统二年（1910年），清廷相继设立了大理院（最高司法审判机构）和与之配套的地方各级审判厅，并由法官独立进行民刑案件的审理，取代了原来的行政主官兼理司法审判的职责和权力。这是中国司法审判史上开天辟地的大事。如何选择合适之人充任法官，成为晚清司法改革的一个重要问题。晚清选拔法官，也经历了一个明显从侧重实践经历选拔到以考试选拔的过程。

至1907年11月，京师各级审判厅开办差不多两年了，法官的任用、升补还没有书面规定，仅是笼统地说：“高等审判厅厅丞、高等检察厅检察长由法部择员预保，临时请简，各督抚亦得就近遴选或指调部员，先行咨部派署，不得径行请简。推事、检察官各员由督抚督同按察使或提法使认真遴选品秩相当之员，或专门法政毕业者，或旧系法曹出身者，或曾任旧印各官者，或曾历充刑幕者，抑或指调部员，俱咨部先行派署。以上各员，除请简者应由法部奏请简用外，凡明年成立之省城、商埠审判、检察各厅，一切应行奏补员缺，在法官考试任用章程未实行以前，均应作为署任。俟该章程奏明实行后，考核成绩，再行分别奏补。”至宣统元年（1909年），法部才出台《法部奏酌拟京师审判、检察各厅员缺任用升补暂行章程》。十二月，清廷颁布《法官考试任用暂行章程》，法官考试才最终在制度上得以确立。

1910年秋，清政府举行了第一次全国性的法官考试。本来，清廷还准备在宣统四年（1912年）进行第二次，但1911年清朝就覆灭了。1911年12月，中华民国举行了第一次司法官考试，录取了十八人。民国六年十月，北洋政府颁布的《司法官考试令》里，第二条第七款即为“曾应前清法官考试及格者”。可见，法官考试的制度理念并未因国体的改变而终结。

Music 音乐

音乐在罗马人的生活中扮演着重要的角色。他们从被征服者那里学到了很多音乐传统，尤其是伊特鲁利亚人和希腊人。在清代，唯一受到重视的音乐是宫廷音乐。这是从周朝宫廷雅乐延续下来的传统。

清入关之后，说唱繁荣，对地方戏曲音乐结构的多样化构成，以及近现代新兴剧种声腔的不断涌现，起到了推波助澜的积极作用。严格来说，这些都不算什么音乐。清廷认为音乐非关实际，不予重视。

1930年，上海国立音专所办《乐艺》杂志载文披露：约在光绪二十余年，各地兴办学校，派选学生赴东西各国留学。当时的学生，以习政治的居多，科学次之，音乐无人过问，且亦无人敢问，以为这是靡费国币、贪求欢乐的事情。这个并非胡诌，有实可稽。前清时，江苏省江阴县派送官费留学生两名，一人习法律，一人原本定习科学，后到美国后闻乐声清雅，高妙动人，就发生了兴趣，入院专攻音乐，成绩极佳，不料同伴将此事告予政府，不到数月，就被政府以靡费国币、不务正业的名义押送回国。

明洪武年间，雅乐改称中和韶乐，一直到清代。中和韶乐以金、石、丝、竹、土、木、匏、革八种材料制成的乐器演奏，和以律吕，文以五生，八音迭奏，玉振金声，融礼、乐、歌、舞为一体，表达了对天神的歌颂与崇敬。中和韶乐是一种且歌且舞的表演形式，因此舞蹈在表演中具有非常重要的作用。古代祭祀舞蹈分为文舞和武舞，名称历代虽有不同，但多冠以“文”、“武”二字或体现文治、武功的词汇。汉代称为武德舞、文始舞，南北朝之梁称大壮舞、大观舞，唐代称七德舞、九功舞，清代称文德舞和武功舞。

18世纪末，世界音乐风格嬗变的时代来临。钢琴之父意大利人克莱门蒂

（Muzio Clementi）、凯鲁比尼（Luigi Cherubini），德国音乐家韦伯（Carl Maria von Weber），纷纷向古典风格告别。他们的作品出现了即将到来的时代的风格——浪漫主义。此时，音乐在中国还是铁板一块。

意大利文艺复兴时期，歌剧成为流行，这是一种注重优美音色的歌唱方法，对于歌唱者音色的要求非常高。但是由于当时妇女被禁止参加“圣咏合唱”，所以碰到有女声唱的地方，就用童声或者阉人歌手来代替。为了保持男孩在孩童时期的声音，阉割之术在其变声之前就要完成。往往阉人歌手在孩童时期就拥有了天籁嗓音，并且有超强的乐感，在十四五岁变声之前就要经过残酷的阉割术，以便保住嗓音。阉割之后，男孩子就不再分泌激素，有利于音域的扩展。长成之后，音质柔韧，并且具有宽广的音域，他们能够成为歌剧舞台的顶梁柱，担任女高音的角色。

清代拥有的阉人在世界上最多，但没有产生一个法瑞内利（Farinelli，意大利男性女高音歌手）。现代的电影中，为了体现阉人的特点，一般是突出表现不长胡须和公鸭嗓。

New Age 新世纪

20世纪60年代，欧美兴起了一股反体制运动，70年代流行开发个人潜力风潮，到了80年代中叶，形成了New Age。信徒发源于加利福尼亚一带，他们坚信一个“新世纪”即将到来，人类的精神将得到更高的净化。这批人相信占星学，喜欢打坐，吃天然食品，相信前世与轮回，对东方的禅、西藏密宗也很感兴趣。

经过这些细节刻画后，也许中国人会觉得这个时代不但已经来临，而且已经过去。这不就是清朝时中国人的普通生活吗?

在西方传教士的笔下，清朝的中国人食物简单，仅仅依赖种类很少的食品，诸如稻米、豆子、蔬菜和鱼。

中国人的节俭，在小零售商中也有反映。他们能够知道不同品牌的火柴一盒中具体的根数，从而提出更好的建议。他们见面就问“你吃了吗”，但盎格鲁人说“你过得怎样”。一旦宴请，中国人的宴席总是没完没了，多得让人绝望。外国人总期待“天下没有不散的筵席”这句格言早点儿发挥作用，但总是失望。

20世纪，西方占星学开始走向大众化。占星拥护者创立神秘会社，研习占星及其他神秘学知识。其中以英国占星家亚伦·里欧（Alan Leo）功绩甚伟，他创办《占星家杂志》，出版占星学书籍，开办占星课程，以通俗的说法解释艰深难懂的占星术语。现在报纸杂志的每周星座运程所使用的太阳星座，便是由他首先提出。此时，在东方的中国，好不容易才捡起来丢失已久的天文术数。在康熙之后，陆续有皇帝任命学者跟随西洋传教士学习天文知识，尽力搜罗中国占星古籍，并编收进《四库全书》、《古今图书集成》等古代百科全书。但只能说是挽回了一些皮毛，更不用说在西学技术基础上，综合前人的占星观念，发展地道的中国占星学了。

在中世纪的符腾堡，新任命的官员上任之前，都要签署一份这样的文件：如蒙陛下降恩任用，本人将荣幸地献上多少多少钱，并立刻付清。普鲁士的诗人朗穆勒（Ron Moler）曾任柏林士官学校的教官，写信给朋友说他“真的不行了，因为他甚至没有钱养个情妇”。法国作家龚古尔（Jules de Goncourt）在那本著名的《十八世纪的女性》的书里写道：“在1700年到1789年之间，女性是促使一切动起来的弹簧。她是最高级的力量，是思想领域的女王……到处都是多情的法则风流在起作用，差异仅仅在于雅俗。”

而这也是同一时期的中国在默默进行的生活。不同的是，欧洲随后进入了新世纪，晚清则保持了原来的方向。

ff Broadway 小剧场

如果将1894年的慈禧万寿庆典视为大舞台，清朝的民间则只存在非百老汇的小剧场。

清代的说书业相当繁荣。以苏杭沪为中心的评话（说大书）和弹词（说小书），以及从北方农村逐渐流入京、津等大城市的鼓书极为兴盛；此外，北方大鼓、竹板书、子弟书、山东快书、河南坠子和后起的山东、苏北琴书，以及南方的扬州弦词，浙江南词、渔鼓，广东木鱼书，四川竹琴、相书等等也很流行。说书内容从演义、英雄传奇到公案侠义、烟粉灵怪都有。上自宫廷府第中的帝王将相、士绅，下至勾栏瓦舍、茶肆酒楼里的市镇平民，都是忠实的听众。擅长说书的石汉曾专为皇太极说书六年；江南评话家韩圭湖是顺治内廷供奉；大说书家柳敬亭虽主要在各地热闹场所献艺，亦常周旋于文坛幕府之间。

张次溪《人民首都的天桥》第四章第四节谈及大鼓书："彼等（鼓书艺人）系于清初从龙过来，初为传道，所唱之词除劝善外，暗中兼有劝人服从清朝的性质。故彼等在内务府有龙票八张，每到各州县唱劝时，可携龙票前往……到各县预先报名，则各县堂上旁边特设座位，以便说唱。至一切费用，亦归县中供给。"

小剧场中公案小说的兴起，和清代国运转衰等社会时代的特点密切相关。自嘉庆以后，大小官僚贪污成风，民间反抗不断。嘉庆元年爆发川楚白莲教起义，先后参加者达数十万人，转战五省，前后历时九年。嘉庆十八年，天理教首领李文成在河南起义，林清一支曾潜入北京，一度攻进皇宫。道光十一年底发动的湘西瑶民起义，持续二十来年。据不完全统计，鸦片战争后十年间发生了一百多次规模较大的农民起义，仅1847年就有二十六次。咸丰元年，席卷全国的太平天国革命和捻军起义差点儿让清朝提前退出历史舞台。当时，八旗军和绿营军腐败堕落，缺乏战斗能力。《清仁宗实录》记载，八旗驻防军久不操练，业务生疏。有一次，嘉庆在杭州阅兵，八旗士兵箭箭虚发，满人虽有马背民族之称，但甚至有士兵从马上掉了下来。绿营兵情况也好不到哪儿去，将领们克扣军饷争置田产；军队每到一地，将官纵兵大肆抢劫。有战事则一触即溃。面对这种情况，统治者不得不调整工作思路，一方面转而重用各州县地主武装的"团练乡勇"；另一方面在剿杀主流不变的前提下，更加注意策反工作。清廷在以上两方面的工作中都收到了明显的实效。咸丰、同治皇帝用曾国藩湘军和李鸿章淮军围歼太平军和捻军，又招抚张嘉祥（后改名张国梁）、李昭寿等反攻太平军和捻军。公案侠义小说中的卢方和丁家兄弟以及黄天霸、贺天保之流，便是地主武装和变节分子起而效忠王室的现实反映。也就是说，公案侠义小说这种内容上的改变，是顺应清王朝的政治需要而出现的。

在无数说书人的口中，清代小剧场里的清官忠君色彩大大加重，爱民思想却越发淡化。清官的对手已从单个流氓土匪、劣绅变成大盗、群体反抗者。这样，清官必须有更为高强的英雄帮助才能制伏对方。听书人的最大希望是生活在一个执法公平的世界里，受人欺凌和遇到困厄时有人来解救。然而，从李自成、张献忠造反，到“扬州十日”、“嘉定三屠”，再到太平天国、列强侵华，世界太不清净了。

Pidgin 洋泾浜

两种文化接触时，为了沟通的需要而形成一种混杂的语言，就叫做Pidgin。其特色是沟通的单词十分贫乏、简单，糅合两种语言的特色，没有字尾时态的变化，发音更是僵硬无比。

对我们来说，最常见的Pidgin就是Pidgin English，洋泾浜英语。世界上很多地方都有洋泾浜，中国也不例外。协助外国的买办、洋行，都得和洋人沟通，他们所操的英语，不中不西，带有浓重的乡土气息，但仍然能达到交流的目的，这就是典型的洋泾浜。清代至1949年，“广东英语”有单词160多个，例如“Have you bought some tea from him（你是否在他那里买茶）”。

19世纪，大量华工前往美国修筑铁路，大多数人一个英语单词也不懂。这时，他们的工头使用的语言也是洋泾浜。其中有一些甚至已经在当今英文中成为惯用句子，比如“Long time no see”，怎么看都不像一个英文句子，原来就是洋泾浜英语的“好久不见”，现在已经成为美国口语的固定搭配了。

洋泾浜发展到一定阶段，就会演化成混血语（Creole），两者之间的差距是后者的词汇更多了。比如，19世纪华工营地里出生的小孩，一直使用洋泾浜，没有汉语的启蒙，就会在这种语言中衍生出大量词汇和一些文法变化。

在近代中国和外界的文化交往中，林纾绝对是无法回避的人物。他和朋友王寿昌、魏易、王庆骥、王庆通等人合作，翻译外国小说，笔述英、法、美、比、俄、挪威、瑞士、希腊、日本和西班牙等十几个国家几十位作家的作品。他一生著译颇丰，翻译小说达两百余种，为中国近代译界所罕见，曾被人誉为“译界之王”。

但他本人不懂外语，不能读原著，连洋泾浜也不会说，只靠“玩索译本，默印心中”。至于翻译，全靠懂外文的留学生口译给他听，林拿笔记录，很快就可以拿出成篇的文言文来。传说，他的合作者口译完，译文就可完稿。这一点毋庸置疑，从其丰富的译作就可窥斑知豹。

由于不懂英语，林纾也产生了一些疵误，如把根据名著改编或删节的儿童读物当做原作；把莎士比亚（William Shakespeare）和易卜生（Henrik Johan Ibsen）的剧本改变了体裁，译成小说；把挪威人易卜生的国籍错注为德国。这位翻译者足不出户，不懂外语，但从这些外来文字中坚定了志向：中国必须师法西方。

Quaker 贵格会

贵格会是基督教新教的一个派别，又称公谊会或者教友派，成立于17世纪的英国，创始人为乔治·福克斯（George Fox）。Quaker有“震颤者”之意，因一名早期领袖的诫令“听到上帝的话而发抖”而得名。

成立于17世纪的贵格会，作为英国国教的反对派出现，在清教徒中也是少数。他们愤世嫉俗，抨击时事，反抗任何形式的战争和暴力，主张人人平等，并明确反对奴隶制。在宗教仪式上，贵格教徒比清教徒更加崇尚去繁就简。他们反对起誓，反对洗礼和圣餐，也没有等级结构划分，刻意避免在内部涌现居于领导地位的神职人员，例如牧师或主教。聚会一般会在沉默中开始，只要愿意，任何一位聚会者都可以自由发言。

美国成立之前，贵格会曾经试图在北美殖民地打造一个乌托邦。然而，他们的宗教情感以及让其服务于世俗世界的强烈愿望与现实格格不入。最终，他们慢慢退出了议会。不过，他们在社会福利事务方面赢得了人们的尊敬。

1887年，美国贵格教会派遣第一位传教士雅司特·巴特（Esther H. Butler）来华，在江苏南京（1890年）和六合（1898年）工作。英国贵格会曾经在四川的重庆、成都、三台等地工作。

贵格教会对道德和理想的追求近乎疯狂，他们甚至以受压迫为荣。贵格会教徒来到北美大陆后，恶劣的生存环境加深了他们对信仰的执著，也更加极端。当罗德岛殖民地当局对其平等对待时，他们便决定离开，去寻找一个需要普及“人人平等”的地方。

19世纪的中国，贵格教派去对了。但传教的效果之差，似乎又让最狂热的贵格教徒沮丧。

Riffraff 下层阶级

“君子喻于义，小人喻于利。”下层社会关怀的并非义理，而是实利与技艺。这也是市井之人比士绅更容易接纳洋器、西学的原因之一。晚清进入中国的外国人迅速明白了一个道理：中国手工工人不仅观念上比工业革命时期的西方工人更容易接受机器生产，而且他们过去所受本地手工业的综合训练，使之更能适应各种细致复杂的工作。

在晚清时代的上海，最早与洋人打交道的买办、商人，在西方人事业中做文职及其周围的下层民间文人，因生计活动所需而接受外语、西学，成为最早掌握并运用外语、西学的社会群体。接受西学的文人，一般也属于士人边缘群体的下层民间文人。直至19世纪80年代以后，西学渐盛，这种状况也未改变。19世纪90年代初，《申报》提及：“通商以来五十年于兹，市井佻达之徒多能习其文字、操其语言。”所谓“市井佻达之徒”，即指这些以往处于社会下层、自谋生计而被士人所鄙的商贾及下层文人。这一特点使新知识世界与旧知识世界从社会阶层上俨然二分，两个知识世界的消长交替，也牵扯着其代表阶层的角力与冲突。新知识的命运，与作为其社会主体的新知识群体的命运紧密相连。

长期以来，中国的小农经济靠农业和小手工业相结合，耕织并举、衣食自足，属于一种家庭经济形态。一般农家男耕女织自然分工，从种植棉花，到收获以后加工成衣的全部工序，几乎全都由家庭成员完成。家家都有纺车，一家或几家合有一部织机，农闲季节或平常在家的妇女，用自家的纺车纺线，用自家或合用的织机织布，再亲手缝制成全家所需的各种冬夏衣装。西方人记述说，农民“在庄稼正在生长时，在收获之后，或在雨季不能进行户外劳动时，他就动员他的家庭成员纺纱或织布。总之，在一年中，空闲的时间里，都从事这种形式的家内手工业”。史密斯教士也记载说：“中国的妇女总是在纳鞋底，或者纺棉花，在闲谈时也一样，从不偷懒。”

清廷明确规定，不能自由着装，“官民士庶各依等级身份的定制穿用，不许逾制”。顺治初年，士庶百姓的衣柜里，净是绸、绢、纺、丝、纱，而大缎、彭缎、洋缎属于禁品，老百姓尤其不许在服装上用缎绣。康熙初年，这一服装规定再度细化，士庶百姓不能穿用蟒缎、妆缎、金花缎，以及貂皮、狐皮、猞猁皮等。清廷对下层人民的服装担心得很，于是在康熙三十九年（1700年）再度下令，举人、生员等有功名的人准用平常缎纱，但不许用银鼠皮和狼皮；百姓不能用狼、狐等皮，禁止用貂皮做帽子。统治者屡屡发出这些对于衣服用料的详细而具体的法令，是希望借规范服装以规范社会等级秩序，使人们恪守尊卑贵贱的等级，强化安分守礼的观念。

一方面因布料的经济价值而受着购买力的制约，另一方面又因其社会价值而受着服制礼俗的制约，清代衣着思维就是这样简单：以衣着质料区分贵贱等级。晚清开埠通商，外国机织洋布开始倾销进来，在原来的那些衣着质料之外，增加了“洋布”这一新品种，并日渐流行起来，使得人们世代沿袭的传统衣着习俗受到冲击，上层和下层外表模糊，进而引起其他连锁反应。

法国大革命后，在巴黎有一条标语：“你可以自由信仰，亦可以自由着装。”这也是清朝晚期老百姓的追求。

S tage fright 怯场

关注最显眼的事物是人类的天性。一想到别人的这种天性，站在众人面前者便会口干舌燥、喉咙发紧、膝盖颤抖。如果将要出现的地方不仅是舞台，还是生死攸关的战场，就会带来各种奇怪的“并发症”。

1894年9月17日午后，北洋水师与日本联合舰队在黄海展开激战。战至下午三时三十分，“致远”舰沉没，方伯谦随即率“济远”舰逃出阵外。18日丑时，“济远”舰首先回到旅顺，方伯谦报称“济远”舰“船头裂漏水，炮均不能施放，驶回修理，余船仍在交战”。相隔近四小时，舰队方返回。四天之后，丁汝昌向李鸿章电告接仗情形：“济远首先退避，将队伍牵乱，广甲随逃。若不严行参办，将来无以儆效尤而期振作。”

李鸿章因而作出奏请：“兹据丁汝昌查明，致远击沉后，该管驾方伯谦即行逃走，实属临战退缩，应请旨将该副将即行正法，以肃军纪。广甲管带澄海营守备吴敬荣，亦随济远逃至中途搁礁，咎有应得，惟人尚明白可造，可否革职留营，以观后效。”22日，清政府下令将方伯谦“撤任，派人看管候奏参”。23日，军机处电寄李鸿章谕旨：“本月十八日开战时，自致远冲锋击沉后，济远管带副将方伯谦首先逃走，致将船伍牵乱，实属临阵退缩，著即行正法。”24日凌晨五时，方伯谦在旅顺黄金山下大船坞西面的刑场上被斩首，时年四十一岁。

陆路平壤战役，北门及牡丹台为日军主攻方向，战斗尤为激烈。日军以元山、朔宁两个支队约七千余兵力疯狂进攻，企图攻占牡丹台制高点。左宝贵奋勇督战坐镇北门（玄武门）指挥，不幸中弹牺牲。叶志超惊慌失措，决定趁雨夜撤退。日军打探到清军将弃城逃走，便派兵在清军退路上埋伏截击。仅城西箕子陵下二三百米的距离之间，清军“人马尸体如山，道路为之埋没，溪流为之染红。尸体堆积最密集之处，在五十米内，伏尸一百二十具，毙马三十头，相互枕藉”，其状惨不可言。清军在溃退时，被日军伏击和人马互相践踏而死者总计近两千人，被俘五百余人。

叶志超率溃军退出平壤后，仓皇奔逃。过顺安、肃州、安州、义州等地，均弃而不守。时“安州尚有马步八营，可将策应”，聂士成告以“安地备险奥，可固守”，叶志超不听，直接逃到定州，但他仍然不打算将防线摆在这里，再度弃而不守。最后，率军狂奔五百里，“渡鸭绿江，入边始止焉”。对这种避战行为，清廷震怒。光绪二十二年（1896年），叶被押送京师，经刑部审讯，定斩监候（死缓）。后赦归家乡，1899年1月8日去世。

《清史稿》中，列传第二百四十九，卫汝贵条目下有这样一段记载：“汝贵治淮军久，援朝时年已六十矣。其妻贻以书，戒勿当前敌，汝贵遇敌辄避走。败遁后，日人获其牍，尝引以戒国人。”这就是在甲午战史上著名的卫汝贵家书事件。

值得一提的是，针对方伯谦、叶志超、卫汝贵等人，历史上也有不同评价，表示他们并非临阵脱逃、避战之人，而是被恶意中伤。中国历史每至此处，令人不知所以，哭笑不得。

Tax break 税赋减免

1889年4月，杭州的官吏试图从茶馆出售的茶水中抽取费用，以筹集资金，为黄河水灾的受难者募捐。带来的反应和1773年波士顿人对茶叶的感觉差不多，官府努力劝告，倘若愉快地资助这项善事，保证会得到好报。然而，老百姓都参与抵制，最终大获全胜。

在清末期，由于对政府丧失信心，即便以慈善名义进行抽税，也会引起如此的抵制，这不能不说是爱新觉罗氏的失败。黄宗羲曾揭示了一个历史现象，即历史上每一次“并税”改制，就会催生出一次杂派高潮。我们可以将这种现象称为“黄宗羲定律”。而税赋的增加减免，确实是朝代兴亡的幕后推手之一。

中国封建王朝，自嘉靖十年起推行“一条鞭法”，将各种赋役归并为几项货币税，以征收货币代替征收实物和征发差役。这是中国古代赋役制度的一次重大改革，它以货币税代替实物税，结束了历代以来以征收实物为主的国家税收方式，废除了古老的直接役使农民人身自由的赋役制度，使人身依附关系有所松弛。以资产计税为主代替原来以人头为主的税收制度，有利于税赋的合理分担。清初税赋则继明制，继续实行“一条鞭法”，但丁银和田赋仍是两个税目。随着土地兼并的进一步发展，穷丁、无地之丁越来越多。在这种情况下继续征收丁银，不仅使国家征收丁税失去保证，还会造成农民由于畏惧丁税而流亡迁徙、隐匿户口等严重的社会问题。

于是，雍正又在这一基础上进行了重大改革，实行“摊丁入亩”。“摊丁入亩”又称地丁合一，政府规定以康熙五十年的人丁数作为征收丁税的固定丁税总额，以后“滋生人丁，永不加赋”，第二步实行地丁合一，将丁银摊入田亩，征收统一的地丁银。“摊丁入亩”的实行完成了赋役合并，取消了征税的双重标准，人头税基本废除。这次改革使税赋与财产和负担能力挂钩，理论上减轻了农民的负担。

按照“摊丁入亩”的规定，应该是田多者多纳，田少者少纳，但实际操作中，有时候交赋数额是根据势力大小决定的，往往是拥有田地越多的人越不用交赋或只交很少的赋税，而税赋全由小户和贫民承担。所谓“同一百亩之家，有不完一文者，有完至数十百千者，不均孰甚焉。……各县绅衿，有连阡累陌，从不知完粮为何事者”。大地主和一般农民每亩所交的赋额往往可能相差数倍，甚至拥有上万顷田地的地主竟将赋税全部转嫁到小户、自耕农乃至根本没有土地的贫农身上。

清廷一再宣扬减赋，“摊丁入亩”，假如田地数目不变，那么田赋数目应该较之康熙初年有减无增才对，但事实并非如此。苏南地区占全国税赋七分之一，乾隆三十一年和康熙二十六年相比，田地减少了一万五千余顷，赋银也减收了四十二万余两，但征粮增加了两百万石之多。如果按银价折合，至少增加了一百五十万两的财政收入。

1988年乔治·布什竞选时，还用税负减免这着拉拢选民，他说：“听好了（Read my lips），（如我当选）不会增加新税了。”但是，他当选之后并未履行诺言，所以后来read my lips也变成对不履行诺言的总统的一种讽刺。

Ulysses S.Grant
尤利西斯·S.格兰特

林肯曾评价泰勒（John Tyler，美国第十任总统，曾长期担任军职）：“泰勒将军打仗没有什么出色的技巧，他似乎是靠着冷静的头脑取胜的。”

然而，尤利西斯·S.格兰特更没有战争技巧。南北战争期间，在短短的一个月内，他手下的近十二万人阵亡了接近四万五千人，但林肯拒绝撤换他，理由是“作战勇敢”。

他绝非靠匹夫之勇才成为美国总统。格兰特连任两届后退休，然后花了三年多时间，游遍了英格兰、比利时、德国、瑞士、意大利、丹麦、法国、埃及、巴勒斯坦、挪威、俄罗斯、印度、暹罗、中国和日本。1879年5月28日，格兰特到天津，李鸿章与之相见。当时，日本吞灭琉球，中国力争维持自己的宗藩体系，李鸿章于是希望借助即将赴日的格兰特之名望，劝说日本放弃琉球。此时的日本，已非佩里舰队时故步自封的封建国家。格兰特的调停自然毫无结果，琉球并入日本版图无可挽回。

格兰特因此遗书给李鸿章，信中介绍日本的新气象，明确指出：“中国大害在一弱字，国家譬如人身。人身一弱则百病来侵，一强则外邪不入。”格兰特希望中国奋发自强，否则“日本以一万劲旅”，可“长驱直捣中国三千洋里”。他建议清朝首辅李鸿章“仿日本之例而效法西法”，“广行通商”，如是则“国势必日强盛，各国自不敢侵侮”。

1896年8月31日，李鸿章回访美国。此时，格兰特已经去世十一年。据称，有八万人见证了李鸿章拜谒格兰特墓地的外交礼仪，其中包括四千名中国人。李鸿章在用铆钉铆成的铁制灵柩上敬送了月桂花圈，以表达他对将军的敬意。十七年前，两人相谈融洽，而今却黄土相隔。而且，格兰特预言了中国的不幸，指出了国家强盛的方向。目睹日渐强大的美国，李鸿章对格兰特当时的言论越发心有戚戚。

一年后，李鸿章嘱托清廷驻美公使代表他在格兰特墓园种植两棵银杏，以示尊崇。银杏树四周有铁栏杆围护，下有一块一米见方，用青铜铸造的牌记，上有中、英两种文字说明。中文隶书直行书写：大清光绪二十有三年，岁在丁酉，孟夏初吉，太子太傅、文华殿大学士、一等肃毅伯合肥李鸿章，敬为大美国前伯理玺天德葛兰脱墓道种树，用志景慕。出使大臣二品衔、都察院左副都御史铁岭杨儒谨题。（伯理玺天德，是英文president的音译。）

在精英政治之下，几乎每一位美国总统都表现出惊人的洞察能力。二十多年后，以总统伍德罗·威尔逊（Woodrow Wilson）为首的代表团参加凡尔赛会议，但是和约未能在参议院获得通过，因此监察会并没有美国人。“这不是和平条约，”美国代表团一位成员富有远见地说，“里面至少孕育了十一场战争”。在后来的数次演讲中，希特勒表示，德国在《凡尔赛条约》中受到的屈辱比“印第安苏族酋长所受的还要大”。

格兰特身处的美国刚刚经历内战，有十个州“非常贫困”，以至于格兰特在就职典礼上，不得不多次提到“还债”问题。然而他说的“只要法律一经通过，无论我赞同与否，都会忠实地执行”，恰好对立宪踌躇不决的清廷是个很好的建议。可惜，当时的中国没有人详细研究格兰特。

在此收录“惟祝贵前主回国后仍旧总理国政”，李鸿章覆美前总统格兰特函（1879年8月23日）。详读之下，可见中美之间的政治差别。李鸿章对“贵前主”（前美国总统）格兰特期待甚多，已超出他的职责。

日前贵前主来游中国，获亲风采，畅聆教言，欣佩不可言喻。惟款待多疏，时萦歉念。顷接西历八月初一日自日本东京来书，猥蒙记注，感慰交并。所托琉球之事，叠接杨副将信，直贵前主居间排解，苦口劝导日本诸大臣俾听信旁人唆弄，致开兵衅。仰见贵前主不忘金诺，顾全两国大局之美意。本大臣立即将贵前主赐函并杨副将信译寄我总理衙门，转呈恭亲王查阅，靡不同声感谢。惟此事实系日本欺人太甚，琉球为中国属邦已五百年，案卷具在，天下各国皆所闻知。今日本无故废灭琉球，并未先行会商中国，乃于时候捏造证据，照覆我总理衙门，强词夺理，不自认错。闻已将此项节略转呈贵前主阅看，想必能明辨其诬也。来示两国应该彼此互让，不致失和，诚为公平正大之论。但日本错谬在先，毫无退让中国之意。中国于前年台湾之役，业经忍让过分，举国臣民已形不服。今此事若再退让，于国家体制声名恐有妨碍。未知贵前主与其太政大臣等如何妥商办法，使两国面子上均下得去。本大臣窃愿倾听下风，以待贵前主之指挥也。贵前主将此事费心商定，不日命驾回国，想可令贵国平安大臣与敝国何公使在东京续接商办，务使两国归于和睦，感盼尤殷。至敝国朝廷上下，皆欲认真整顿诸务，设法自强，以副贵前主暨杨副将殷勤瞩望之怀。惟祝贵前主回国后仍旧总理国政，庶中美交情日臻亲密。以后仰仗大力维持之处甚多，容再随时专函布告。德领事人极正派谨慎，本大臣素相器重，尚祈贵前主回国后加意栽培为幸。再，日贵前主在天津晤谈，曾蒙以金山华工之事，属为妥善办法。当经本大臣转呈尊意，函商我总理衙门王大臣，请其酌为变通。旋据贵国西公使会议，拟暂禁止娼妓、逃犯、有病及招工人等前往金山等因。我总理王大臣因贵前主谆属在先，顾念两国睦谊，互相体谅，遂与西公使和衷商酌，允照所请。以后再妥订章程。想西公使必已函报尊处，特再附闻以释远念。

Vice 副手

清廷对外交往的正副使制度第一次引起外国不满，要追溯到雍正恭贺沙皇叶卡捷琳娜一世（Екатерина I Алексеевна）登基之时。当时，女皇对清政府正副使官衔表示不满，对方前次出访清廷的萨瓦是副枢密官，有少将军衔，而图理琛和殷扎纳不过是内阁侍读学士（从四品），而另一个使节那颜只是郎中（清朝每部又分若干司，司设正五品郎中）。其实，这些官员品级已经很高，估计和当时糟糕的翻译有关，以至听起来像一般的“秘书”和“医生”。

使臣的选拔制度，有别于科举制度下选用一般官员，主要靠王公贵族、大员保荐。1875年总理衙门奏定，出使大臣由“在京王公大臣等，如真知有熟悉洋务，洞悉边防，兼胜出使之任者，具疏保荐”。此后三十余年间，这一规定不曾变动，直到外务部成立，新的职业化任用制度出台。这种特殊的任用制度，为各大政治派系争斗提供了滋生的土壤。

正副使制度，本来是个等级名分制度，无所谓好坏。但清廷的外交问题，即便在这样一个小小的集团中，也会出现相互牵制、监督。李鸿藻举荐刘锡鸿以副使出使英国，目的就在于牵制正使郭嵩焘。郭、刘的矛盾，就是身后更大牌人物的矛盾。清流御史一度奏请派郭嵩焘出使日本，李鸿章则一直希望刘锡鸿离开使职，僵持不下。最后，两人任职未满，双双回国。归国后，刘锡鸿弹劾李鸿章。有关这一事件的大略经过，李鸿藻的日记中逐日有记载。结果是李鸿章"自陈感悚"，刘锡鸿以"妄言"获罪革职。驻美正、副使陈兰彬与容闳，驻日正、副使何如璋与张斯桂，这些"配对"之间均发生过矛盾分歧。由于李鸿章从中竭力调解，最终没有扩大影响。此后，清政府很快取消正、副使制度。

其实，郭嵩焘、刘锡鸿来自不同的举荐人，不能同心同德做工作也就罢了。像驻美、驻日的正、副使，实际上都来自同一个人（李鸿章）的推荐，居然也频传不和。首任驻美使臣陈兰彬早年曾得到曾国藩的举荐，延请入其幕。同治十年（1871年）七月，李鸿章会同两江总督曾国藩奏派其携带幼童出洋。出使后，李鸿章称赞他"识力诚毅，廉正可靠，驻洋三年筹办要务均极精详"，请总署在古巴华工定案后，"斟核保奏，俾旌劳贯"。其副使容闳，也是李鸿章一手委派的。

首任驻日使臣何如璋由李鸿章和沈葆桢"交疏以使才荐"。何如璋前往日本前，特意到天津谒见李鸿章，详谈出使之事。副使张斯桂是曾国藩幕僚，因为这个关系与李鸿章也有了私交。在出使日本期间，他与李鸿章时有书信往来。通过信件，李鸿章还曾"劝励"他和何如璋之间"久不相能"的关系。

在没有正、副使时，清政府对外使团中的内讧仍然无孔不入。李鸿藻倡导和主张伊犁改约，曾纪泽因此在接到修约谕旨时，认为不妥，颇有情绪。在给丁日昌的信中，曾纪泽说："毁约亦非译署本意，特为言路所迫，而纪泽适承其累耳。"1896年正月初十，李鸿章赴日本议和，随员中有李经方和罗丰禄。李鸿藻认为他们不宜随行。李鸿章特意造访李鸿藻，称"非此二人不可"，对于这个人事安排，两人辩论甚久。李鸿藻和李鸿章仅有一字之差，但督粤的李瀚章才是李鸿章之兄。李鸿藻字寄云，号石孙、兰孙、砚斋，1820年出生于河北省高阳县。李鸿章比他小三岁，出生在安徽合肥。

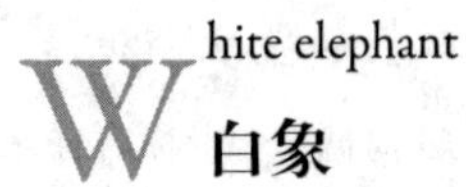

White elephant 白象

大象一般为黑色、棕色，一旦发现或捕获到白象，是比较罕见的事。在古代，暹罗国（今泰国）盛产大象，白象因稀少而被视为珍宝。大城王朝时期，白象被作为“友好使者”送给中国。据《明史》记载：“遣使供白象及方物，象死于途，使者以珠宝饰其干，盛以金盘，并尾束献，帝嘉其意，厚遣之。”象与“吉祥”的“祥”谐音，是国运昌盛的吉祥之兆，民间传说太平盛世出白象。“象驮宝瓶”寓有“太平有象”之意。

但在英语中，“白象”代表一种所费不赀，且要继续花大钱维持的事物，且这种投资不能带来丝毫利润，甚至可能使拥有者破产。动物变成白色，是一种基因异常，也就是我们熟知的“白化现象”。在泰国历史上，白象被称为神物，而且属于国王，不能买卖，不能工作，终生受人供养。大象生育率不高，本来产下小象之后，所有人能发点儿小财。如果产下的是白象，不但无丝毫利益可言，还得一辈子小心翼翼供养这份“国王的财产”，万一养死了便大祸临头。据说，泰国王室有时候看某位大臣不顺眼，就会送他一头白象。接受者表面是得到恩赐，实际上有苦说不出。

然而，在明王朝的后继者看来，白象仍然是吉祥之物。清宫旧物中，有《坤舆万国全图》，为意大利人利玛窦（Matteo Ricci）在中国传教时绘制的世界地图。该图于明万历三十年在北京付印后，刻本在国内已经失传。南京博物院所藏《坤舆万国全图》为明万历三十六年（1608年）宫廷中的彩色摹绘本，是国内现存最早的，也是唯一的一幅据刻本摹绘的世界地图。根据这幅图的注解，证明中国在明朝甚至以前的时期里，就已经了解包括南美洲在内的许多地方。但此图上在南极大陆的位置，绘有陆上动物八种，其中有犀牛、大象、狮子、鸵鸟、恐龙，等等。对于南极大陆为什么会有这些动物，专家推测，这只是利马窦的臆测而已。

梁启超称，自马江败后“群臣竞奏请练海军，备款三千万……颐和园工程大起，举所筹之款，尽数以充土木之用”。太监王世和也说，海军各堂司仅为贪污中饱而“谋修清漪园，动款三千余万”。这些说法，和实际情况相比过于夸张。光绪帝十四年，婚礼耗资达五百万两，户部又拨郑州河工六百万两、山东河工两百万两，及新铸制钱工本……经费窘迫，可想而知。把海军扩充停滞完全归咎于慈禧太后个人纵欲奢侈，是不符合历史事实的。

但光绪帝婚礼，颐和园大兴土木，都是让清廷难荷其重的“白象”。本来，北洋海军不算是“白象”，但受制于军费，实战惨败，这头“大象”也变成了因小投入而变得无任何收益的“小白”。满足清廷最壮丽梦想的工程，终成虚空。

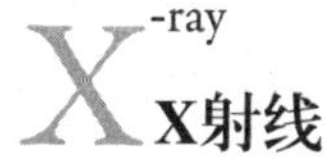

X-ray X射线

1895年，德国科学家威廉·伦琴（Wilhelm Conrad Röntgen）发明了第一台X射线机器。本来，他是想看看电流在真空管中究竟能传送多远，结果注意到这束光竟然可以穿透六英尺以外的木门，并且能看清木门后的东西。一些同行讥讽威廉的发现，他们说如果真的发生了那种奇异的事情，威廉应该去街头透视行人的衣服，看看女士们穿着什么内裤。

这个时期的德国，伦琴对于这种光线的研究贡献最大。他的夫人贝莎的手，是人类第一次放在荧光板和阴极射线管获得的X射线照片的“模特”。为了验证射线还能穿透些什么样的物质，伦琴几乎把手边能够拿到的东西都用上了。不久，贝莎身患重病，直到1919年因癌症去世之前，她都是在病痛的折磨和与世隔绝中度过的。四年之后，伦琴死于直肠癌。

普通人接受的每一次X射线检查，辐射都是按照毫雷姆（mrem）来计算的。一次普通的牙齿X射线检查有二毫雷姆的射线进入头颈部和甲状腺，胸部透视有二十毫雷姆，CAT扫描（计算机轴向断层扫描）产生二百毫雷姆辐射。

中国第一个接受X射线检查的是访问美国的首辅李鸿章。甲午战争后，北洋水师覆灭，李鸿章被迫赴日本马关议和。谈判期间，李鸿章遭小山六之助枪击，子弹从左脸颊穿进，时为1895年3月24日。当年李鸿章已七十三岁，又是以战败国总理的身份前去谈判议和的，因此国际舆论普遍谴责日方。在德国医生的强烈建议下，李鸿章拒绝在日本医院接受外科手术，因此有子弹残余一直留在颊内。第二年，李鸿章以清廷头等钦差大臣的身份出访欧美，经人介绍接受了一次X光诊视，这时候，距离伦琴发表关于X射线的论文只有半年。

那时候，一年之内会有数百篇有关X射线应用的论文，而在伦琴宣布发现X射线的第四天，一位美国医生就用X射线照相发现了伤员脚上的子弹。

对于这种神奇的医疗机器，清光绪二十三年（1897年）的《点石斋画报》以“宝镜新奇”为题予以介绍：“苏垣天赐庄博习医院西医生柏乐文，闻美国新出一种宝镜，可以照人脏腑，因不惜千金购运至苏。其镜长尺许，形式长圆，一经鉴照，无论何人，心腹肾肠昭然若揭。苏人少见多怪，趋而往观者甚众。该医生自得此镜，视人疾病即知患之所在，以药投之，无不沉疴立起。”

柏乐文为美国监理公会传教医师，1882年来华，协助姐夫蓝华德医生在苏州创办博习医院（Soochow Hospital），任外科主任三十余年，在博习医院引进和使用了中国第一台X光机，而正式的全套X射线仪器安装则在1917年。其实，《点石斋画报》的画师并未亲见X光机，所绘露天场景、X光成为可见光、机器与患者距离等均与实际不符。然而，这是有关中国第一台X光机引进和使用最早的图文报道。同年11月的《时务报》第四十三、四十四册，也有“曷格司射光”用于照鸡鸭辨生蛋与否，以及法国海关照验行李的纯文字报道。以这个杂志报道推论，当时柏乐文在全套机器安装之前，可能继续进行了小范围的X射线“表演”。

当然，中国人未能预见X射线的多用途。20世纪80年代，X射线激光器被设置为美国总统罗纳德·里根（Ronald Reagan）的战略主动防御计划的一部分。然而，该装置（一种类似激光炮，或者死亡射线的装置，由热核反应提供能量）最初的同时也是仅有的试验，并没有产生决定性的结果。同时，由于政治和技术的原因，整体计划被搁置了，后来又被重新启动——使用了不同的技术，并作为布什总统国家导弹防御计划的一部分。

Yeoman 自由民，自耕农

在原始社会中，参军作战是氏族内男性成员的义务；在奴隶社会中，则是奴隶主阶级男性成员的特权。一般来说，奴隶是不被允许掌握武器的，也就没有资格当战士。

换句话说，战争的历史在一定意义上就是自由人的历史。上述社会时期，是战士在社会地位最高的时期。只有在统治阶级内部人力不足、征发不动时，才会逼迫奴隶走上战场，但一般只能担任最为简单的兵役。

清代最具有代表性的三种田地是民田、庄田和屯田。屯田的基本形式有军屯与民屯，军屯在边疆，民屯在内地，比例以军屯为主。庄田最初是作为国有土地赐予权贵，后来随着经济发展，庄田的来源变成“圈地”暴力掠夺来的民田，朝廷将之分配，子孙承袭，不准典卖，但典地的现象在康熙年间出现，且愈演愈烈，终于在光绪二十三年干脆开禁，土地买卖几乎失控。民田是掌握在地主和自耕农手里需要纳税的田地。这类土地约占全国耕地面积的百分之七八十以上，并可以买卖，所谓“人之贫富不定，则田之去来无常”。与明代相比，清代的自耕农在数量和经营方式上都出现了一些新的变化。自耕农的土地大抵通过四种途径取得：一继承或遗赠，二价买，三垦荒，四国家使用行政手段将原属官有的土地改归私有，使耕用者身份发生转变。

本来，自耕农是清朝的赋役来源，所以对自耕农采取轻徭薄赋，有利于国家的稳定发展。然而此种薄役政策随着封建国家机器的发展、财政需要的扩大是很难长久实施的，再则随着社会经济的发展，土地兼并日益严重，大量自耕农又失地破产而转化为佃农。于是，自耕农的界定就越发尴尬了，从这个意义上来说，清朝的自由民也是不存在的。

最终，晚清军队兵员、基层军官的组成，正是来自这些非自由民。晚清中国对外战争屡次失败，在科技、战法、实力对比之外，还有一种观点应该值得重视：就像那些帮助英国人运走广州都署衙门银子的广东人一样，他们并非麻木，而是确实不知道究竟谁来当主人更好，有何差别。

Zeitgeist 时代精神

自恋，毫无疑问是晚清的时代精神之一。

光绪二十四年，德国亨利亲王来访。是年5月13日，亨利亲王到达北京城南马家堡车站，庆亲王奕劻，大学士李鸿章，总理衙门大臣张荫桓、敬信、崇礼等前往车站迎接。他们此行负有一项特别的政治任务：打消亨利亲王要求觐见慈禧太后时赐坐的念头。最初这帮朝臣的请求遭到严厉拒绝。在对方看来，这肯定是不可理喻的。二战期间，德国海军栋梁雷德尔曾是德皇的副官，和德皇拍照时，同坐在一条长凳上。

当晚，曾在德国学习、此时充当翻译的荫昌，向德方翻译福兰格（Otto Franke）探询后，终于得到了好消息，翁同龢日记中庆幸地称，“彼王似有屈从口气”。张荫桓日记中称“似已如我意”。5月15日早晨，亨利亲王一行前往颐和园觐见慈禧太后，说了一些废话，而后赐给了丰盛礼物，但仍未对亨利亲王“赐坐”。这关系到清朝的礼制，是通过努力争取来的。

清帝退位时，托“赐和”之言，仿佛1945年天皇说“终战”一般。

卢培・维蕾斯（Venus）是名动一时的女明星，极其在意自己的外表，一面一人高的镜子不离左右。她怀孕四个月时，无法忍受自己的形象，于是穿上最漂亮的衣服，吞下药丸自尽，这是为了确保死得好看。但她吞药后有呕吐的冲动，于是直奔厕所。后来，她被发现趴在马桶上死去，头浸泡在马桶的水里。

参考书目

[1] 亚瑟·史密斯．中国人德行．张梦阳，王丽娟，译．北京：新世界出版社，2005．

[2] 杰弗里·里根．改变历史的战役——古今战争中的50个决定性战役．侯斌芳等，译．上海：上海人民出版社，2007．

[3] 柯林·埃文斯．证据——历史上最具争议的法医学案例．毕小青，译．上海：三联书店，2007．

[4] 张功臣选编．历史现场——西方记者眼中的现代中国．北京：新世界出版社，2005．

[5] 约翰·W.道尔．拥抱战败——第二次世界大战后的日本．胡博，译．上海：三联书店，2008．

[6] 凯伦·法林顿．刑罚的历史．谢琛香，陈丽红，译．山西：希望出版社，2003．

[7] 弘治．张鑫典．孙大超编著．盛世之毁——甲午战争110年祭．北京：华文出版社，2004．

[8] 保罗·约翰逊．知识分子．杨正润等，译．江苏：江苏人民出版社，2003．

[9] 陆建德．思想背后的利益．广西：广西师范大学出版社，2005．

[10] 爱德华·傅克斯．欧洲风化史．侯焕闳，译．辽宁：辽宁教育出版社，2000．

[11] 费约翰．唤醒中国：国民革命中的政治、文化与阶级．李恭忠等，译．上海：三联书店，2004．

[12] 张鸣．历史的坏脾气——晚近中国的另类观察．北京：中国档案出版社，2005．

[13] 迈克·希姆斯．亚当之脐——人体的自然和文化史．周继岚，译．北京：九州出版社，2006．

[14] 保罗·富塞尔．品味制服．王建华，译．上海：三联书店，2005．

[15] 迈克尔·拉尔戈．死亡大辞典——一本关于怎么告别这个世界的百科全书．赵娟娟，衣光春，史培华，译．北京：新星出版社，2008．

[16] 《读书》杂志编．亚洲的病理．上海：三联书店，2007．

[17] 约翰·拜利．音乐的历史．黄跃华，张少鹏等，译．山西：希望出版社，2004．

[18] 袁庭栋．解密中国古代军队．山东：山东画报出版社，2007．

[19] 查尔斯・马凯．非同寻常——欧洲历史上最荒唐可笑的群众性狂潮．富强，译．北京：中国市场出版社，2006．

[20] 王学泰．发现另一个中国：对江湖、庙堂与民命的历史考察．北京：中国档案出版社，2006．

[21] 曾纪鑫．千古大变局——影响近代中国的十一个关键人物．广西：广西师范大学出版社，2008．

[22] 袁小伦．摸史集．广西：广西师范大学出版社，2005．

[23] 乔治・勒费弗尔．法国大革命的降临．洪庆明，译．格致出版社&上海人民出版社，2010．

[24] 雷颐．李鸿章与晚清四十年——从刀笔小吏到第一重臣．山西：山西出版集团&山西人民出版社，2008．

[25] 华盛顿等．美国总统就职演说．岳西宽，张卫星，商春雷，译．哈尔滨：北方文艺出版社，1990．

[26] 文欢主编．历史不忍细看．河南：河南文艺出版社，2007．

[27] 理查德・扎克斯．西方文明的另类历史——被我们忽略的真实故事．李斯，译．海南：海南出版社，2002．

[28] 郑曦原等编．帝国的回忆——《纽约时报》晚清观察记．上海：三联书店，2001．

[29] 明恩溥．中国乡村生活．陈午晴等，译．北京：时事出版社，1998．

[30] 胡滨．英国蓝皮书有关义和团运动资料选译．北京：中华书局，1980．

图书在版编目（CIP）数据

晚清的极品人、极品事 / 吴策力著. — 长沙：湖南文艺出版社，2011. 11
ISBN 978-7-5404-5164-6

Ⅰ. ①晚… Ⅱ. ①吴… Ⅲ. ①中国历史 – 清后期 – 通俗读物 Ⅳ. ①K252.09

中国版本图书馆CIP数据核字(2011)第201219号

上架建议：通俗历史

晚清的极品人、极品事

作　　者：吴策力
出 版 人：刘清华
责任编辑：丁丽丹　刘诗哲
监　　制：伍　志
特约编辑：苏豆芽　赵　辉
封面设计：柏拉图创意机构
版式设计：利　锐
出版发行：湖南文艺出版社
（长沙市雨花区东二环一段 508 号　邮编：410014）
网　　址：www.hnwy.net
印　　刷：北京京都六环印刷厂
经　　销：新华书店
开　　本：787mm × 1092mm　1/16
字　　数：292 千字
印　　张：17.5
版　　次：2011 年 11 月第 1 版
印　　次：2011 年 11 月第 1 次印刷
书　　号：ISBN 978-7-5404-5164-6
定　　价：29.80 元
（若有质量问题，请致电质量监督电话：010-84409925）